中华文脉
SINIC
CONTEXT

从 中 原 到 中 国

王战营 / 主编

中华文脉
SINIC CONTEXT

从 中 原 到 中 国

王战营 / 主编

逍遥人间

走进庄子的世界

王景琳　徐匋　著

中州古籍出版社
·郑州·

图书在版编目（CIP）数据

逍遥人间：走进庄子的世界／王景琳，徐匋著 .—郑
州：中州古籍出版社，2022.12
（中华文脉：从中原到中国）
ISBN 978-7-5738-0700-7

Ⅰ.①逍⋯　Ⅱ.①王⋯　②徐⋯　Ⅲ.①《庄子》-研
究　Ⅳ.①B223.55

中国版本图书馆CIP数据核字(2022)第246288号

逍遥人间：走进庄子的世界

王景琳　徐匋　著

出 版 人：许绍山
策划编辑：卢欣欣　梁瑞霞
责任编辑：梁瑞霞
责任校对：岳秀霞
装帧设计：曾晶晶

出版发行　中州古籍出版社
　　　　　　（地址：郑州市郑东新区祥盛街27号6层　邮政编码：450016
　　　　　　电话：0371-65788693）

经　　销：河南省新华书店发行集团有限公司
印　　刷：河南新华印刷集团有限公司
开　　本：710mm×1000mm　1/16
印　　张：22.25
字　　数：325 千字
版　　次：2022年12月第1版
印　　次：2023年3月第1次印刷
定　　价：68.00元

引言

　　先秦是中国历史上少有的思想活跃时期，各式各色的思想家、哲学家、政治家层出不穷，不过，无论你怎么看，都不难发现，庄子在整个先秦时期就是一个"异类"。

　　说庄子是"异类"，是因为他跟谁都不一样。其他诸子都有个派别，有个师承，其思想大致能归个类，可庄子不是。他跟谁都不是一伙儿的，就好像是从天上掉下来的一样。班固《汉书·艺文志》把先秦诸子分为九流十家。庄子不但跟孔孟儒家有着明显的不同，就是跟墨家、名家、法家、阴阳家、纵横家等也统统沾不上边。西汉时，在司马迁的归拢下，庄子被拉到老子那儿搭伙，取代了"黄老"中的"黄"，与老子并称"老庄"，成了道家顶顶重要的人物，可是庄子和老子真的是一家吗？就拿把庄子和老子连上线的"道"来说，字面看一样，其中的"魂"却差得远了。

　　就中国的传统文化而言，批判社会，是为了改造社会。我们在他人批判社会的声音中多少能见到一线拯救的希望，可是庄子笔下的现实社会真的是没救了："游于羿之彀中。中央者，中地也；然而不中者，命也。"（《庄子·德充符》）在这样的环境中，庄子只讲"游"世，他认为在这个世界活着都不易，还救什么世？

怕死是人的自然本能，老话儿说，好死不如赖活着，可庄子偏偏不这么想。他觉得死了比活着舒坦："彼以生为附赘县（悬）疣，以死为决疣溃痈。"（《庄子·大宗师》）

先秦诸子，大都渴望在仕途上有所作为，都想混个一官半职，至少可以衣食无忧吧，可是当楚王要以重金聘任庄子为相国时，却被他一口回绝了。他说他宁愿像头猪一样在烂泥中拱食，也不屑去做什么劳什子相国。

人都讲个"情"字，都有个人情，日子难过的时候彼此会"相呴以湿，相濡以沫"。可庄子呢？他说与其这样苟延残喘，还不如"相忘于江湖"。老婆死了，庄子非但不哭，反而敲个破瓦罐唱了起来。然而，对吃不上饭的子桑，他却又格外地关心。

这样的事情还有很多很多。你说，庄子不是个"异类"又是什么？

后人看庄子，都觉得他太孤独、太寂寞了。确实，当时除了惠子，先秦诸子再没有人搭理他，他孤独的灵魂只能飘荡在"广莫之野""无何有之乡"。然而，庄子自己却并不觉得孤独，因为他有"道"。他的"道"无所不在。他看得到连"无"也还没产生时的"宇宙"，他看得到很早很早以前"古之人"的生活状态，他知道万物的本质是什么，他也理解人是怎么一步步堕落到今天这个地步。庄子看得清楚过去，也看得清楚现在，还看得清楚未来。他对自然、对社会的一切都洞悉入微。有日月星辰与他相伴，天下万物都是他的朋友。

清人胡文英说庄子"眼极冷，心肠极热"（《庄子独见》）。仔细想想还真是这么回事。大概庄子是站在高高的藐姑射山上，看着人世间上演的一幕幕活剧，本心只是想站在一旁冷眼旁观，不打算说话，却又按捺不住极热的心肠，不忍心眼瞅着人们受难而无动于衷，所以他实在没有忍住还是说了。于是，便有了《庄子》一书。

读庄子的文章，好像是在看电视连续剧。从北冥的鲲到天上的鹏，一幕幕演下去，直到浑沌被南海之帝、北海之帝生生凿死。一个个镜头扑面而来，除了动物、人的各种表演、对话，还不时传来画外音。庄子文章"寓言十九，重言十七，卮言日出"（《庄子·寓言》），寓言和重言都是故事，就是那一幅幅画面，而卮言，就是由庄子亲自解说的画外音了。

可以说，庄子本来是不属于这个世界的。所以他的书，无论内容、风格还是语言，都是地地道道的"异类"。正像《庄子·天下》所说的那样：

> 以谬悠之说，荒唐之言，无端崖之辞，时恣纵而不傥，不以觭见之也。以天下为沉浊，不可与庄语，以卮言为曼衍，以重言为真，以寓言为广。独与天地精神往来而不敖倪于万物，不谴是非，以与世俗处。其书虽瑰玮而连犿无伤也。其辞虽参差而諔诡可观。彼其充实不可以已，上与造物者游，而下与外死生无终始者为友。其于本也，弘大而辟，深闳而肆，其于宗也，可谓稠适而上遂矣。虽然，其应于化而解于物也，其理不竭，其来不蜕，芒乎昧乎，未之尽者。

庄子以及《庄子》一书的价值，不要说庄子在世时没有得到认可，就是在庄子及其弟子、后学的文章在战国末期被整理成书之后，"十余万言"的《庄子》依然没有受到人们的重视，直到沉寂了几百年之后的魏晋时期，文人士子才终于发现，《庄子》原来是一个可以让人借题发挥、取之不尽的"宝库"，人人可以借《庄子》吐自家之块垒，于是才出现了一个"我注《庄子》、《庄子》注我"的热潮。从此以后，以老庄为代表的道家思想逐渐发展成为可与儒家既相互抗衡又互为补充的一处心灵家园，为无路可走的文人士子在"兼济天下"与"独善其身"之间，开辟出一条新的退守之路，提供了一个可供歇脚的驿站。但凡读《庄子》的人，"达"时，可以心中"无功""无名"，云淡风轻地"达"；而"穷"时，则一箪食，一瓢饮，悠然自得地"穷"。这不也是很惬意的人生？

　　不过，有多少人读《庄子》，庄子就有多少种面貌。哪一个庄子才是最真实的庄子呢？现在就让我们从庄子的身世开始，一步步试着走进庄子的世界，看看他那"辞趣华深，正言若反"（陆德明《经典释文序录》）的背后，究竟隐藏着一个什么样的庄子，有着一个什么样的庄子的世界。

目录

第一章

庄子这个人

先秦文人大多张狂，热衷于游说四方，贩卖各种主张，说客曾一度是极为"火爆"的行当。就连孔老夫子也不能免俗，尽管他曾四处碰壁，甚至遭遇断粮、被围等劫难，还是坚持不懈地周游列国。唯有庄子十分低调，就像朱熹所说的那样："庄子当时也无人宗之，他只在僻处自说。"（《朱子语类》卷一百二十五）这可能吗？后世大名鼎鼎、风光无限的庄子活着时竟然落到没人搭理，一生只是孤独地坐在僻静的角落自说自话？

不过，翻阅一下先秦典籍，同时代文献中几乎没有留下庄子的任何痕迹。稷下学宫文人士子往来如织，争辩之声震耳欲聋，可这里就是没有庄子的声音。与庄子同时的孟子，对异己一向口诛笔伐，毫不留情，却也无视庄子的存在，似乎觉得骂上庄子几句也不值得。在世时庄子的名声与魏晋后庄子的名声相比，何止地下天上！

如今我们要认识庄子，理解庄子，走进庄子的世界，首先就得了解庄子这个人。遗憾的是，由于庄子在世时，不但他的学说反响寥寥，他本人的生平事迹也鲜有记载，这就给我们了解庄子的身世生平留下了许多难题与困惑。为了知人论世，先让我们一起去浩瀚的史料中钩沉一番吧。

一、庄子的名字与生卒年代

随便翻开一部今人编写的百科全书、史书典籍，"庄子"条目下，我们会看到这样的记述："庄子，姓庄，名周，字子休（亦说子沐）。"这条信息是怎么来的？事实果真如此吗？

要回答这个问题，我们先得回到庄子生活的时代。

庄子的真实处境可能比朱熹所说的还要糟一些。"无人宗之"倒也罢了，仅有的两三位注意到庄子的人还都对他十分不以为然。与庄子最有交情的惠子，曾不止一次当面说庄子的学说就像大葫芦一样，"大而无用"，既不能盛水，还占地方，只能砸碎了扔掉。（《庄子·逍遥游》）惠子的话虽有几分玩笑的成分在，却很可能真实地代表了当时人对庄子的普遍看法。再有，就是比庄子小五十来岁的荀子说庄子受自然之道的蒙蔽，对人一点儿也不了解。（《荀子·解蔽》）

除了这些简单到不肯多说一句的否定之声外，先秦诸子几乎再也没有人提及庄子。

汉初，司马迁作《史记》，为老子、韩非子作传。考虑到老子与庄子都谈"道"，司马迁又很欣赏庄子的文采，便捎带着也给他立了个二百三十余字的短小传记。就是这么短短几百字，成了除《庄子》一书以外，了解、研究庄子生平事迹最为珍贵的史料。

尽管庄子和《庄子》一书给后世留下了无数的谜团，至少有一点还是可以确认无疑的，那就是庄子的名字。《庄子》一书中多次提到"庄子"。"子"是先秦时对有学问的人的尊称，犹如今天称学者为"先生""老师"一样。《庄子》中还多次使用"庄周"指称庄子。如《齐物论》中"昔者庄周梦为胡（蝴）蝶"，《山木》中"庄子笑曰：'周将处乎材与不材之间'"，《外物》中"庄周家贫，故往贷粟于监河侯"，《天下》中"庄周闻其风而悦之"，等等。可见，庄子的确名周。因此，司马迁《老庄申韩列传》开篇便肯定地说"庄子者，名周"。除此之外，庄子并没有其他名号。

　　司马迁对庄子的留意应该始于他父亲司马谈。司马谈作《论六家要旨》，提出"道德家"一派。由于老子、庄子、列御寇、杨朱、彭蒙、慎到等都谈论"道"，便把这几位统统归为道家。而对"道"的学说着力较多、阐述也较详尽的庄子，就这样成了道家的代表人物之一。于是，历史上便将庄子与老子并称"老庄"。

　　魏晋时期，文人推崇老庄玄学，追求回归山林、放荡形骸、率性而为的人生境界。与《老子》《易经》并称三玄的《庄子》，也就随之在文人中大火起来。

　　隋唐之际，李氏唐朝为了给本朝统治的合法性找到令人心服口服的依据，利用"杨氏将下，李氏将兴"、"天道将改，将有老君子孙治世"的政治谶言，生拉硬扯地把自家之"李"与老子之"李"攀上了亲戚，并且一厢情愿地认祖归宗，说老子是李氏唐朝的始祖。唐高宗乾封元年，还册封老子为"太上玄元皇帝"。就这么着，与老子并称的庄子，社会地位也随之大为提升。《唐会要》卷五十记载："天宝元年二月十二日，追赠庄子为南华真人，所著书为《南华真经》。"

　　这便是庄子又被称为"南华真人"，《庄子》也被称为《南华真经》的由来。可以说，唐代的庄子，不但"显"还"贵"，竟然跻身于庙堂之上受人香火供奉了。

　　如此一来，庄子此前不太周全的生平便需要加以完善了。

　　既然老子姓李名耳字聃，有着为先师哲人编造完满显赫身世传统的国人，自然不能接受一位只有姓名却没有字号的"真人"。怎么办呢？那就造一个吧！于是，便有了"庄子，字子休"之说。这一说法最早见于唐陆德明的《经典释文序录》。为了让人相信此说并非空穴来风，陆德明还特别注明，这是太史公司马迁说的。稍后的大学问家成玄英对此也不加追究，就在《庄子疏》的序文中沿袭了此说。可是我们把《史记·老庄申韩列传》掂过来调过去，逐字逐句一一筛过，也找不到任何"庄子，字子休"的字句。而且，庄子之"字"此前也不见于任何记载。可见陆德明之说，要么是误记，要么就是有意借太史公当幌子，给风头正劲的庄子起个相般配的"字"。总之，"庄子，名周，字子休"，就权当是陆德明对庄学研究的一大"贡献"吧。明代冯梦龙《警世通言》收录了根据《庄子·至乐》中庄子妻死鼓盆而歌的故事演绎出来的白话小说《庄子休鼓盆成大道》，算是给庄子的"字"做了一次大规模的普及宣传。自此，"庄子，名周，字子休"的说法不但流行于庄子学界，而且也广为民间所熟知了。

至于庄子生活的年代，司马迁说："与梁惠王、齐宣王同时。"就凭着这么寥寥几个字，两千年来，众多学者从汗牛充栋的古籍中考证出了庄子的大致行迹。据近代马叙伦所作《庄子行年考》，庄子约生于公元前 369 年，卒于公元前 286 年，约活了八十三岁，这个时间段也就是司马迁所说的"与梁惠王、齐宣王同时"。

二、庄子是宋国人

庄子之所以能够影响整部中国文化史、思想史，与他生活的地域有着密切的关系，所谓一方水土养一方人。可是，庄子的老家究竟是哪里？庄子到底是哪里人？这也成了庄学史上又一桩悬案。

最早的记载，还是见于司马迁所写的庄子小传："庄子者，蒙人也，名周。周尝为蒙漆园吏。"那么，"蒙"在哪里？

历史上蒙有两地，一在宋，一在楚。

庄子是宋国人，最早也最可靠的记述来自于《庄子》一书。《庄子》中提到最多的是宋国。《庄子·列御寇》中所记述的有关庄子的两件轶事更直接透露出庄子就是宋国人：

> 宋人有曹商者，为宋王使秦。其往也，得车数乘；王说之，益车百乘。反于宋，见庄子。

曹商是宋国人，受宋王差遣出使秦国，回到宋国后，特意带上从君王那里得到的赏赐去见庄子，说明曹商知道庄子居住的地方，两人很可能相识已久。

另一则轶事说，宋国有人见过宋王，宋王一高兴，赏了他十辆车。这人也像曹商那样，专门驱车来到庄子面前炫耀，没想到却招来庄子一番言辞激烈的警告。（《庄子·列御寇》）

还有《淮南子·齐俗训》记载，惠子在魏国当宰相时回宋国，特意率领浩浩荡荡的仪仗队来到庄子面前显摆。庄子见状，厌恶得把手里的鱼都扔掉了。

这几个人见庄子都是在宋国，而且发生在不同的时间节点，这从一个侧面透露出庄子应该是长久地生活在宋国。

《庄子·列御寇》一篇不是出自庄子之手，但是作者生活的年代当与庄子相去不远，记述当更有史料价值。而《淮南子·齐俗训》所记的庄子与惠子的交往，发生地也在宋国。由此推断，庄子是宋国人当时是人尽皆知的事实，这也是为什么司马迁直接说"庄子者，蒙人也"的缘由。

对于庄子故里在宋国一事，汉代从未有人质疑过。《史记·老庄申韩列传索隐》引刘向《别录》说庄子"宋之蒙人也"，《淮南子·修物训》高诱注"庄子，名周，宋蒙县人"，班固《汉书·艺文志》在"《庄子》五十二篇"下自注"名周，宋人"。而宋国在战国中期的主要地界就是今天的河南商丘一带。恰恰庄子所作的《人间世》中也有"南伯子綦游乎商之丘"的描述。"商之丘"即商丘，这个地名从商代起一直沿用到今天。

大约到隋唐时期，才有人提出庄子是梁国人，如《隋书·经籍志》在《庄子》二十卷后注："梁漆园吏庄周撰。"陆德明《经典释文序录》、成玄英《庄子疏》也说庄子是梁国人。

这又是怎么回事呢？我们知道，自战国中期以来，战火频仍，各国之间相互吞并，攻城略地频繁发生，各国的行政区域也随之不断发生变化。庄子去世时（公元前286年），宋国为齐国所灭。后来齐国式微，为齐国所占据的原宋国地域又成了楚国与魏国的领地。到了汉代，这块地方又归属梁国。《汉书·艺文志》说："梁国领县八，其三即蒙。"也就是说，隋唐时期所谓的"梁国"，指的就是战国中期的宋地，只不过隋唐人用了新的地名而已。

近人马叙伦以大量史料证明庄子就是宋国人。他根据《左传·庄公十一年》"宋万弑闵公于蒙泽"以及《史记·宋微子世家》、唐司马贞《史记索隐》等材料详细论证，得出"蒙就在宋国，也就是如今河南商丘民权县一带"的结论，是令人信服的。至今商丘地界还保存有庄子胡同、庄子墓、庄子碑、庄子井等古迹。

三、庄子不是楚国人

既然从战国到隋唐，宋国蒙城一直被认定是庄子故里，那么，"庄子是楚人"的说法又是如何从宋代开始突然冒出来的呢？

北宋人乐史编著的《太平寰宇记》卷二十《宋州》有这么一段记载："小蒙古城在县南十五里，六国时，楚有蒙县，俗称小蒙城，即庄周之本邑。"宋理学家朱熹也说:"庄子自是楚人……大抵楚地便多有此样差异底人物学问。"(《朱子语类》卷一百二十五)这里所说的蒙县或小蒙城以及楚地,指的是现在的安徽蒙城。

庄子是楚人之说的影响越来越大,是因为苏轼。北宋元丰元年(1078),蒙城县始建庄子祠。苏轼为之作《庄子祠堂记》,开篇便说:"庄子,蒙人也。尝为蒙漆园吏。没千余岁,而蒙未有祀之者。县令秘书丞王兢始作祠堂,求文以为记。"苏轼的话说得很含糊,他并没有确认蒙城就是庄子的老家。恰恰相反,其中隐隐透露出的信息却是:楚国蒙地虽被视为是庄子故里,但庄子死后上千年来,这里从未祭祀过庄子,直到王兢到蒙城做官,才把蒙城当成了庄子的故乡。自己不过是应邀作文,不便拒绝,才写了这篇文章。

自从北宋王兢建立庄子祠堂之后,蒙城也逐渐出现了各种各样的庄子遗迹。

蒙城历史悠久,商代称北蒙,周代、春秋时期称漆邑、漆园。战国时期楚考烈王东迁,建都郢,称此地为楚北地漆园。司马迁生活的汉初,此地称山桑县,而"山桑县"再称作"蒙"或者"蒙城"已是唐代的设置了。(参见《重修蒙城县志·建置志·沿革》)显然,司马迁记载庄子故里时不会用商代的名称,更不可能用后来才出现的楚地"蒙城"。

值得注意的是,司马迁在明确说了"庄子者,蒙人也"之后,为什么还要在"周尝为蒙漆园吏"一句中再次重复"蒙"字呢?

这是因为楚国在商代叫"北蒙"的地方,春秋时叫"漆园",战国时叫"楚北地漆园",为避免误会,司马迁才在"漆园吏"前冠以地名"蒙"字,以示与楚地漆园的区别。如果庄子当漆园吏之地果真在楚地漆园的话,司马迁完全可以径直写上"周尝为漆园吏"而不必再次提到"蒙"了。况且，倘若庄子真是楚人的话，《庄子·至乐》中有关庄子去楚国的轶事，又当如何解释呢？显然只有不是楚人的人到楚国去才会有"之楚"一说。

四、从漆园吏到借贷

庄子的家世如何，现已无从知晓。但是庄子青少年时期家境应该是殷实的。从《庄子》一书所透露出的庄子学识之渊博来看，他一定受到过良好、系统的教育，有机会接触到大量的文献书籍。可是后来庄子家道中衰，迫使他不得不为生计谋，有时甚至连生计也陷入了困顿。

庄子一生没有做过任何高官，只当过管理漆园的小吏。漆园是种植漆树的园林。《庄子》中几次写到采漆与漆的用途。如《骈拇》中提到漆的功能"附离不以胶漆"，《人间世》中提到从漆树获取漆的途径"漆可用，故割之"。如果没有在漆园工作的亲身经历，不曾亲临割漆现场，一般人很难写出这样的文字。庄子任职的漆园吏，尽管官阶低微，但也算是基层政府官员，在这样的位置上，养家糊口、维持小康生活应该是不成问题的。可是后来，庄子一度穷得都揭不开锅，可知这份旱涝保收的漆园吏工作，庄子并没能做得长久。

庄子究竟是怎么失去漆园吏一职的？没有任何史料的记载。我们只知道，此后的庄子过的是极度贫困潦倒的穷人的日子。

《庄子》中有大量有关庄子生活拮据困顿的描述。他曾穿着破烂衣衫去见魏王（《庄子·山木》），他住在穷里陋巷，靠编织出售草鞋为生，因食物匮乏而饿得面黄肌瘦（《庄子·列御寇》），有时他还不得不靠钓鱼来填饱肚子（《庄子·秋水》）。这些记载都说明庄子一度生活陷入了困境，没有任何生活保障。

　　更令人难堪的是，在靠卖草鞋、钓鱼也无法养家糊口的情况下，庄子还不得不硬着头皮到别人家借粮，《庄子·外物》："庄周家贫，故往贷粟于监河侯。"一个自命清高的读书人，不是被逼到山穷水尽的地步，怎么会张得开口借粮！

　　沦入社会最底层的生活，亲身经历的养家糊口的艰难以及世态炎凉，让庄子对现实的残酷、人生的艰辛、活着的不易都有了切身的体验。可以说，庄子的全部学说乃至整部《庄子》一书都是在这样的体验中孕育出来的。

五、贫而不惫

　　失去漆园吏一职之后，庄子活得远非后人想象的那么潇洒，无米下锅的现实逼得这位自誉"非梧桐不止，非练实不食，非醴泉不饮"的鹓鶵（《庄子·秋水》）也曾动过出仕的念头。这么说，很多人可能不以为然，或者根本不愿意相信。至少两千年来，庄子学界中从来没有人提出过这个问题。然而，如果我们不带着先入为主的偏见，仔细搜寻《庄子》外、杂篇的话，是能寻出一些端倪的。

　　首先，我们可以看到庄子曾几次与君王或者重臣打交道。《庄子·天运》中记载了这么一件事：

　　　　商大宰荡问仁于庄子。庄子曰："虎狼，仁也。"

　　"商"即宋国。周灭商之后，分封商王室后裔于宋地。大宰是官名，是商、周时期辅佐君王治理国家的重臣。这段记载说明庄子与当时宋国上层社会是保持着某种联系的，同时也透露出庄子在当时的宋国有一定的知名度。否则的话，很难想象一位掌握着国家利器的重臣为何会向一位名不见经传的草根询问关乎治理国家的大事。

大宰荡向庄子问"仁"的事，还给我们透露出了这样几条信息：一是大宰荡真的想向庄子请教当时作为显学的儒家学说核心"仁"的含义；二是他想了解庄子对"仁"的看法是否符合当时宋国的需要。然而，庄子一句"虎狼，仁也"，很可能使大宰荡顿感石破天惊，也许就此也葬送了庄子可能有的一次出仕机会。

《庄子·外物》还记述了另一段庄子与权贵交往的故事：

> 庄周家贫，故往贷粟于监河侯。监河侯曰："诺。我将得邑金，将贷子三百金，可乎？"庄周忿然作色曰："周昨来，有中道而呼者，周顾视车辙，中有鲋鱼焉。周问之曰：'鲋鱼来，子何为者耶？'对曰：'我，东海之波臣也。君岂有斗升之水而活我哉！'周曰：'诺，我且南游吴越之王，激西江之水而迎子，可乎？'鲋鱼忿然作色曰：'吾失我常与，我无所处。吾得斗升之水然活耳。君乃言此，曾不如早索我于枯鱼之肆。'"

庄子向监河侯借粮一事，后人解读时往往着眼于庄子对权贵虚伪本性的揭露与批判，赞叹庄子言辞的犀利、生动、尖锐。这固然不错。不过，这个故事的背后又隐含着怎样的潜台词？透露出怎样的隐秘呢？这才是我们特别想引起大家注意的。

庄子去监河侯处借粮，说明庄子认识监河侯，两人之间应该也曾有过交往。庄子知道监河侯家有余粮，是有能力帮他度过断粮困境的。可他没有想到，监河侯竟貌似慷慨地说要等收到"邑金"之后才可以借给他。显然，这是敷衍之辞。在这样的情况下，请注意了，庄子回答监河侯时有这样一句："我，东海之波臣也。"

"波臣"，那就是水中的臣子啊！庄子居然自比一时失水的"东海之波臣"，是在暗示眼下的贫困不过是暂时的，一旦渡过难关，便会"东山再起"，他是不可能永远做"辙中鲋鱼"的。一句"我，东海之波臣也"流露出了庄子对自己仕途所抱有的信心。我们甚至可以再进一步大胆推测一下，或许，一时失势而生计艰难的庄子找监河侯借粮之事本身就是庄子在寻找改变自己命运的机会？

虽然庄子也曾想过出仕，但他又始终清醒地保持着自己的底线，从不为眼前一时的得失所蒙蔽。他曾劝诫从宋王那里获得赏赐的人说，你能从宋王那里获得十乘车，一定是宋王一时犯迷糊所致。一旦宋王明白过来，你就必定会被宋王碾成粉末。（《庄子·列御寇》）他更不屑像他的同乡曹商那样不择手段，靠着"吮痈舐痔"一夜暴富。（《庄子·列御寇》）庄子是有骨气的。他可以径直对宋国政要大宰荡说"虎狼，仁也"，也可以对监河侯"忿然作色"，甚至对君王，他也直言相怼。

《庄子·山木》记载说："庄子衣大布而补之，正緳系履而过魏王。魏王曰：'何先生之惫邪？'庄子曰：'贫也，非惫也。士有道德不能行，惫也；衣弊履穿，贫也，非惫也。此所谓非遭时也。……今处昏上乱相之间而欲无惫，奚可得邪？此比干之见剖心，征也夫！'"

这段故事一定要参照《庄子·秋水》中"惠子相梁"（魏国迁都大梁后称梁国）的记载一起来看，才能体味出其中的言外之意。庄子"过魏王"就是简简单单地想跟魏王见上一面吗？在庄子与魏王的对话中，魏王有意混淆"贫"与"惫"的界限，庄子马上正色指出自己是"贫"而非"惫"。"贫"是贫穷，是生活拮据；"惫"是士子的抱负、道德得不到施展。

我们说过，庄子是宋人。"今宋国之深，非直九重之渊也；宋王之猛，非直骊龙也。"（《庄子·列御寇》）庄子不能在宋国走上仕途，就是因为宋国昏上乱相当道，他的"道德"不为宋国所用。他之所以要到魏国去见魏王，抨击宋国的"昏上乱相"，就是希望魏王不要像宋王那样昏聩，能够创造出一个让"士"不"急"的大环境来，换句话说，也是希望自己能够在魏国获得重用。

但是庄子错了。

魏王并没有用庄子。其原因或许正如惠子所说的那样"子言大而无用"。不但魏王没有用他，在那个想出仕就不得不放弃自己道德底线的时代，是没有任何君主会用庄子的。

六、为相与授徒

庄子尝试出仕应该是失去漆园吏一职而生计没有着落的那一段时间。

庄子在宋国拜访大宰荡，向监河侯借粮，又去见了魏王，均没有得到任何回应。此间，庄子还去见了时任魏相的惠子，却被当作逃犯似的搜了三天三夜。（《庄子·秋水》）至此，庄子在宋国或到魏国做官的期盼是彻底无望了。在这样的情况下，庄子是否还有其他选择？

有！那就是去楚国。除宋国与魏国之外，庄子与楚国也有着不解之缘。

《庄子·至乐》中记载了"庄子之楚"的故事，他借骷髅之口，写出了人生在世的拘累和劳苦。庄子一生中到底去过几次楚国，为什么去楚国，目前所能见到的零星记载皆语焉不详。不过，《韩非子·喻老》中却难能可贵地留下了有关庄子的只言片语。《韩非子》中写到了这么一件事：楚威王打算攻伐越国，庄子认为不可。他巧妙地用了个比喻，说人们抬眼望去，可望见百步之外，却看不见自己的睫毛，意思是人往往看不到迫在眉睫的忧患，以此来劝说楚威王放弃伐越。楚威王最终还真采纳了庄子的建议。《庄子·至乐》中记载的"庄子之楚"与《韩非子·喻老》中庄子劝阻楚威王伐越是否有关，甚至《韩非子》中的这条材料所记述的是否就是宋国蒙地的庄子，今天都已无从确认，但我们可以确信的是，庄子曾与楚国有过密切的接触。

《史记·老庄申韩列传》中还记述了这么一个故事：楚威王听说庄周十分贤能，便派使者携重金聘请庄子到楚国做宰相。庄子对楚国使者说，千金确是重利，卿相也确是高位。但是你难道没有见到祭祀时作为祭品的牛吗？牛在做祭品之前被豢养了几年，当它身披华丽的服饰被送进太庙的时候，即便想做头小猪也来不及了。我宁肯像一头小猪一样在污泥中快乐着，也不想被高官厚禄所束缚。

这件事究竟发生在什么年代，史料中没有留下更多的信息。但是庄子有为相的资质与才能、曾收到为相的"聘书"，却是千真万确地写在了正史上。这恐怕也是当年惠子为什么那么惧怕被庄子取而代之的原因之一吧。

庄子从漆园吏一路走来，经历过一段穷困潦倒的生活，也曾拜见过各方权贵，都没有任何结果。面对楚威王的"厚币迎之，许以为相"的聘请，为什么庄子却如此轻易地就放弃了？况且，人总是要吃饭的，此刻的庄子，靠什么养家糊口？对此，司马迁没有说，先秦其他文献中也都没有交代。我们只能从《庄子》一书中搜寻些许的线索与答案。

中晚年的庄子应该如同孔子一样，是靠开馆授徒为生的。

开馆授徒，可以说是庄子人生道路上的最佳职业选择。凭着授徒收到的束脩，庄子不但温饱有保障，再不必为生计四处奔波，更重要的还是通过授徒设教，他获得了一个极为难得的可以专心著述并传播自己思想的机会与场所。试想，如果没有他的弟子和后学整理、发扬、传播庄子学说，他的思想很可能早已湮没在历史的长河中，永远不为后人知晓了。没有了庄子，那么，今天当我们在无可奈何的命运面前彷徨无措，或者沉迷于小有成就的身外之物不能自拔，我们还能去哪里寻求精神的解脱、心灵的自由？去哪里尽情地徜徉于天地万物之间呢？

庄子究竟有过多少学生，现在已经无从知晓。现存三十三篇《庄子》中，一共有十六篇（包括《说剑》）三十段文字说到庄子，称"庄子"者共有二十六段。"子"在先秦虽有先生或老师之意，但也是对人的尊称，称庄周为"庄子"的人不一定就是庄子的学生，但其中很可能不乏庄子的学生。在庄子的学生中，只有一位是留下了姓名的，那就是《庄子·山木》中称庄子为"夫子"的蔺且。除此之外，明确提到庄子有"弟子"的文字只有两处：《庄子·山木》"明日，弟子问于庄子曰……"和《庄子·列御寇》"庄子将死，弟子欲厚葬之"。

从庄子弟子要厚葬庄子这段对话来看，庄子弟子财力物力了得，他们是认认真真打算按照"天地君亲师"的道义侍奉庄子的，同时也可见出此刻的庄子已经"脱贫"，甚至进入"小康"生活了。

总之，相对于混迹官场，做教书先生对庄子来说简直就是现实版的"逍遥游"。从《庄子》外、杂篇中庄子弟子或后学所记述的庄子言行来看，出自庄子本人之手的内七篇，其中相当一部分内容很可能原本就是庄子用作授徒设教的教材。

七、自然之子

至此，我们总算从浩瀚的历史文献中梳理出来了有关庄子这个人的一鳞片爪。

尽管我们无法像了解孔子、孟子等那样，比较清晰地勾画出庄子家世、生平的大致轮廓，了解他的人生经历，庆幸的是，我们还可以凭借现存《庄子》中描述的一幅幅庄子的生活片段，一个个特写镜头，从点点滴滴中还原出庄子的人生踪迹、生活环境。

《庄子》全书中特别描述到庄子行迹的有好几处。给人印象最深的，也是庄子与孔子、孟子、荀子、韩非子等诸子最大的不同，就是他一生很少现身政坛，参与任何政治活动；也很少出入君主的宫殿楼台或者学宫，游说其学说主张，介入各种争辩。庄子一生中仅有的几次与权贵打交道，还不一定是在庙堂之上，更有可能如同庄子见楚王使者于濮水一样。

纵观庄子一生，他似乎一直都是躲在一个隐秘的不为人知的角落，默默地观望着、俯视着、思索着我们的世界。

那么，庄子大把的时间究竟都花在了哪里？他又隐身在何处？现在就请跟我们一起循着庄子的足迹，去寻访一下吧：

> 庄子钓于濮水，楚王使大夫二人往先焉，曰："愿以境内累矣！"庄子持竿不顾。（《庄子·秋水》）
>
> 庄子与惠子游于濠梁之上。（《庄子·秋水》）
>
> 庄子行于山中，见大木，枝叶盛茂。……夫子出于山，舍于故人之家。（《庄子·山木》）
>
> 庄子游乎雕陵之樊，睹一异鹊自南方来者。（《庄子·山木》）

原来，庄子竟是去游山玩水了！他倘徉于山林沟壑荒野水泊间，沉醉于"天地有大美而不言"（《庄子·知北游》）的自然中。他一生中的大部分时间，是在与山水虫鱼草木交流中度过的。

在先秦诸子中，庄子是第一位不但把天地、自然看得高于一切，而且以恣意汪洋的笔触极力赞美天地、自然的哲人。仿佛只有在自然中，他才能最真切地感觉到心灵的纯粹，精神的独立，生命的意义。也只有庄子对大自然发出了如此动情的赞叹："山林欤！皋壤欤！使我欣欣然而乐欤！"（《庄子·知北游》）"大林丘山之善于人也，亦神者不胜。"（《庄子·外物》）

对山林自然的由衷热爱，以及对自然所带来的欢悦的沉醉与享受，使得庄子很像是一位老顽童，他得空便游玩于山水之间，走走停停，停停走走，瞩目于一切其他诸子不曾留意或司空见惯却不以为然的种种自然现象以及各种生命。一部《庄子》犹如一部博物志，记述了许多奇妙有趣的动植物的生命历程，记述了万象纷呈、千奇百怪的自然景象。

让我们走进庄子流连忘返的动物世界以及千姿百态的植物园，看看他是怎样从每一个生命个体中体会到人生的真谛，思索世界的本源：

庄子发现，菌类朝生而暮死，所以不懂得白天与黑夜的分别。生活于炎热的夏天的蝉，活不过一个季节，也就不知道一年中还有春秋时令的变化。（《庄子·逍遥游》）

鹪鹩小鸟，在深幽茂密的树林中筑巢，所需要的不过是一根树枝。田间的鼹鼠，去宽阔的河边饮水，喝饱了肚子就很满足。（《庄子·逍遥游》）

人住在潮湿的地方会生病，泥鳅却在稀泥中钻来钻去很是享受。人登上高处不免惊恐不安，而猴子们却可自由自在地在高高的树冠间跳跃攀缘。（《庄子·齐物论》）

生活在沼泽里的野鸡，走十步才能啄到一口食，走百步才能喝上一口水，可是它却活得比家畜更加快乐有生气。（《庄子·养生主》）

刚刚破壳而出的小鸟发出的第一声啼鸣，听起来是娇嫩的。（《庄子·齐物论》）

螳螂奋起双臂站在大道上挡车，看起来威风凛凛，可是只要车轮碾过，它就粉身碎骨了。（《庄子·人间世》）

狸猫、黄鼬这样的小动物在守候猎物时，匍匐在地面上，一动不动，一旦猎物出现，便马上纵身跃起，以极其敏捷的身手将猎物擒获，可是，终究难免落入人所设下的机关，葬送了自己的小命。（《庄子·齐物论》）

喂养老虎这样的食肉动物，是既不能给它吃活物，也不能给它吃全物的，不然的话，就一定会激起老虎的厮杀本性。喂养老虎，必须了解它的习性，顺从它的性情，才可以驯服它。（《庄子·人间世》）

巨大的栎社树，树冠可以蔽千牛，树身高百尺，观赏的人络绎不绝，可匠人却不屑一顾，因为他知道这是不材之树。（《庄子·人间世》）

神奇的商丘大树，舔一舔树叶，人的口舌就会溃烂受伤；闻一闻气味，都会让人像醉酒一样，昏睡三天三夜。（《庄子·人间世》）

桂树的树皮芬芳可以食用，从漆树取材要用割的方法。（《庄子·人间世》）

就连大风吹过山林的景象，庄子也会痴迷忘情地坐在林间看上半天。（《庄子·齐物论》）

据统计，《庄子》一书中，提到的飞鸟有二十二种，水中动物十五种，陆地动物三十二种，虫类十八种，植物三十七种。[①]可以说，大自然不仅仅给了庄子生活的快乐与愉悦，而且给了他思想的灵感与启迪，直接孕育了他的生命哲学、人生哲学乃至于他的全部学说。

庄子是当之无愧的"自然之子"。

---

① 见刘成纪《论庄子美学的物象系统》，中国国画家网，2009 年 9 月 9 日。

八、回归自然

庄子最初沉浸于大自然，很可能有着逃避现实的因素。但久而久之，"我见青山多妩媚，料青山见我应如是"，这种人与自然之间的互动、感应也就油然而生。流连于大自然之中，不仅使庄子从中获得愉悦，也让他得以用一种平视的眼光看待世间万物，而不是居高临下的俯视。庄子甚至把自己也视为自然中的一员："若与予也皆物也。"（《庄子·人间世》）

在先秦诸子中，也只有庄子能视万物一齐，提出"天地与我并生，而万物与我为一""独与天地精神往来，而不敖倪于万物"这样惊天地泣鬼神的看法。在他看来，万物之间只有形态的不同、功用的差别，没有高低贵贱美丑轻重之分。即便是蝼蚁，它的生命也是珍贵的，也是"道"的体现。（《庄子·知北游》）

庄子对万物这种独特的情怀充分地体现在他的著作之中。在他的笔下，自然万物化为一个个生动活泼、个性鲜明的个体，与庄子一同永远地活在了《庄子》之中。就拿《庄子》开篇的《逍遥游》来说，一提到《逍遥游》，人们首先想到的，往往不是提纲挈领的核心人物如至人、神人、圣人，而是那些活泼泼的动物、植物。从搅得天翻地覆、由北冥飞往南冥的鲲鹏，到在坊间自由飞跃的蜩、学鸠、斥鷃，还有以百岁千岁记载春秋的冥灵树、大椿树，它们与庄子一起阐发出什么才是"逍遥游"，如何才能"逍遥游"。

庄子这个人，相对于"鸟兽不可与同群"（《论语·微子》）的儒家，非但不轻视、歧视包括各种鸟兽虫鱼在内的自然万物，反而热衷于与鸟兽同群，把自己也当作鸟兽的同类。这种与自然万物融为一体的自觉，从不凌驾于鸟兽之上，而自甘与鸟兽同群的主观意愿，恰恰是作为老顽童的庄子最可爱、最感人的地方。

在穷得揭不开锅的时候，庄子说自己是失去了水的鲋鱼，一家人正"相呴以湿，相濡以沫"。拒绝高薪聘用，不愿为官时，他说自己是在污泥中快快活活地爬着的老乌龟。而面对追逐名利地位权势胜过性命之人，他就是"非梧桐不止，非练实不食，非醴泉不饮"的鹓鶵。

与自然万物融为一体的庄子有时候甚至分不清楚自己究竟是物还是人。"栩栩然"飞舞的蝴蝶究竟是庄周化为了蝴蝶，还是蝴蝶化为了庄周？庄周分不清，蝴蝶也分不清。庄子将其归结为"物化"，就是说人与物在不停地转化，此刻是人，下一刻就可能转化为蝴蝶。"人生天地之间，若白驹之过隙，忽然而已。"（《庄子·知北游》）人与万物就是在"若白驹之过隙"的"忽然"之间互化的，因而又为什么要在乎自己究竟是人还是物呢？

至此，我们似乎已经没有必要再去探索庄子一生究竟做过什么，去过哪里，连他死后究竟安葬在何处，也变得不那么重要了。因为庄子早已与自然万物融为了一体。我们脚下的每一寸土地，每一片山林，每一条河流，都有庄子的灵魂在。

不过，就这样交代庄子的结局，恐怕是很难让对庄子有兴趣的朋友满意的。那么，庄子死后究竟葬在了哪里？他的墓地又在何处呢？

犹如庄子的故里是一个谜团一样，庄子的墓地也是庄学史上的另一桩悬案。

据说，山东东明庄寨村北，在商周文化遗址上有一座庄子墓。经过对该遗址发掘出的陶器残片等进行考察鉴定，证实这个庄子墓始建于唐贞观二年，以后历代一再重修。有碑刻记述了明清两代重修庄子墓的史实。还有一座庄周墓位于河南商丘民权县老颜集乡，墓地方圆四十余亩，现存清乾隆五十四年所立"庄周之墓"石碑一座。再有就是成玄英《庄子疏》在注解《秋水》时说了这么一句："濠，水名，在淮南钟离郡有庄子墓在焉。"也就是说唐代时，安徽蒙城也有一座庄子墓。

庄子最后究竟葬于何处，还需要有更多的文物面世才可做出定论。但是对于庄子之死来说，最可靠的资料还是来自于《庄子·列御寇》中记述的一段：

> 庄子将死，弟子欲厚葬之。庄子曰："吾以天地为棺椁，以日月为连璧，星辰为珠玑，万物为赍送。吾葬具岂不备邪？何以加此！"

中国人一向有"事死如事生，事亡如事存"的传统。民间往往视丧葬比生养还要重要。特别是战国时期，厚葬之风在齐国、宋国盛行。所谓厚葬，一是要有丰厚贵重的陪葬品，二是墓冢要修建得坚固讲究。庄子弟子以及他本人是有条件以珠宝碧玉作为陪葬品"厚葬"的。然而，这一切，庄子统统不要。对庄子来说，死不过是"物化"而已。人原本就由万物中的一物"物化"而来，如今又要"物化"回去，或许会化为蝴蝶，或许会化为蝼蚁。庄周、蝴蝶、蝼蚁又有什么分别？只不过都是物的不同表现形式罢了。从自然而来，又回归自然中去，有天地为棺椁，星辰万物为陪葬，还需要什么呢？

至此，我们似乎可以得出这样的结论：庄子既然已明确表示他死后情愿置身于山野荒原，回归自然，很可能他的弟子果真遵循了他的意愿，将他安葬在了他最钟情的家园，庄子早已与自然万物融为一体了。

第二章

唯一的挚友

历史上，与庄子打过交道的有名有姓的人，用不了一个巴掌就能数得过来。而且就是这么为数寥寥的几个，还说不好哪位算得上是庄子真正的朋友。不过，也有一个人是例外。他，就是惠子。

没错，惠子与庄子两人间确曾恶语相向，也曾相互讥讽嘲弄，惠子甚至由于担心庄子会夺了自己的相位，煞有其事地大肆搜捕庄子。这些都是事实。然而，庄子一生中，惠子既是他的"论敌"，又是他的挚友，同样毋庸置疑。有人甚至揣测，庄子最重要的文章之一《齐物论》很可能就是在与惠子斗嘴的过程中闹出来的一个"副产品"。

这还真不是捕风捉影。静下心来认真研读《庄子》的话，不难发现，惠子是庄子一生中出现的最为重要的人物。他不仅仅是庄子思想火花的点燃者，也是庄子激情的释放者、情感的寄托者，他对庄子学说乃至《庄子》的诞生都曾产生过不小的影响。同时，也正是由于有了庄子，惠子哲学的十大命题"历物十事"才得以流传。庄子与惠子之间相爱相杀的交情，也算得上是名人史上独一无二的了。

一、第一次相遇

惠子名施，与庄子是同乡，都是宋国人。据侯外庐《中国思想通史·惠施年行略表》，惠子生于公元前370年，卒于公元前310年，享年六十。惠子仅仅年长庄子一岁。这是可信的。

战国时期，宋国也是名人辈出的地方。先有墨子，然后就是庄子与惠子这两位"大人物"了。惠子是政治家、哲学家、思想家。庄子是哲学家、思想家、文学家。两人年龄相近，同出一地，又都是当时独树一帜的思想领军人物。两人在世时曾有很多相遇、相识、相交的机会，其中自然也不免如同历代文人间一样，有相轻、相戏、相嘲弄的时候。于是两人也在文化史上留下了许多趣闻糗事，成为后人茶余饭后的谈资。

惠子与庄子早年经历十分相似，都曾发奋读书。《庄子·天下》说"惠施多方，其书五车"。无论这"五车"书是惠子自己的著述还是他所阅读收藏的，都说明惠子学问之大，读书之多，这也是成语"学富五车"的出处。在学识上，惠子与庄子虽说不上是伯仲之间，却也都学识渊博，有很多相似之处。这也是两位学人尽管在人生经历、政治追求、理论主张等方面相距甚远，最终却能谈到一起的原因之一。

庄子是布衣之士，惠子也是。据说魏惠王（后称梁惠王）曾打算让贤于惠子，以阻止人们的贪婪争夺之心。惠子拒绝了。他说：我不过是一介布衣。假如我能拥有万乘之国而不受，岂不是更能有效地阻止人们的贪心？（《吕氏春秋·审应览》）可知惠子绝非俗人，他也是有见识、有品格的。

庄子与惠子都既不是"官二代"，也不是"富二代"。但惠子更幸运些，他的起点颇高。史书上有关惠子的最早记载，说他曾为魏相。也就是说，当庄子失去了漆园吏的活计，还在四处寻找出路时，惠子已经高高在上，坐到魏国的相位了。惠子虽曾位高权重，深受魏惠王的器重，但刚刚出道时，日子并不好过。孟子的弟子、时任魏国大将的匡章曾在朝堂之上公开嘲讽惠子是祸害庄稼的害虫"蝗螟"。（《吕氏春秋·审应览》）当时担任魏相的白圭对惠子提出的新政极为不满，把惠子比作"新娶妇"，攻击他初来乍到就对婆家事务说三道四、指手画脚。(《吕氏春秋·审应览》)不难想见，布衣出身的惠子初到魏国时，即便有魏王的支持，仍受到了魏国权贵的歧视。

庄子与惠子相遇于何时已无从知晓。但在惠子离开宋国出任魏相之前甚至早在两人求学期间，两人就应该已经相识了。不然的话，惠子任相时，庄子不大可能会专程去魏国见他。据《太平御览》卷四百六十六引《庄子》佚文说：

> 惠子始与庄子相见而问焉。庄子曰："今日自以为见凤凰，而徒遭燕鹊耳。"坐者皆笑。

这是见于记载的庄子与惠子的首次相见。此时的惠子，或自誉为凤凰，或被人称作凤凰，已积攒起相当的人气，这才有了庄子所说的本以为今日见到的是凤凰，结果却只是燕鹊而已。

这段记述为我们了解庄子与惠子初相逢的情形透露了这样几条信息。第一，这次见面的气氛，很像是一次年轻人组织的朋友聚会。惠子过来与庄子相见，庄子口无遮拦，开口便讥讽了惠子，结果引起在座朋友的哄笑。这从一个侧面说明庄子与惠子两人的年纪应该差不多，彼时都很年轻，说起话来毫无顾忌。第二，两人都自视颇高，学问十分了得。两人初次相见而"问"的内容我们已不得而知，但庄子对惠子显然不大瞧得上，认为这样的"问"不当出自"凤凰"之口，只配来自"燕鹊"之辈。庄子的评价似乎还得到了在座朋友的认可，惹得全场哄笑。看来庄子和惠子从见面的第一天起，就结下了梁子。第三，庄子待人的刻薄由此可见一斑。这就难怪惠子与庄子相识的其他人，在大富大贵之后都要专程去见一趟庄子，当面向他炫耀一番了。

总而言之，庄子与惠子的第一次相遇并没有在亲切友好的气氛中进行，而是在"坐者皆笑"的氛围中结束了。

二、鹓鶵与鸱

　　想来这次不大愉快的初次见面，庄子带有羞辱性的玩笑话，在惠子心中留下了阴影，以致多年之后仍然记忆犹新。同时，庄子的学识，庄子的不留情面、刻薄的性格，也都让惠子心存芥蒂，使他不得不时时提防庄子。

　　若干年后，惠子出仕做了魏相，庄子前往魏国去拜访他。有人说庄子此行是为了取代惠子而成为魏相的。面对满大街的传言，惠子不免惊恐万状，无法视而不见，听而不闻。于是，不假思索地展开了大规模的搜捕活动。庄子闻讯，主动前去面见惠子说：凤凰非梧桐树不栖息，非竹子的果实不吃，非甜美的泉水不饮。猫头鹰捡了只腐鼠，看到凤凰正巧飞过，生怕凤凰来夺，急忙发声威吓。其实，在我看来，你的那个相国之位不过是只腐鼠而已。（《庄子·秋水》）

　　庄子这人的神经肯定也是十分大条的，他很可能已全然忘记自己当初与惠子开过的玩笑，忘记自己给惠子带来的难堪，断然没有想到去见一下惠子会闹到被"通缉"的地步。既然今非昔比的惠子如此对待自己，想必自己无法见容于他，庄子索性摆出了一副高姿态，向惠子充分显示出自己志向高洁远大的一面，好让惠子彻底放心。于是便有了这篇意味隽永、讽刺辛辣的"鹓鶵""鸱"与"腐鼠"的故事。这很可能是庄子与惠子的第二次相见。

　　这样不欢而散的结局，是我们早就可以想象得到的。试想，庄子与惠子当时并非好友，相互之间也没有什么交情，那么在这样的情况下，庄子究竟为什么要去魏国？特别是为什么要去见惠子？其魏国之行的目的究竟是什么呢？

揣摩"庄子来，欲代子相"和"惠子恐"这两句，是不是可以嗅出一点儿其中的味道？我们应该可以隐隐地感觉到庄子到魏国来，原本是想寻找其他机会的。此刻的惠子已贵为魏相，庄子本以为，看在两人既是同乡，又有一面之缘的份上，惠子会引荐自己，至少可以坐下来听听自己的主张，彼此有个交流吧。

此次相见，对庄子、惠子双方来说都颇有几分尴尬。庄子大老远专程来见惠子，想必本意不是要来嘲讽惠子一番的；而贵为魏相的惠子得知庄子并不觊觎其相位，在感到释然的同时，多少也会为自己的多疑生出几分愧疚。不管怎么说，此次事件之后，惠子对庄子的疑虑之心肯定减轻了许多。

而让惠子彻底放弃对庄子戒心的是他们此后的再次相遇，《淮南子·齐俗训》载："惠子从车百乘而过孟诸，庄子见之，弃其余鱼。""孟诸"在宋国蒙地。当年匡章曾当面指责惠子出行时声势浩大的排场，如今惠子衣锦还乡，自然更要大张旗鼓了。有意思的是，"孟诸"分明是庄子的故里，而非惠子的老家。惠子此行名曰路过，其中恐怕更有特意绕道向庄子炫耀的成分在。

应该说，庄子与惠子这次的"孟诸相遇"在两人的交游史上具有里程碑意义。惠子"从车百乘"的奢靡，非但没有引起庄子丝毫的羡慕，恰恰相反，庄子见到排场如此煊赫的惠子，赶紧把自己钓到的多余的鱼也放弃不要了。庄子的意思很明确，他所需要的不过是最基本的生存而已。他连几条多余的鱼都不肯要，又怎么会在乎惠子那"腐鼠"般的相位呢？

此次"孟诸相遇"，对惠子应该产生了一定程度的震撼，也促使惠子开始反省，重新了解庄子、认识庄子。很可能就是这次相遇带来了惠子对庄子由相轻、相忌到相知、敬重的心态转变。

三、切磋学术

惠子任魏相是公元前 334 年的事，惠子时年三十六岁，庄子三十五岁。而庄子去魏国见惠子应在此后不久。公元前 322 年，惠子四十八岁时，魏惠王听信张仪之言，将惠子罢相放逐楚国，惠子旋即返回宋国，开始了"与庄子相晤论学"的人生阶段。（侯外庐《中国思想通史》第一卷）

这时，庄子已经四十七岁。人过中年，对世间万事万物都会有与年轻时颇为不同的感悟与心境。至少我们可以看到，此时的庄子已不再是旧时的庄子。他早已不再咄咄逼人，锋芒毕露。而此刻的惠子也不再是昔日的惠子。政坛的失意，从政的残酷，使得惠子不再关心出仕，转而专注于学术。

先秦诸子，大多做的都是治国平天下的大梦，写的也都是与治国平天下有关的"雄文"。只有庄子、惠子是名副其实的"另类"。庄子的文章当时屡屡被惠子称为"大而无用"，而惠子自己的命题，又何尝不是如此？早在惠子为魏相时，白圭就说惠子的学说华丽不实，无所可用。(《吕氏春秋·审应览》)可惜惠子的著作除了《庄子·天下》所记载的"历物十事"之外，几乎遗失殆尽。不过，仅就"历物十事"来看，"大而无用"的概括对惠子学说也是恰如其分的。

《庄子·天下》总结道：太可惜啦，惠施的思路犹如脱缰的野马狂奔，让人无所得，穷究万物却不知道反思有什么意义，这简直就像是用声音去止住回响，也像是让形体与影子在竞走追逐一样，实在太可悲啦！

倘若惠子地下有知，读罢此文，再回过头来重温他对庄子的评价，会作何感想？是不是很有些"五十步笑百步"的意思？

惠子离魏返宋，进入了与庄子"相晤论学"的人生阶段。这是两人交往最为密切、思想火花碰撞最为频繁、学术探讨交流最为深入、学术成就最为辉煌、"抬杠"争辩也最为精彩的一个时期。也就是在这个时期，庄子与惠子两人成了相互信任、相互依赖的至交净友。

这时的庄子、惠子，作为哲学家、思想家，对世界、社会、万物乃至人生等各方面的看法都已臻于成熟。一方面，两人间辩论的气氛情调，更趋于幽默风趣、睿智调侃；另一方面，两人思想交锋的深度、灵感的激发更进入到互为依存、相与补充完善、互为矢的的全新境界。惠子提出的"日方中方睨，物方生方死""今日适越而昔来""泛爱万物，天地一体"等论点，与庄子《逍遥游》《齐物论》等篇章中所阐发的思想有着千丝万缕的联系。庄子要"齐物"，惠子也说"齐物"。不过，惠子的"合同异"，在强调万物之"同"的同时，也强调万物之"异"。而且惠子"齐物"的关键在于辨析物理，而庄子"齐物"的要旨却在于提出"人"与"万物"之一齐："天地与我并生，而万物与我为一。"从庄子立论的角度、庄子的论辩方式来看，庄子学说中的相当一部分内容应该是在与惠子论辩的过程中产生出来的。

庄子文章带有鲜明的论辩特色，特别是《齐物论》。在这篇文章中，庄子自设辩论对象并多次提到"既使我与若辩矣"一类的话，这个"若"指的究竟是谁？而在当时，能与庄子在如此深奥、抽象的理论层次上相与辩论、展开探讨的，除了惠子，别无他人。对此，明末清初学者王夫之说过："或因惠子而有内七篇之作。"（《庄子解·天下》）当代哲学史学者王孝鱼甚至说庄子是在与惠子"谁都想战胜谁的斗争中，建立起自己的思想体系的。于是产生了《庄子》一书的内七篇"。（《庄子内篇新解》）

读庄子文章，再来揣摩惠子的命题，很像是两位学生，就同一道作文题，作出的两篇个性鲜明的文章。他们在写作过程中，不时地相与争辩，相与碰撞，然后各自论证，各自完善论据，展开成文。对照惠子的"历物十事"，很可能庄子的两篇代表作《逍遥游》与《齐物论》就是二人"相晤论学"时期的产物，是两人思想火花相互碰撞的结晶。

四、交情的升华

"相晤论学"时期，庄子与惠子所处社会地位相似，思想深度、思辨才能旗鼓相当，又有共同的话题，甚至共同的游山玩水的爱好。随着两人间了解与认识不断加深，尽管在许多问题上仍见解不同，却并不妨碍两人惺惺相惜，建立起了深厚而独特的友谊。其中一个著名的事例便是庄子"鼓盆而歌"。《庄子·至乐》载：

> 庄子妻死，惠子吊之，庄子则方箕踞鼓盆而歌。惠子曰："与人居，长子老身，死不哭亦足矣，又鼓盆而歌，不亦甚乎！"

惠子的话与其说是责问，不如说是困惑、不解以及对朋友及家人的由衷关切。对于惠子的心情，庄子显然是理解的。所以他也一改一向的犀利辛辣，用十分真诚的口吻解释说：事情并非如此啊。与自己一起生活多年的家人刚刚去世，我怎么会毫无悲痛之心呢？不过，人的生死，就如同自然界春夏秋冬四季的运行变化一样，有生便有死，有死便有生。生是从无到有，死是回归自然。去世的人现在静静地寝卧在天地之间，假如我呜呜哭号，自认有违自然规律，所以我才不再哭泣了。

从庄子与惠子的这段对话中可以看出，惠子对庄子以及庄子家人的关心溢于言表，庄子对惠子的理解与信任也同样真情满满。可见此时两人的关系已经升华，成了可以相互交流、探讨甚至倾诉衷肠的朋友。

此后，这两位从相轻相疑到相知相友的同乡哲人就"人与情"问题展开了一场著名的论辩。这段论辩见于《庄子·德充符》：

> 惠子谓庄子曰："人故无情乎？"庄子曰："然。"惠子曰："人而无情，何以谓之人？"庄子曰："道与之貌，天与之形，恶得不谓之人？"惠子曰："既谓之人，恶得无情？"庄子曰："是非吾所谓情也。吾所谓无情者，言人之不以好恶内伤其身，常因自然而不益生也。"惠子曰："不益生，何以有其身？"庄子曰："道与之貌，天与之形，不以好恶内伤其身。今子外乎子之神，劳乎子之精，倚树而吟，据槁梧而瞑。天选子之形，子以坚白鸣。"

这应当是在惠子去庄子家吊唁之后发生的。惠子与庄子的生死观不同，人生观不同，对生死、自然等问题也各有自己独到的见解。就像过去惠子不理解庄子为什么会把相位比作腐鼠，见到从车百乘的他，要把自己手中多余的鱼都扔掉一样，惠子也很难理解庄子所说的情与无情。这是因为惠子理解之"情"与庄子所说之"情"原本就不在同一个层次上，或者说是出自完全不同的观察角度而得出的。尽管庄子最后一句"天选子之形，子以坚白鸣"，多多少少还有那么一点讥讽的意味，但较之过去，其口气语调已经委婉温和了太多。可见此刻庄子与惠子的论辩已经完全没有年轻时针锋相对、相互攻击的意思，而终于能以一颗平常心，像对待老朋友一样，相对而坐，一边品着酒，观着鱼，赏着山林风景，一边直抒胸臆、开诚布公地探讨学术。

五、黑暗中的那一缕阳光

庄子与惠子是诤友。所谓"诤友"，就是这样的朋友：他们在你遇到人生难题，感到迷惑困顿，或误入歧途而浑然不知，仍自以为是的时候，善意直言，帮你分析利害得失，与你推心置腹地分享自己的人生经验，即便被误解被斥责也无怨无悔。现在我们就来看看庄子与惠子是怎样相互排难解惑的吧。《庄子·逍遥游》载：

> 惠子谓庄子曰："魏王贻我大瓠之种，我树之成而实五石。以盛水浆，其坚不能自举也。剖之以为瓢，则瓠落无所容。非不呺然大也，吾为其无用而掊之。"庄子曰："夫子固拙于用大矣。宋人有善为不龟手之药者，世世以洴澼絖为事。客闻之，请买其方百金。聚族而谋曰：'我世世为洴澼絖，不过数金。今一朝而鬻技百金，请与之。'客得之，以说吴王。越有难，吴王使之将。冬，与越人水战，大败越人，裂地而封之。能不龟手一也，或以封，或不免于洴澼絖，则所用之异也。今子有五石之瓠，何不虑以为大樽而浮乎江湖，而忧其瓠落无所容？则夫子犹有蓬之心也夫！"

这段对话中，双方虽都略带机锋却丝毫没有剑拔弩张、相互攻击讥讽的味道，而更像是在就人生难题进行的一场推心置腹的探讨，甚至就连庄子最后一句"夫子犹有蓬之心也夫"，也并不像有人认为的那样，是庄子在讥讽惠子"心地过于浅陋狭隘"，其实，庄子只不过是指出惠子思想受局限的根源在于"蓬草堵塞了思路"而已，并不带有任何恶意。

解读这段对话中蕴含的玄机是件有意思且耐人琢磨的事。

首先，惠子为什么要提到魏王？让我们猜想一下。此刻应该是惠子刚刚被罢相位返回家乡宋国不久。联系之前"惠子相梁，庄子往见之"与"庄子衣大布而过魏王"两段轶事来看，庄子去魏国应当不止一次。当初，庄子去见惠子曾引起惠子惊恐，搜了三日三夜，闹得满城风雨；而那时朝堂上还有白圭、匡章之流的政敌无时无刻不在盯着惠子。惠子闹出这么大的动静，是不可能不传到魏王耳中的。那次庄子去魏国见惠子虽然在仕途上一无所获，但利用这个机会得以向惠子表白自己，澄清误会，想来也在一定程度上赢得了惠子的信任。后来，庄子第二次去魏国得以"过魏王"，很可能就是在惠子的举荐下，才受到了魏惠王的召见。不过，庄子见魏王仍以失败告终。一句"何先生之惫邪"，足以显示魏惠王并不理解庄子。

其次，这个大葫芦（大瓠）的隐喻也很值得玩味。惠子强调的是种子虽来自魏王，大葫芦却是经过他精心培育才长成的。不是他不要用这个葫芦，实在是因为葫芦过大，既没地方安置，也无所可用，不得已才砸碎了之。这个大葫芦，不就是庄子以及庄子学说的写照吗？我们似乎可以这样来解读：惠子是借大葫芦的故事含蓄地向庄子解释了为什么他当年见魏王没有任何结果，暗示这仅仅是由于庄子的主张大而无用，无法经国济世，与惠子无关。这样，惠子既可以为自己开脱，又向庄子表明了心迹，还顺带着替魏惠王打了个圆场。

人到中年的庄子，再不是当年嘲讽惠子为燕鹊或者鸱鸺的庄子了，也没有了见监河侯时那种强烈的"愤青"心态。此刻的庄子早已将往事统统抛到了脑后。特别是面对失意返乡的惠子，他的胸襟与气度都不允许自己再去计较惠子过去的偏狭与猜忌。不过，把话憋在肚子里隐忍下去当然也不是庄子的性格。于是他也借题发挥，不疾不徐地讲了个不龟手药的故事，说明问题并不出在大葫芦身上，而是由于给葫芦种子的人还有那个种葫芦的人都不会"用大"，也不善于"用大"。庄子在叙述过程中不露声色，口气和缓委婉，可见他是有意克制自己，不要刺激惠子，同时又为自己申辩。

《庄子》中记录的许多有关庄子与人相交的言行，大都尖刻愤激，火药味十足。估计庄子后来也意识到这其实与自己提出的"安时而处顺，哀乐不能入也"（《庄子·养生主》）的平和心境相矛盾。所以此刻的庄子，虽仍改不了"杠精"的脾气，不时地要与惠子杠上几句，心态却完全不一样了。过去，他只能单打独斗地面对一个丑恶肮脏的现实，现在他终于可以躲进思想的象牙塔，尽情游荡于思想碰撞所带来的遐想，去享受智慧间的一次次较量。在庄子的一生中，似乎只有后来与惠子在一起度过的时光，透出了一线亮色。与惠子抬杠斗嘴也就成了庄子人生中的一大乐事，也是他一生中最阳光的时刻。

当然，庄子与惠子的论辩如果永远都像《逍遥游》中"魏王贻我大瓠之种"那样和风细雨，他们还算不上是真正的诤友。庄子惠子两人间的思想交锋往往是坦率真诚却又短兵相接，他们针锋相对，却不夹杂个人恩怨，去刻意抹黑对方。一次，惠子又直言批评庄子的学说大而无用。庄子立即答道，只有跟懂得"无用"的人才能谈论"有用"。这一句看似无关紧要，却首先肯定了惠子与自己对话的平等地位，然后庄子才举例展开自己的论点。他说，大地不可谓不宽广，可真正有用的不过是人脚下小小的立足之地。这就是"有用"。但倘若在这块地周边都深挖至黄泉，只留下这一小块，现在这块立足之地还"有用"吗？惠子只好回答说"无用"。庄子这才推出重点，总结道，这就很明白地说明什么是"无用之用"了。（《庄子·外物》）

这段对话的前因是什么，我们已无从知晓。不过，从这样的论辩中，我们可以清楚地看到，庄子有着过人的思辨能力，他善于用先扬后抑、给对方下套的论辩方法，层层推进，引人入彀，让论辩的对方输得心服口服。

"无用"与"有用"是庄子与惠子时常讨论的又一个中心话题。两人曾就此展开过多次论辩。还有一次惠子把庄子的学说比喻为"大而无用"的樗树，苦口婆心地劝告他不要落到"众所同去"的地步。庄子深知惠子用心良苦，但他怀着同样的善意，更带着对理想的憧憬，向惠子展现出一幅令人陶醉向往的世外桃源画面：

> 今子有大树，患其无用，何不树之于无何有之乡，广莫之野，彷徨乎无为其侧，逍遥乎寝卧其下。不夭斤斧，物无害者，无所可用，安所困苦哉！

这，就是庄子心向往之的理想世界。那里，没有伤害，没有困苦，人们无忧无虑、逍遥自在地仰卧于大树之下，这是一个多么美好的世界。至此，我们有理由相信惠子一定会为庄子所描绘的动人画面所打动，也一定会为他超凡脱俗的追求所感染。

说到底，庄子与惠子的论辩，更多地不在于谁输谁赢，而在于过程，在于心灵的交流、情绪的释放所带来的那一缕阳光。

六、"子非鱼，安知鱼之乐"

《庄子》中记载了几次庄子与惠子论辩的名场面。无论他们论辩什么话题，必定是以庄子完胜、惠子完败告终。这种情况的出现，一来可能是因为这些记载大都出自庄子弟子或后学之手，其言辞表达往往带有明显的倾向性。二来可能是庄子的辩才的确高惠子一筹。不过，就辩才而言，惠子自认也是打遍天下无敌手的。《庄子·天下》载："惠施日以其知与之辩，特与天下之辩者为怪，此其柢也。然惠施之口谈，自以为最贤，曰：'天地其壮乎。'"事实上，在战国的辩坛上，惠子也的确战绩辉煌。他每天背靠大树"打擂台"，挑战天下群士。论辩累了，也不回家，只需要在大树下闭目养神稍作歇息便可再战。（《庄子·德充符》）有惠子参与的辩坛，实在是战国时百家争鸣的一道靓丽的风景线。庄子与惠子两人也真算得上是棋逢对手。

随着两人间交往的愈加密切，论辩愈加出彩，谈论的话题也越发广泛，庄子对社会现实的洞悉、对人生价值的判断、对人当如何生存的见解、对宇宙本源的阐释，都在一定程度上获得了惠子的认同，至少引起了他的某种共鸣。两人间的联系，也不仅仅局限于关起门来就双方各自感兴趣的话题侃侃而谈，他们还不时一起徜徉于大自然中，欣赏山林水泽、自然风光。这样的情景，也是最能见出两位老顽童真性情的时候。

一天，两人来到"濠梁之上"，庄子与惠子论辩史上最精彩的名场面便在这里诞生了，《庄子·秋水》载：

> 庄子与惠子游于濠梁之上。庄子曰："儵（鯈）鱼出游从容，是鱼之乐也。"惠子曰："子非鱼，安知鱼之乐？"庄子曰："子非我，安知我不知鱼之乐？"惠子曰："我非子，固不知子矣；子固非鱼也，子之不知鱼之乐，全矣！"庄子曰："请循其本。子曰'汝安知鱼乐'云者，既已知吾知之而问我。我知之濠上也。"

眼前轻松闲适、悠然自得的鱼，一下子让庄子沉浸在幻化的境界中，如同他"栩栩然胡（蝴）蝶，不知周也"一样，似乎顷刻间他自己也化身为鱼，与逍遥的鱼同游于水中，于是"儵鱼出游从容，是鱼之乐也"便脱口而出。这是一种只有诗人、达人方可进入的心灵世界！无法与自然融为一体的人是享受不到这样精美绝妙的人生体验的。"相看两不厌，只有敬亭山。""我见青山多妩媚，料青山见我应如是。""侣鱼虾而友麋鹿。""寄蜉蝣于天地，渺沧海之一粟。"这些后代文人骚客的名句中多多少少折射出庄子"濠梁观鱼"的痕迹！

可惜，惠子不是诗人，也不是达人。他无法走进庄子诗意盎然的世界。他是一位讲究逻辑、只会从认知的角度寻求真相的哲人："子非鱼，安知鱼之乐？"在诗人听来，面对此情此景，这样的问题岂不是太煞风景了？可是，反过来想想，这不正是惠子的可爱之处？从惠子跟庄子讲大葫芦的故事开始，我们就可以真切地感受到，惠子是个实话实说的老实人，他喜欢较真，做事务实，但一句"子非鱼"的反问，足见出其堪与庄子相匹敌的机敏与智慧。庄子原本是无法证明自己是否了解"鱼之乐"的，但他却巧妙地抓住惠子立论的疏忽，采取了以其人之道还治其人之身的策略，辩解说："子非我，安知我不知鱼之乐？"这一回合，表面上看似乎是庄子赢了，其实未必。在我们看来，惠子的回答仍然是推理严密，无懈可击：我不是你，固然不知道你是否知道鱼之乐；你不是鱼，自然就不知道"鱼之乐"。至此，庄子终于只能诡辩了，他不得不偷换概念，利用"安"的多义性，把惠子的"你如何知道鱼之乐"改换成"你从何知道鱼之乐"，这下，惠子终于不再分辩。像惠子这样拘泥于事实、缺乏诗人想象力的辩者，即便思维缜密、逻辑推理超强，但面对有着拥有葱茏的想象力、思维随意跳跃的庄子，也只能败下阵来。

应该说，惠子返宋，与庄子"相晗论学"的这几年，是庄子一生中最为阳光、最为欢乐的日子，庄子最重要的著作大都完成于这一阶段。遗憾的是，这样的日子并没有持续很久。惠子四十八岁时（公元前322年）回到宋国，公元前310年辞世，他与庄子交游往来的时光最多只有十二年。（侯外庐《中国思想通史·惠施年行略表》）

十二年在人的一生中不算短，也不算长。对庄子与惠子来说，十二年已足以建立起两人间惺惺相惜的深厚情谊。这样的知己之情弥漫在一部《庄子》之中，随处可见。其中最著名的莫过于"运斤成风"的典故了，《庄子·徐无鬼》载：

> 庄子送葬，过惠子之墓，顾谓从者曰："郢人垩慢其鼻端若蝇翼，使匠石斫之。匠石运斤成风，听而斫之，尽垩而鼻不伤，郢人立不失容。宋元君闻之，召匠石曰：'尝试为寡人为之。'匠石曰：'臣则尝能斫之。虽然，臣之质死久矣！'自夫子之死也，吾无以为质矣，吾无与言之矣！"

庄子对惠子的一片深情在这一段描述中抒发得淋漓尽致。他们之间互为存在，配合默契，绝对信任。一方以疾风般的速度，挥斧砍削落在对方鼻子上的一点白灰，而对方坦然镇定，"立不失容"，眼都不眨一下。在这个世界上，有多少人之间的心灵契合可以达到如此出神入化的地步！有朋友相互信任至此，何所求哉？难怪庄子会如此动情地说：从此，我再也没有搭档，再也没有可以交谈的人了。"吾无与言之矣！"这是庄子发自内心深处的慨叹，细细品来，一股凄婉悲凉之情油然而生，这足以见出惠子在庄子心中的地位以及庄子对这段友情的珍视。正如刘向《说苑·谈丛》所说："惠施卒而庄子深瞑不言，见世莫可与语也。"

惠子去世时，庄子五十九岁。此后的二十四年，庄子是在失去惠子的孤独寂寞中度过的。在"以天下沉浊，不可与庄语"的世界，失去了惠子的庄子，再也没有人可以与他产生思想火花的碰撞与心灵的交流。

庄子与惠子从相交初始时的相讽相忌到后来互以为质，再到惠子身后庄子对惠子的深深怀念，可以说，惠子是唯一伴随了庄子大半生的人。

惠子生前，也曾风云一时。在政坛上，他出任魏相，推行新政，虽屡遭权贵排挤打压，却受到了平民百姓的欢迎。在思想界，惠子是名震一时的名家学派的重要代表人物。遗憾的是，惠子的言行仅散见于先秦及汉代的某些典籍中。而最能代表惠子思想的"历物十事"全靠《庄子·天下》才得以保存。或许这竟是冥冥之中，苍天为庄子与惠子之相交所做的一种特别安排！

七、一个大胆的猜测

作为庄子唯一的挚友，现存三十三篇《庄子》中有十篇十三段文字谈到惠子与庄子的交往。而《庄子》全书涉及庄子本人的记载，总共也只有十六篇三十段而已。也就是说，在这三十段有关庄子的记述中，将近一半的内容与惠子有关，足见惠子与庄子渊源、交情之深厚，乃至惠子死后多年，庄子经过惠子墓，一提到惠子，还是那么痛彻心扉，悲恸不已："自夫子（惠子）之死也……吾无与言之矣！"这一番令人动容的真情告白，倘若惠子地下有知，想必也会感动得老泪纵横，备感"人生得一知己足矣"。

不过，值得研究的是，庄子所说的"吾无与言之矣"，究竟当如何解读？虽然字面的意思很容易理解，但庄子所说的"言"，一定不会是两人每天见面扯闲篇，而应该是有所专指的。汉代淮南王刘安曾将散落的庄子及庄子学派文章编纂在一起，说"惠施死而庄子寝说言，见世莫可为语者也"（《淮南子·修务训》）。刘向甚至将庄子与惠子比作钟子期和俞伯牙："钟子期死而伯牙绝弦破琴，知世莫可为鼓也；惠施卒而庄子深瞑不言，见世莫可与语也。"（《说苑·谈丛》）可见由于惠子之死，庄子再没有人可以一起探讨学问，交流见解，就社会人生各种问题展开论辩了。那么，是不是这也意味着自惠子死后，庄子就此罢笔，连文章也不写了？

倘若果真如此的话，那庄子的文章是写到哪章哪节的时候，惠子去世的呢？庄子《齐物论》告诉我们：

> 昭文之鼓琴也，师旷之枝策也，惠子之据梧也。三子之知几乎，皆其盛者也，故载之末年。唯其好之也，以异于彼。其好之也，欲以明之。彼非所明而明之，故以坚白之昧终。

对这段话的解读，历来众说纷纭。不过，有一点却是学界公认的，那就是此时惠子已死，所谓"以坚白之昧终"就是说惠子至死都沉迷于"坚白"之论。

假如惠子死后，庄子真的从此搁笔，什么都不写了，那么《齐物论》之后的五篇文章又是怎么来的？

读《庄子》的人可能都已经注意到，《庄子》内七篇文章的内容与风格之间存在着明显的差异。《逍遥游》与《齐物论》更接近，而后五篇，却别具特色。前两篇文章很明显都与惠子有关。惠子"历物十事"中所关注的话题几乎都可以在《逍遥游》与《齐物论》中寻到踪迹。

前面我们已经说过《齐物论》与惠子思想的异同，这里姑且不论。就是《逍遥游》，也与惠子有着千丝万缕的联系。例如惠子谈论的第一个问题是大与小，所谓"至大无外，谓之大一；至小无内，谓之小一"。第二个问题仍旧与"大"有关，所谓"无厚，不可积也，其大千里"。这样的说法不正与《逍遥游》开篇那个小到可以忽略不计的鱼卵鲲，却可化身为奇大无比的鹏相呼应？而庄子所说的游荡于空气中的野马尘埃，不也正是承袭着"至小无内"而来？比照《逍遥游》与惠子的"历物十事"，我们不能不承认《逍遥游》的论题本身，甚至某些表述方式都与惠子息息相关。

此外，《逍遥游》《齐物论》汪洋恣肆的写作风格，与《寓言》所说的"寓言十九，重言十七，卮言日出"十分吻合；而后五篇中，除了《大宗师》中有关"真知"一段文字与极富思辨的《齐物论》一脉相承之外，其他篇章再也没有那样的写法了。

庄子说惠子死后"吾无与言之矣"，并不意味着他从此搁笔，再也不写文章，而是说没有了与惠子心灵、思想的交流，没有了与惠子的"斗嘴""抬杠"，庄子再也没有心情写《逍遥游》《齐物论》那样需要呕心沥血才可能写出的鸿篇巨制了。退一万步说，即便写出来，又哪里去找像惠子这样的净友，可以一起争辩，一起欣赏，一起探讨呢？

不管怎么说，惠子死后，庄子还得好好地活着。于是庄子靠开学馆教书，承担起了养家糊口的重任。教学生是可以"述而不作"的。然而，像庄子这样的写作高手，为学生编点儿教材，解说一下自己"汪洋恣肆"的"异端邪说"，顺带传播一下自己的人生体验，岂不是小菜一碟？因此，我们有一个大胆的猜测，那就是后五篇文章，很可能是庄子后来用于教学的部分教材。

《庄子·山木》中有一段记述庄子现场施教的故事，与《人间世》

中所描述的商丘之木、栎社树等情景十分相似。显然，庄子教弟子，不可能总是天南海北，什么大鹏小鱼、蜩与学鸠、朝菌蟪蛄、万窍怒号等如天马行空，也不可能总是"既使我与若辩矣，若胜我，我不若胜，若果是也？我果非也邪？我胜若，若不吾胜，我果是也？而果非也邪？其或是也？其或非也邪"，总得有更多适于宣讲的"干货"，有更多能抓住人眼球的故事才行。

于是，我们看到庄子与惠子论辩的文章多用辩论体，而用于教学说明事理的文章多用叙述体。我们猜想这很可能就是《逍遥游》《齐物论》两篇与其他五篇文风颇为不同的原因之一。

第三章

他从哪里来

要想真正认识庄子，仅仅了解他的身世、他的交游、他的生活环境，还远远不够，我们还得了解他曾接触过什么样的思想潮流。如同任何一种思潮、流派的出现一样，庄子一定也是有其师承渊源的。

那么，庄子这么一棵枝繁叶茂的参天大树，他从哪里来？他的根又在哪儿呢？

约西汉初年，淮南王刘安及其门客整理的《庄子》一行世，便被司马迁记在了《史记·老庄申韩列传》里：

> 庄子者，蒙人也，名周。周尝为蒙漆园吏，与梁惠王、齐宣王同时。其学无所不窥，然其要本归于老子之言。故其著书十余万言，大抵率寓言也。作《渔父》《盗跖》《胠箧》，以诋訾孔子之徒，以明老子之术。

司马迁说庄子博采众家，其学无所不窥，包罗万象，但从根本上说，他的学说是从老子那儿传承过来的。此外，司马迁还把庄子放到了孔子及儒家的对立面，特别强调庄子诋毁孔子之徒，说这是"以明老子之术"。

司马迁对庄子思想的这几句评语对后世的影响非常大。庄子被戴上了反孔反儒的大帽子不说，还成了孔子反对派的一面旗帜。后世谁对孔子不满意，谁想骂儒家，都会拉上庄子助阵。

可问题是，庄子真的反孔吗？庄子学说是不是真的与儒学泾渭分明、针锋相对？历史的真相又究竟是如何的呢？要想正本清源，缕清庄子这棵参天大树的根究竟扎在哪里，或者说搞清楚庄子究竟是从哪里来的，我们还得花点功夫，回到庄子的时代，还原庄子的生活，去了解当时的真实情况。

一、"其学无所不窥"

司马迁在评论庄子的学术渊源时，有一句话特别重要，不容忽视，这就是"其学无所不窥"，意思是说庄子学识渊博，无所不学。这个评价确实抓住了庄子学问的根本特点。不过，司马迁看到的《庄子》有十余万言，而我们今天所能见到的《庄子》只有三十三篇六万五千余字，司马迁所见到的《庄子》比流传下来的版本，字数多出了差不多一倍。唐代陆德明所见到的版本跟司马迁见到的差不多一样，他在《经典释文序录》中说晋郭象勘定《庄子》时，删去了其中"或似《山海经》，或类《占梦书》"的十九篇文章。因此，我们无法得以窥见《庄子》的全貌，但仅就现存的三十三篇来看，说庄子"其学无所不窥"也是名副其实的。

庄子究竟读过多少种书？很难估计出个数目来。我们只知道他在《逍遥游》中提到志怪之书《齐谐》，此外，再没有提及任何其他书名。但是《庄子》一书中所涉及的学问包罗万象，涵盖了天体宇宙、自然万物、社会文化等人类文明的方方面面，都说明庄子不但博览群书，而且有着过目不忘的本事。没错，庄子的确有着葱茏的想象力，但《庄子》一书所涉及的内容之丰富、领域之广阔，显然不是仅仅凭着天马行空般的想象就能杜撰出来的。

《庄子》一书，"寓言十九，重言十七，卮言日出"。所谓"重言"，就是历史人物说过的话。老子的事迹，在《庄子》中有不少记载。孔子问学于老聃，还有春秋时卫国政治家蘧伯玉的言行，以及其他一些历史上的重大事件，这些都显示出庄子有着渊博的历史知识。《庄子》中还收录或提到了昆仑、蓬莱两大神话系统中的上古神话传说，如黄帝游于赤水、伏戏氏"袭气母"、冯夷"游大川"、颛顼"处玄宫"、彭祖"上及有虞，下及五伯"、西王母"坐乎少广，莫知其始，莫知其终"、浑沌无面目等。此外，早期的《庄子》还记述了相当一些与地理有关的资料，陆德明所谓"或似《山海经》"，指的就是这方面的内容。即便是后来经郭象删节过的本子，我们也仍然可以见到有关地理记述的蛛丝马迹。陆德明还说早期《庄子》中有"或类《占梦书》"的篇章，这从一个侧面透露出《庄子》中有关梦的记述或解说很可能在一定程度上受到了《占梦书》的影响。

　　庄子读书涉猎极广，几乎涵盖了天下人文自然的全部学科。无论是天文地理、自然万物，还是历史哲学、社会心理，他无所不知，无所不晓，可谓是上穷"太极之先"，下究"六极之下"。单单看一下庄子对宇宙起源的探索与认识之深，就可以知道庄子的学问有多么了不起了，《庄子·齐物论》载：

　　　　请尝言之。有始也者，有未始有始也者，有未始有夫未始有始也者。有有也者，有无也者，有未始有无也者，有未始有夫未始有无也者，俄而有无矣。而未知有无之果孰有孰无也。

　　这段话，乍一读是不是有一种读天书的感觉？庄子到底要说什么呢？字面上看，庄子好像是在故弄玄虚，把宇宙的起源与人类认知的发展关系说得玄而又玄。实际上，庄子真正要阐发的就是：从人类知道宇宙万物有一个开始、对宇宙万物的认识形成一个概念的时候，宇宙万物就已经存在了。人意识到宇宙万物的存在，宇宙万物存在着；人意识不到它的存在，它仍然存在着。宇宙是没有开始与终结的。在无限的宇宙中孕育着一个空空的"无"，终于在某一个刹那间，"无"产生了"有无也者"的时代，而后才有了"有有也者"的时代，也就是现在人类生活的时代。这段话，单凭着仰望星空冥思苦想是写不出来的。庄子一定深入研究过前人有关宇宙起源的各种诠解，特别是老子的学说，经过多方探索之后才写出了如此深奥的文字。庄子对宇宙无限性以及人类认知的局限性的认识，即便是在今天，也足以让人刮目相看。

更令人叹服的是，庄子居然对医药学、人体解剖学、生物学也有相当的了解。他知道人体有"百骸、九窍、六藏"；还知道人的情绪与健康有关："不以好恶内伤其身。"他还谈到人长期睡在潮湿的地方便会得病，甚至半身不遂，而泥鳅生性就喜欢这种地方；人站在树上会产生恐惧感，而猿猴却不会；麋鹿喜欢吃草，蜈蚣以蛇为美食，猫头鹰、乌鸦爱吃老鼠，麋与鹿可以交配，泥鳅与鱼生活在一起等。

可见庄子的"其学无所不窥"并不仅仅局限于对书籍的广泛浏览，他尤其善于观察、学习书本之外的东西。在这一点上，最可见出庄子从来就不是一个循规蹈矩、按部就班、人云亦云的人。用今人的眼光来看，庄子算得上是一位最早走出书斋，打破书本束缚，从自然环境、日常生活以及人类各类生产活动中汲取知识养分，丰富、扩充自己治学领域的先驱者。

庄子的博学源于他对世间万物都怀着一种异乎寻常的热情与兴趣。对周围的一切，特别是那些带点技术性的活计，庄子似乎格外着迷，观察得特别细致，精细入微。像陶工、木匠、漆工、屠夫、洗染工、画匠等手艺，甚至是抓蝉这样的活动，他都写得惟妙惟肖，十之八九其中浸透着他自己的亲身实践与体验。如庄子写"轮扁斫轮"，说辐条与车毂之间的榫接，松了不行，紧了也不行，必须得分毫不差才能保证车轮运转灵活自如。庄子还特别深有体会地说，这种功夫，要靠长期的实践才能做到得心应手，用语言是无法传授的。庄子还经常发表有关如何挑选木材的高见，诸如哪些木材"中绳墨""中规矩"，适于做器物，哪些木材容易腐朽毁坏、招惹虫蠹，什么也做不成等，庄子本人很可能就掌握了相当高的木工技艺。这些都说明庄子对学问与知识的渴求是不拘一格的。

即便被文人士子视为低微粗鄙的活计，也仍可以成为庄子学习研究的对象。其中最著名的例子便是人所皆知的"庖丁解牛"了。庄子对牛体结构的洞悉，对庖丁用刀的精确描写，对解牛过程的娴熟，相信他一定是花了相当的功夫去了解"大郤""大窾""技经肯綮"以及"大軱"之所在，并从庖丁那里获取了大量一手解牛经验，才真正掌握了从解牛开始的"手之所触，肩之所倚，足之所履，膝之所踦，砉然向然，奏刀騞然"，到最后"謋然已解，如土委地"的解牛全过程。像解牛这样的事，在其他文人士子眼中，当然算不得学问。孟子不就说过"君子远庖厨"这样的话吗？不过，假如读了孟子在此前说的"君子之于禽兽也，见其生，不忍见其死；闻其声，不忍食其肉"（《孟子·梁惠王章句上》），就知道孟子所谓的"君子远庖厨"其实是为了不影响自己食欲而采取的一种权宜之计。而庄子却是把牛体的结构、解牛的流程、庖丁如何用刀等当作一门学问来探究的，因而，血淋淋的解牛之事，才能被他描绘成一场声色并茂的精彩艺术活动。

其实，解牛之事，也不止庄子一人写过。早于庄子的管子在《管子·制分》中是这样写的："屠牛坦朝解九牛，而刀可以莫铁，则刀游间也。"而庄子之后的贾谊写的是："屠牛坦一朝解十二牛，而芒刃不顿者，所排击所剥割，皆众理解也。然至髋髀之所，非斤则斧矣。"（《治安策》）同样的题材，出自同样著名的写手，可面貌、风格却迥然不同，其中一个重要因素不能不归功于庄子对世间万事万物所具有的强烈求知欲与兴趣。

总之，司马迁对庄子"其学无所不窥"的评价，的确点出了庄子学说渊源的一个重要特点。

二、与老子貌合神离

庄子所涉猎的学问的确包罗万象。但如果就此把《庄子》当作一部类似百科全书的"类书"来看，或者把庄子视为是一个"杂家"，认为其书的特点仅仅是"杂之广义，无所不包"（纪昀《杂家类叙》），那就大错而特错了。庄子固然博采众学，但要对其思想追根溯源，还是要追到老子那里，其学说的核心还是落在说"道"论"德"上，正如司马迁所言："其学无所不窥，然其要本归于老子之言。"在这一点上，司马迁的确独具慧眼，一语就点中了庄子的穴道。

老子是道家学说的创始人。"道家"最早称作"道德家"，是司马迁父亲司马谈在《论六家要旨》中最早提出来的。后世"道德"一词盛行，与司马谈"道德家"所定义的"道德"产生了歧义，于是"道德家"就被简称为"道家"。司马谈在他的文章中归纳了六家的主要特点，却没有开出一份各门各派的清单来，自然也就没有提到老子、庄子的大名。那时"黄老"并称，老子的名声已经如日中天，被汉初帝王捧得很高，而庄子还是默默无闻之辈，自然也攀不上老子这个阔亲戚。后来，司马迁作《史记》，在老子列传后面附带着也写了个庄子列传，这才开了将"老庄"并称的滥觞。

汉初"黄老思想"被当作了治国的主导思想，可是不久"黄"就让了位，而庄子就顺理成章地排在了老子的后面，成了"道家"的代表人物。从名称上看，老子的名气一直压庄子一头，可是从魏晋开始，在文人士大夫心中，两个人的位置就已经调了个个儿了。

庄子学说的形成受到了老子的深刻影响是无可置疑的。老庄两人都谈"道"，老子开口就说"道可道，非常道"（《道德经》第一章），庄子也说"道不可闻，闻而非也；道不可见，见而非也；道不可言，言而非也"（《庄子·知北游》）。而且两人都注重"道法自然"，都讲"道"与"自然"的关系。乍一看，庄子的"道"跟老子的"道"确实很像，但细细琢磨起来，老子的"道"与庄子的"道"总有些什么不一样的地方。原来，庄子的"道"从源头那里涌出不久便开始分流，与老子貌合神离了。

老子说"道生一，一生二，二生三，三生万物"（《道德经》第四十二章），意思是说世上万物都是"道"生出来的。庄子也说"生"，提出"道"可以"神鬼神帝，生天生地"（《庄子·大宗师》），可是庄子更重视的却不是"道"的"生"，而是"道"的"通"。请注意了，这可是理解庄子的一个关键词！庄子认为"道"能"通"一切，所以在庄子那儿，巍巍泰山不大，秋毫之末不小；厉人不丑，西施不美；大小美丑高低贵贱，统统没有了差别，万物一齐。

在老子看来，"道大，天大，地大，人亦大。域中有四大，而人居其一焉。人法地，地法天，天法道，道法自然"（《道德经》第二十五章）。就是说老子心目中的人、地、天、道都大，但彼此之间却存在着层次的不同，人无法与"道"相比，却又远远高于万物之上。而庄子说的却是"天地与我并生，而万物与我为一"（《庄子·齐物论》），就是说世间万物，包括人，都是"道"的体现，其表现形式、外在形态可以千姿百态，千变万化，骨子里却是相通的，即"道通为一"。更重要的是，由于世间万物都是"道"的体现，人与天地、人与"道"之间也就没有了高低尊卑的区别。这是不是有点石破天惊？想必现在大家也都看出来庄子是如何与老子貌合神离的了吧？

　　老子与庄子同根同源的"道"在看待世界、看待人类社会的问题上，也出现了很大的偏差。老子的"道法自然"，主张"无为而无不为"，讲的是君王治理国家的一种方法，甚至是驾驭群臣百姓的一种手段，"无为"的目的是"无不为"。如果就立场来看的话，老子的屁股是妥妥地坐在了君王的一边，他花费了五千言来为君王出谋划策。所谓"道常无为而无不为。侯王若能守之，万物将自化"（《道德经》第三十七章），其口吻完全是劝诫。说白了，就是为君王开出了一副治世药方而已。因此老子的思想往往被君王视作御人之术，例如汉初文景二帝所推崇的"黄老之术"就有这个意思。

　　而庄子不同。庄子对这个世界看得极为透彻。他清醒地知道造成黑暗混乱的根源就出在君王那里。因此，他对现有的政治制度毫无兴趣，或者说是不屑一顾。庄子与老子最大的不同在于他们所采取的立场不同。庄子完全站在了君王的对立面，他是从臣民的角度，去关注"人"在这个黑暗混乱的社会应当如何生存，如何面对纷乱复杂的社会及人事关系，如何在盘根错节的社会中保全性命，如何做到"无己""无功""无名"，如何徜徉于"广莫之野""无何有之乡"的大树下，逍遥自在。

　　所取立场的不同，也带来了老子与庄子关注点的不同。老子关注的是治理天下的手段与策略："是以圣人之治，虚其心，实其腹；弱其志，强其骨。常使民无知无欲，使夫知者不敢为也。为无为，则无不治。"（《道德经》第三章）老子真是智者，一眼就看穿了我们的国情与民情：

老百姓只要有饭吃，身体强健，就够了。至于心智、知识、欲望之类的，一定要千方百计地杜绝。对聪明人更是要让他们心存畏惧，不敢妄为，这下就可以天下大治了。庄子却从来不关注这样的问题，更不曾像老子这样处心积虑地为统治者支招。他说，当年尧让天下于许由，许由表示"归休乎君，予无所用天下为！庖人虽不治庖，尸祝不越樽俎而代之矣"（《庄子·逍遥游》）。意思是：我要天下有什么用！厨子即便不下厨，主持祭祀的也不会越俎代庖的。许由的态度，其实也就是庄子本人的态度。

庄子对老子的政治理念完全没有兴趣，他所关注的是人应当如何活着，如何处世，如何通过"丧我""坐忘"，忘记个人的执念，超越现实世界对人的种种束缚，来获取一种"无己""无功""无名"的全新的人生体验。可以说，老子所关注的是现实的、功利的，而庄子所关注的则是理想的、精神的、超越的。特别是庄子从"道"生发开来的那种蔑视世俗权贵、独往独来的清高孤傲的精神，老子是没有的。

总之，老子思想虽然是庄子学说的重要源头，但分流之后的庄子又与老子貌合神离，骨子里出现了越来越多的不同。不但老子之"道"与庄子之"道"的色彩有异，味道有别，后世所谓"道家精神"中的"道"对文人士大夫的影响，庄子的分量也比老子重了许多。

三、庄子与孔子的关系

司马迁说，庄子"作《渔父》《盗跖》《胠箧》，以诋訾孔子之徒"，还说庄子"善属书离辞，指事类情，用剽剥儒墨"，看起来庄子是反对孔子学说的。事实果真如此吗？

庄子是道家的领军人物，孔子则是儒家的开山祖师。你可能要问，庄子与孔子能有什么关系呢？我们不妨对《庄子》中孔子及其弟子登场的情况做个大致的统计，或许可以借此揭开庄子与孔子及其门人之间的隐秘关系。

《庄子》中出现的孔子及其弟子多达十人，其中孔子共出现一百八十九次，《庄子》三十三篇中有二十余篇涉及孔子。孔子最器重的弟子颜回在《庄子》中共出现五十二次，涉及十余篇。此外，出现十次以上的，还有子贡、曾参、子路等人。

数字是枯燥的，但数字往往也最能说明问题。孔子及其弟子、后学在《庄子》中如此频繁地高调亮相，或者以正面形象登台讲演对话，或者成为庄子代言，仅此就足以见出庄子与孔子及其弟子、后学关系之密切。想来庄子不至于是用高级黑的方式来"诋訾孔子之徒"，"剽剥"儒家的吧？

如果仅仅是统计数字还不能充分说明庄子与孔子关系的话，我们还可以再来比较一下《论语·微子》与《庄子·人间世》中共同记载的"接舆之歌"一事，或许此中可以透露出更多的线索。

《论语·微子》是这么说的：

> 楚狂接舆歌而过孔子曰："凤兮凤兮，何德之衰？往者不可谏，来者犹可追。已而已而，今之从政者殆而。"孔子下，欲与之言，趋而避之，不得与之言。

而《庄子·人间世》记述的是：

> 孔子适楚，楚狂接舆游其门曰："凤兮，凤兮，何如德之衰也！来世不可待，往世不可追也。天下有道，圣人成焉；天下无道，

圣人生焉。方今之时，仅免刑焉。福轻乎羽，莫之知载；祸重乎地，
莫之知避。已乎已乎，临人以德！殆乎殆乎，画地而趋！迷阳迷阳，
无伤吾行。吾行郤曲，无伤吾足。"

尽管这首民谣中隐含了讥讽孔子不识时务的语句，但孔子弟子将
这首民谣收录于《论语》时，却没做任何修改或文饰，可谓直录。而《庄
子·人间世》的记述方式与写作口吻却很不一样。首先，这里不仅仅
为孔子唱挽歌，而更多的是批判社会的黑暗，说当今之世，能保全性
命、免遭刑戮已是侥幸，灾祸比大地还沉重，让人无处可逃。生存于
这样的社会，你就是凤凰又能怎么样？其次，民谣原本含有更多对孔
子的讥讽，而这种讥讽之意在《庄子》中反而减弱了，代之而来的是"天
下有道，圣人成焉；天下无道，圣人生焉"，字里行间渗透着对孔子
的赞美与称颂。

对比《论语》与《庄子》对民谣的记录与取舍，是不是就可以看
出庄子对孔子不同寻常的态度？

当然，最能显示庄子与孔子关系的，还是《庄子·寓言》中由庄
子弟子记下来的庄子与惠子谈及孔子的一段对话：

庄子谓惠子曰："孔子行年六十而六十化，始时所是，卒而
非之，未知今之所谓是之非五十九非也。"惠子曰："孔子勤志
服知也。"……已乎已乎！吾且不得及彼乎！

庄子告诉惠子，孔子无时无刻不在修正自己的想法，起初所肯定
的观点，到后来又否定了它，很难说孔子六十岁时所肯定的想法或做
法，不是他五十九年以来所否定的。孔子一生做到了"与世俱化"。

庄子对孔子的这个评价应当说是相当公允中肯。历史上真实的孔子，未尝不时时经历着内心的矛盾与挣扎。他虽然对自己的政治主张一直抱有坚定的信念，始终执着地"知其不可为而为之"，但在屡屡碰壁之后，又不能不深深感受到一种"道不行，乘桴浮于海"（《论语·公冶长》）的无奈。庄子说孔子总是在修正自己的想法，正是看到了孔子的这种不断自我否定、自我突破的勇气。庄子其实对孔子一直有种惺惺相惜的欣赏，不信的话，可以反复读一下最后这句："已乎已乎！吾且不得及彼乎！"意思是："罢了罢了！我还远远赶不上孔子呢！"难怪成玄英说"此是庄子叹美宣尼之言"（《庄子疏》）。

当然，庄子敬佩尊崇的是孔子这个人，未必是儒家学派，更不是孔门后学。实际上，在孔子死后约二百年的时间里，孔子的思想主张，也随着时代的变更、社会的变化，不断被其门人后学根据各自的需要进行调整，庄子时代的儒学已不是原汁原味的孔子思想了。

至此，我们终于可以回到司马迁有关庄子"诋訾孔子之徒"的话题上来，看看司马迁所说究竟是否有根据。

我们知道《庄子》一共收录了三十三篇文章，内容很丰富，也很繁杂。司马迁说庄子"诋訾孔子之徒"时，特别点了《渔父》《盗跖》《胠箧》三篇，偏偏这三篇都算不上是庄子的代表作。这就不能不让人怀疑司马迁这样做的动机究竟是什么，他是否另有寄寓？甚至是否有着什么不便明言的目的？

汉代初年，由于秦朝的苛政，加上连年战乱，经济一片凋零破败。据《汉书·食货志》记载："汉兴，接秦之敝，诸侯并起，民失作业，而大饥馑。凡米石五千，人相食，死者过半。"在这样的情况下，西汉朝廷推行"休养生息"政策，而"清静无为"的黄老之术正好适应了当时的需要，也正是在黄老思想的主导下，历史上第一个所谓的盛世"文景之治"出现了。然而，随着帝王权力的膨胀、国力的强盛，黄老思想越来越无法适应中央专制集权统治的需要，于是好大喜功的汉武帝采取了"罢黜百家，独尊儒术"的政策。从此，黄老之术靠边站，代之而来的是儒家的仁义学说以及君臣伦理观念。

这，就是司马迁时代的大环境。司马迁的一生恰好处在了社会主导思想由黄老道家向儒家转型的关口，而主导这个转型的最重要的人物恰恰是与司马迁一生荣辱安危、生死存亡息息相关的汉武帝。司马迁原本对汉武帝忠心耿耿："绝宾客之知，忘室家之业，日夜思竭其不肖之材力，务一心营职，以求亲媚于主上。"汉武帝也曾十分赏识司马迁的才华。万万没有想到的是，司马迁只因替李陵败降之事辩解了几句而惹得汉武帝震怒，竟遭受奇耻大辱的"最下腐刑极矣"。在极度屈辱中，司马迁身负父亲的重托，隐忍苟活，终于以坚韧的信念完成了创作《史记》的神圣使命。（以上引文均见司马迁《报任安书》）

在《史记》中，司马迁选择为"王公大人不能器之"的庄子作传本身，很可能就是有感于自己"深幽囹圄之中"而"交游莫救，左右亲近不为一言"（司马迁《报任安书》），却从《庄子》那里获得了某种感喟与共鸣。庄子同时代的文人，如名家的公孙龙子、惠子，道家的杨朱、宋钘、尹文等，都曾比庄子名气大，他们在《史记》中或仅仅被提及姓名，或根本不着痕迹，而司马迁独独选择为庄子作传，可见庄子在司马迁心目中的分量。

了解了司马迁的写作背景，我们就不难理解为什么司马迁会特意举出《庄子》中对儒家攻击最为激烈、言辞最为犀利的三篇文章，明摆着就是要给汉武帝"独尊儒术"的国策添堵，最起码也是要制造出一些不和谐之音来。这种借庄子之口尊崇道家贬损儒家的写法，在"罢黜百家"的形势下，还真是需要一点儿敢于唱反调的勇气的。

当然，我们也不排除司马迁单挑这三篇文章说事儿的另一个原因，那就是他看到十余万言的《庄子》时，并没有怀疑其中有些篇章并非庄子本人所作，于是把《渔父》《盗跖》《胠箧》的著作权也归属了庄子。无论如何，司马迁略过《庄子》内篇以及与内篇思想主旨更为接近的《天地》《秋水》《达生》《知北游》《庚桑楚》《徐无鬼》《寓言》《天下》等文章不选，唯独点出这三篇，一定有自己的意图。值得一提的是，即便像《盗跖》这样直接骂孔子为丧家之犬的篇章，司马迁仍没说庄子"诋訾"孔子，只是说"诋訾孔子之徒"。也就是说，司马迁心中还是有一杆秤的，他知道应该把孔子与孔子弟子、后学区分开来。

辨清了司马迁说庄子诋毁孔子之徒的真相，不等于我们就可以绕开《庄子·齐物论》中提及的"仁义之端，是非之涂（途）"之说。的确，这两句貌似是内篇中对儒家抨击颇为激烈的言辞。但如果我们把这两句还原到上下文中去，就不难发现，庄子之所以在这里特别提到"仁义之端，是非之涂（途）"，是呼应前文"夫道未始有封，言未始有常，为是而有畛也"而来，与"毛嫱丽姬"等一系列例子一样，都是用来说明"大道不称，大辩不言，大仁不仁"的道理，来揭示"是非"之争产生的根源，而不是要刻意去抨击儒家的"仁义"。更重要的是，庄子这里所说的"仁义之端"的"端"，与《礼记·中庸》中所说的"舜好问而好察迩言，隐恶而扬善，执其两端，用其中于民"的"端"同义，指的是一味夸大"仁义"之一端，甚至走向极端的儒家思想。这样的"仁义"才是"是非之涂（途）"，而不是统而论之，认为"仁义"就是"是非之涂（途）"。我们知道，孔子一生走的都是"中庸"之道，"仁义之端"显然也不是孔子所认可的。

另一个需要辨析的例子来自《庄子·大宗师》。其中提到儒家弟子意而子决意改换门庭，起初却被许由以尧已在你脸上打下了"仁义"的烙印，用"是非"给你施了割鼻的刑法而加以拒绝，意思是你已经无可救药了。尽管这里庄子用了"黥""劓"这样恐怖的字眼，但仍旧没有把矛头对准孔子，而是把根源追溯到上古帝王尧那里，强调即使那些曾经深受"仁义"思想影响的人也仍然可以进入逍遥游的境界。也就是说《庄子·大宗师》所抨击的并不是孔子本人或者孔子的思想，针对的只是众说纷纭却无法判定孰是孰非的争论，认为只有忘掉这些仁义是非，才能畅游于无尽的"道"之境。

至此，我们认为，说庄子骂孔子，其实是受了司马迁的误导。事实上，庄子非但不诋毁孔子，恰恰相反，他的学说与孔子有着千丝万缕的联系，在某种程度上甚至可以说庄子与孔子也是有渊源的。

四、庄子·孔子·颜回

孔子一生汲汲奔走于天下，坚持不懈地推行自己的政治主张与理想，多次身陷困境，却始终没有得到施展政治抱负的机会，以至于他也不禁发出了这样的慨叹：

> 笃信好学，守死善道。危邦不入，乱邦不居。天下有道则见，无道则隐。（《论语·泰伯》）
>
> 饭疏食饮水，曲肱而枕之，乐亦在其中矣。（《论语·述而》）
>
> 道不行，乘桴浮于海。（《论语·公冶长》）

《论语·先进》中还记述了一件特别能见出孔子退隐心境的轶事。孔子与弟子闲坐，让众弟子谈谈各自的志向。子路说只需要三年的时间，他就可以让一个外有战争内有饥馑的国家强盛起来，人们勇敢而懂礼仪。冉求的志向是用三年时间治理一个方圆六七十里的地方，让老百姓丰衣足食。公西华说他愿意做一个祭祀官，管理宗庙事务。只有曾点的志向与其他几个人不一样，他的理想是："莫（暮）春者，春服既成，冠者五六人，童子六七人，浴乎沂，风乎舞雩，咏而归。"孔子听后，感慨地表示"吾与点也"，就是说这几个人的志向中，最触动孔子内心的，不是什么关乎国家治理的大事，而是一幅暮春闲情图。由此可见，孔子内心的确隐藏着远离现实政治、回归山林的渴望与向往。

在这里，我们已经看不到孔子"天下有道，丘不与易也"（《论语·微子》）的执拗，相反，在他无可奈何的慨叹中，我们却依稀地见到了庄子的影子。

在现实世界中，孔子这种出仕与退隐之间的矛盾是无解的。孔子的理想是治国平天下。只有天下不平才需要出仕治之，假如天下已经太平还出仕做什么呢？这就是纠缠于孔子内心的一个无解的矛盾。正是这个矛盾，预示着儒家后学在"邦无道"的情况下，为了活下去，必须要找到一种可行的生存方式，找到一条出路。于是，孔子最得意的弟子颜回便把孔子思想中出仕与退隐这对矛盾中退隐的一面发扬光大了。

据《韩非子·显学》说，孔子死后，儒家分为八派，其中一派是"颜氏之儒"。"颜"即颜回。颜回，字子渊，又称颜渊，从十三岁起便一直追随孔子左右，是孔子最为得意的门生，位列孔门七十二贤人之首。他终生未仕，始终安贫乐道，过着一种类似隐居的生活。颜回曾说，如果不能掌握道，那是自己的耻辱。如果掌握了道却得不到重用，那是统治者的耻辱。（《史记·孔子世家》）孔子还将颜回与自己相提并论："用之则行，舍之则藏；惟我与尔有是夫！"（《论语·述而》）

孔子极为看重颜回，颜回也极为敬重孔子，但这并不等于颜回的想法与孔子的绝对相同。"颜氏之儒"一派的出现，说明颜回与孔子以及其他孔子后学是有所区别的。不过，"颜氏之儒"的思想究竟是什么，他的弟子又有哪些，儒家流传下来的史料语焉不详。幸运的是，有关颜回的很多生平轶事，却在《庄子》中保存了下来。我们甚至可以通过对《论语》以及《庄子》中有关颜回记述的比较分析，捋出"颜氏之儒"的发展轨迹与线索。

颜回在《庄子》中是一个特别值得注意的存在，每当颜回出场，他总是扮演着极其重要的角色，有时甚至直接为庄子代言。当然，最简单的办法，是像一些研究庄子的学者那样，把《庄子》中的孔子、颜回完全等同于"意而子""啮齿""女偶"等虚构人物，视为一个符号。但是，为什么每次颜回与孔子所讨论的问题、表达的看法，都代表了庄子学说的精华？庄子生活的年代距孔子、颜回在世时已经过去了二百多年，此间儒家思想也发生了不小的变化，庄子为什么仍要屡屡借用孔子、颜回之口来谈论自己思想的核心呢？

我们要还原庄子，就无法回避庄子与孔子，特别是与"颜氏之儒"的关系。作为第一步，我们首先需要证实的是，《庄子》中的"颜回"是否就是《论语》中的"颜回"，是否就是历史上那个开创儒家八派之一"颜氏之儒"的颜回。

我们知道，庄子文章"寓言十九，重言十七"。何谓重言？成玄英《庄子疏》说："重言，长老乡闾尊重者也。"陆德明《经典释文》说："重言，谓为人所重者之言也。"他们都意识到《庄子》中一些记载是有史实的，也就是说《庄子》中记载了一些真实历史人物的言行以及真实的历史事件，这些内容有别于寓言。沿着这条重要线索，我们只需将《论语》与《庄子》中颜回的言行事迹放在一起进行对照，就可以发现《庄子》

中的颜回究竟是李逵还是李鬼了。

《论语·雍也》载："子曰："贤哉，回也！一箪食，一瓢饮，在陋巷，人不堪其忧，回也不改其乐。贤哉，回也！"《庄子·人间世》中也有类似的记载：当孔子要颜回斋戒时，颜回说："回之家贫，唯不饮酒不茹荤者数月矣。"

有趣的是，《论语》中孔子只是高度赞扬颜回的安贫乐道，而《庄子》中却详细描述了"颜氏之儒"的修炼过程，为史料缺乏的"颜氏之儒"补上了极其重要的一笔。颜回在孔子指导下经过"心斋"所进入的"游其樊而无感其名，入则鸣，不入则止。无门无毒，一宅而寓于不得已，则几矣"的境界，在孔子口中是"人不堪其忧，回也不改其乐"，在《庄子》中则是"未始有回也"的"唯道集虚"的心灵世界。

对于这位最为得意的弟子，孔子从来不吝惜溢美之词。孔子曾连用两个"贤哉，回也"赞扬他甘于清贫、自得其乐的人生态度。还有一次，孔子与子贡谈论起颜回来：

　　　　子谓子贡曰："汝与回也孰愈？"对曰："赐也何敢望回？回也闻一以知十，赐也闻一以知二。"子曰："弗如也，吾与汝弗如也。"（《论语·公冶长》）

孔子在子贡面前说连自己也赶不上颜回，可见颜回人格之高尚，对孔门学说贡献之大。

《庄子·大宗师》也记载了孔子对颜回类似的赞扬。颜回告诉孔子他的学问增长了，孔子要颜回详细汇报一下，颜回说他正在逐渐忘掉过去所学的东西，进入了"坐忘"，即超脱了形体的束缚，毁弃了智慧，终于与道融为一体。听到这里，孔子禁不住由衷地感叹道："而果其贤乎！丘也请从而后也。"

这句话中的两个"而"，意思同"尔"，指的是颜回。孔子说的意思是：你果真是一位贤人啊！你的学问已经超过我了，从此，我只好步你的后尘。

从这两个细节的比较中不难看出，《庄子》中的颜回与《论语》中的颜回基本上就是同一个颜回。说"基本上"，是因为《庄子》中的颜回是"颜氏之儒"的代表，是一个与《论语》有联系却又面目一新的颜回，更准确地说，《庄子》中的颜回是自《论语》中的颜回发展而来的"颜氏之儒"的颜回。

我们从以上记载发现，颜回以及"颜氏之儒"的思想对庄子来说太重要了。例如颜回的"坐忘""心斋"与庄子所提出的南郭子綦的"吾丧我"、卜梁倚的"守"极为相似，甚至可以说，"吾丧我"与"守"就源自于"心斋"与"坐忘"。

孔子死后孔门弟子分为八派。这八派各自有些什么主张，对孔子思想有过怎样的发展，产生过什么样的影响，随着孟子与稍后荀子的崛起，他们大都湮没无闻了。相对于其他七派，"颜氏之儒"要幸运得多。由于《庄子》内篇把大量的笔墨用在"颜氏之儒"的记述上，加上《庄子》与《论语》这两部书的相互发微，我们才得以大致捋出"颜氏之儒"的发展脉络，找到了庄子学说的另一个重要源头。

五、"颜氏之儒"的影响

《庄子》中有关颜回以及"颜氏之儒"的记载，为揭示庄子学说与"颜氏之儒"的渊源提供了可靠的资料。

颜回轶事主要集中在《庄子·人间世》与《庄子·大宗师》两篇

之中。《庄子·人间世》几乎用了三分之一的篇幅讲述颜回在孔子教诲下的成长过程。开篇第一件事说的是颜回即将出仕卫国，准备了三套方案向孔子请教。第一套方案刚一提出来，就遭到了孔子的当头棒喝，认为颜回这是去找死。第二套方案，是针对孔子批评的"道不欲杂，杂则多，多则扰"提出的，简单来说，就是"端而虚，勉而一"，强调自己行事端谨谦虚、勤勉专一。第二套方案同样也被孔子否定了。不过，这已经离庄子"虚"和"一"的重要观念近了一大步，只是"端"与"勉"仍带有人为的痕迹。在庄子的思想中，"虚"就要"虚"得彻底，"虚"得能容下万物却又不滞于物，做到一尘不染；而"一"，也要"一"得天地浑然一体、物我为一。所以说，"端而虚，勉而一"是"颜氏之儒"思想形成过程中的一个环节，标志着颜回由注重外在世界向注重内心发展迈出了关键的一步。

　　由于"端而虚，勉而一"还不够，颜回的第三个方案是"内直而外曲，成而上比"，意思是表面上顺从卫君，委曲求全，内心却保留着君子应有之"德"。对卫君的暴行，最多只是用古人的事例旁敲侧击，以避免正面冲突。尽管如此，孔子认为这也仅仅可以保全自己的性命而已。至此，颜回的三个方案都已和盘托出，孔子这才开始引导颜回一步步走向"心斋"。

　　"心斋"听起来很玄，其实就是一种类似冥想、沉思、坐禅的修炼过程。作为文人士子的代表，颜回的"心斋"，也是无数文人士子可能采用或已经采用的修炼方式，颜回的心路历程，也是无数文人士子可能经历或已经经历过的心路历程。一旦"心斋"完成，人的精神境界也就会得到相应的升华，达至"虚室生白"，从此心中没有了任何杂念，一片清澈明朗，也就进入了"无己""无功""无名"的理想境界。

　　《庄子·人间世》中颜回提出的三个方案，是一种象征，反映出"颜氏之儒"是如何在孔子的引导启发下，经历了几个阶段才逐渐成熟的。每进入一个新阶段，都意味着颜回在自己的修炼路程上又迈上了一个新的台阶，最终与庄子所憧憬的"无己""无功""无名"的逍遥游世界融合为一。颜回的修炼过程，实际上也就是"颜氏之儒"发生、发展、成熟的过程。从《庄子·人间世》有关颜回的记述中，可以清楚地看到颜回思想发展的轨迹。颜回所经历的处人、自处的心理变化过程，最终通过"心斋"而得"道"，恰恰可与庄子所表述的修德得"道"的途径相互印证。在这个意义上，庄子思想的形成，的确与"颜氏之儒"密不可分。

　　其实，"颜氏之儒"对庄子的影响贯穿于《庄子》内七篇的每一篇文章之中。《庄子·人间世》透露出的是"颜氏之儒"发生发展成熟的过程，而《庄子·大宗师》的"坐忘"则从传"道"方法上与"颜氏之儒"发生了联系。

　　《庄子·大宗师》主要阐释的是"道"的特质以及不同人得"道"的方法，其中提出的与"心斋"有着同等重要意义的"坐忘"，也出自与颜回相关的轶事。"心斋"与"坐忘"这两个重要的概念都与颜回有关，我们相信这一定不仅仅是一种巧合。庄子之所以对颜回情有独钟，一定是他的的确确接触到了"颜氏之儒"有关修心养性得"道"的思想。

　　与《庄子·人间世》相似，颜回对"坐忘"的领悟也是在孔子的一步步引导下，分成几个阶段完成的。在这个过程中特别值得注意的是，当颜回终于完成了"坐忘"进入"堕肢体，黜聪明，离形去知，同于大通"的境界时，连孔子都感到惊奇，并当即表示"而果其贤乎！丘也请从而后也"（《庄子·大宗师》）。原本孔子是来引导颜回的，可最终孔子竟然表示颜回已经比自己高明了，还说从此要追随其后。这就很耐人寻味了。其中透露出的一个重要信息就是，至此，"颜氏之儒"的思想已经成熟、完善，"颜氏之儒"也随之正式诞生。而庄子所主张的修德、修炼方法正是直接受益于"颜氏之儒"的"心斋"与"坐忘"。

从庄子最重要的两篇文章《庄子·逍遥游》与《庄子·齐物论》中，我们也不时可以看到颜回思想的痕迹。《庄子·逍遥游》说的是人不应该受到任何物质或精神的束缚，要放下所有让人活得不自在的"己""功""名"，才能进入"至人无己，神人无功，圣人无名"的境界。《庄子·齐物论》阐发的是万物一齐、道通为一的理论。开篇南郭子綦的"吾丧我"是庄子"齐论""齐物"的根据。而"吾丧我"本身与颜回的"心斋""坐忘"如出一辙，都是要涤荡干净蒙在人心中由"己""功""名"积起来的厚厚尘垢，泯灭"是非"之心，才能进入逍遥游的境界。这两篇文章互为表里，构成了庄子思想的核心。其中虽然没有直接谈到颜回，但颜回思想却通过南郭子綦"吾丧我"后所进入的境界体现了出来。

《庄子》内篇后五篇文章，讲的是庄子人生哲学在现实社会中的具体运用与实践。《庄子·德充符》中所说的"游心乎德之和"是贯穿于各篇的主线。所谓"和"强调的就是无论外界有什么样的干扰，处于什么样的困境，人都应该保持心境如静水一样平和，也就是像颜回那样"一箪食，一瓢饮，在陋巷，人不堪其忧，回也不改其乐"。

经过这一路分析下来，我们可以看到庄子学说是有着多重渊源的。除了老子之外，庄子与孔子、颜回以及"颜氏之儒"也有着盘根错节的联系。可以说，老子"道法自然"与"颜氏之儒"的"心斋""坐忘"的完美结合，加上庄子本人"其学无所不窥"的博采众家万物，才最终成就了中国文化史上独特的庄子思想体系。

第四章

《庄子》这部书

庄子与《庄子》是不同的。

很可能你已经注意到《庄子》内、外、杂三十三篇文章呈现出来的，并不是一个完整统一、既有着哲人的智慧又有着诗人的敏感的庄子，而是一个近乎人格分裂的庄子，一个自相矛盾的庄子。有时他甚至会以"臣之剑，十步一人，千里不留行"的姿态现身，有点像走江湖的侠客，又有点像苏秦、张仪那样的策士。诡异的是，这面目各异的庄子竟然都来自《庄子》这部书。倘若庄子看到冠以他大名的《庄子》呈现出这样一幅四不像的面孔，真不知道他是笑邪？哭邪？还是哭笑不得？

《庄子》的成书过程和流传与《论语》迥然有异。孔子思想显然更接地气，上至朝廷，下到穷乡僻壤，只要有人，孔子思想就能扎下根。特别在文人士大夫与朝廷的双重推动下，记录孔子言行的《论语》早早就被奉为经典，从未被质疑其中掺杂有他人的东西。

庄子就不同了。虽然后来他也被抬高了许多，但终究是草根出身，且又蒙尘多年，一代代学者考证来考证去，至今还是连庄子的生卒年、故里籍贯也没有一个确定统一的说法。至于被文人士子当作心灵避难所的《庄子》一书，更如同其身世一样，完全是雾里看花。

然而，对庄子这个人的认识了解，又实实在在地与《庄子》这部书紧紧地连在一起。不了解这部书的来龙去脉，就不可能还原庄子，还原《庄子》一书的真相。《庄子》这部书，如同庄子本人一样，在历史上曾发生过不小的变化。要了解庄子，读懂《庄子》，除了知人论世以外，还得从根上捋一捋《庄子》这部书到底是怎么回事。

一、早期的《庄子》

　　最早说世上有部书叫《庄子》的，还是司马迁。那已经是庄子死后一百多年了。司马迁是不是认真阅读了《庄子》一书，并逐字统计了全书的字数已不得而知。但很有可能，他只是选读了其中几篇，估算了一下，便根据所掌握的资料，完成了这二百余字的庄子小传。想来当时司马迁绝没料到这部书日后会产生如此巨大的影响，所以他既没有记录《庄子》这部书的总篇数，也没有像为司马相如、贾谊等人作传那样附上几篇代表作，只是点了其中五篇文章的篇名而已。

　　我们知道，现存《庄子》三十三篇，只有内七篇是庄子本人所写。庄子在世时以及死后相当一段时间也只有内篇这些文章行世。这一点，我们可以从《庄子》外、杂篇的一些文章中寻出些许端倪，如《寓言》就《庄子》体裁与内容做出的"寓言十九，重言十七，卮言日出，和以天倪"的概括，《秋水》对《庄子》博大精深的赞美，《天下》对《庄子》思想核心以及写作风格的评论，都为后世所广泛采用。外、杂篇中，最能直接证明当时确有一部名为《庄子》的书在世间流传的记述，见于《庄子·天道》：

　　　　庄子曰："吾师乎！吾师乎！赍万物而不为义，泽及万世而不为仁，长于上古而不为寿，覆载天地、刻雕众形而不为巧。"

　　这段话也见于现存内篇《庄子·大宗师》中：

许由曰："吾师乎！吾师乎！齑万物而不为义，泽及万世而不为仁，长于上古而不为老，覆载天地、刻雕众形而不为巧。"

文字几乎完全一样。只是《庄子·大宗师》中的"许由曰"在《庄子·天道》中变成了"庄子曰"，我们推测，这个"庄子曰"中的"庄子"是书名而不是人名，也就说，当时的确有一部《庄子》在流传。

《寓言》《秋水》《天下》《天道》这几篇文章的写作年代不详。据今人考订，《天下》约成于荀子稷下讲学之后、《吕氏春秋》成书之前，也就是公元前 265 年至前 236 年之间。[①]这个说法大抵是可信的。

庄子离世时，荀子三十岁左右。荀子是读过《庄子》的。他针对《庄子》提出了"庄子蔽于天而不知人"（《荀子·解蔽》）的评论。显然，在荀子所见的《庄子》版本中，并不存在司马迁所列举的那几篇抨击儒家以及孔子之徒的文章。否则的话，作为儒家的代表人物，荀子不可能只客客气气地说了那么一句。换句话说，荀子所见到的《庄子》应该跟《寓言》《天道》等几位作者所看到的一样，是一本"瘦身"的《庄子》，很可能只是我们现在所见到的内七篇。

荀子之后，另一个读过《庄子》的人是韩非子。韩非子生于公元前 280 年，卒于公元前 233 年，其出生晚于荀子约三十三年，是荀子的学生。韩非子曾就《庄子·逍遥游》中的"且举世而誉之而不加劝，举世而非之而不加沮，定乎内外之分，辩乎荣辱之境，斯已矣"说过"赏之誉之不劝，罚之毁之不畏，四者加焉不变，则其除之"（《韩非子·外储说右上》）这样的狠话。如果不是读过《庄子》，韩非子不大可能

① 王矛：《〈庄子·天下篇〉作者与写作年代考》，《安徽师范学院学报》，2016 年第 3 期。

凭空冒出针对性如此之强的言论。

　　关于《庄子》的文章，韩非子也就直接说过这么一句而已。但《韩非子·解老》中有一大段文字，与《庄子·大宗师》中那段著名的有关得"道"的描述惊人地相似。韩非子是这么写的：

　　　　天得之以高，地得之以藏；维斗得之，以成其威；日月得之，以恒其光；五常得之，以常其位；列星得之，以端其行；四时得之，以御其变气；轩辕得之，以擅四方；赤松得之，与天地统；圣人得之，以成文章。

而庄子说的是：

　　　　狶韦氏得之，以挈天地；伏戏氏得之，以袭气母；维斗得之，终古不忒；日月得之，终古不息；堪坏得之，以袭昆仑；冯夷得之，以游大川；肩吾得之，以处太山；黄帝得之，以登云天；颛顼得之，以处玄宫；禺强得之，立乎北极；西王母得之，坐乎少广，莫知其始，莫知其终；彭祖得之，上及有虞，下及五伯；傅说得之，以相武丁，奄有天下，乘东维、骑箕尾，而比于列星。

　　当然，我们不能排除庄子与韩非子的这两段话都取材于上古神话传说，甚至有着相同的来源，但令人费解的是，韩非子采用了与庄子完全相同的句式，所表述的意思也十分接近。至少可以说，韩非子的这段话明显受到了庄子的影响。

　　此外，韩非子不少文章中提到的寓言、传说、轶事，也同样见于《庄子》外、杂篇中，这是不是可以说明，在韩非子时代《庄子》中就已经收录了现存外、杂篇中的那些篇章了呢？

答案是否定的。《韩非子》中虽然出现了与外、杂篇中相同或相似的寓言、传说、轶事的记载，但这些都属于人人可用的"公众资料"。例如"解牛"的故事，庄子前后就有不少人提到，包括韩非子。另一个例子是《庄子·山木》中记述的"阳子之宋"。阳子是道家另一位著名代表人物杨朱。这一段写的是阳子到宋国去，在旅店住宿时遇到旅店主人以及他的两位妾的故事。韩非子《说林上》也有几乎完全一样的记载，只是"杨子"取代了"阳子"；"逆旅之父"取代了"逆旅小子"。类似的情况还有一些。这类文字应当都取自于坊间的传言，无法说清谁在前，谁在后，与前文提到的韩非子与庄子有关"道"的论述的雷同，性质完全不同。我们也就很难据此断言韩非子见到的《庄子》中就已经包括了外、杂篇中的文章。

有必要指出的是，《庄子》外、杂篇中的一些篇章，虽然在韩非子时尚未收入《庄子》中，但并不等于这些篇章那时尚未问世。战国时期出现的百家争鸣盛况，不单单体现在士阶层的崛起，私学兴盛，诸子纷纷著书立说，相互诘难，还体现在对诸子百家言行轶事的记录、流传上。韩非子著作中提到的轶事旧闻，别人也有可能谈及或引用。《韩非子》中记录的这些与《庄子》外、杂篇相似的内容，与其说是与《庄子》外、杂篇有瓜葛，倒不如说韩非子曾有机会见到坊间流传的庄子弟子、后学所撰写的各类文章。

至此，我们可以说，庄子死后到韩非子之前，坊间应该有一部不包括外、杂篇的《庄子》在流传。而司马迁见的《庄子》有"十余万言"，其中原因，很可能是最初编纂《庄子》的人，只是想作一部"道家文章选"。由于出自庄子之手的文章所占比重比较大，而其他文章大部分没有署名，或者无法获知原作者的姓名，再加上那时没有版权法、著作权这一说，于是这部书便以《庄子》冠名了。

二、《庄子》的第二次结集

战国末年的吕不韦做了件中国文化史上了不起的大事。吕不韦原来是商人，但他后来成功转型从政，当上了秦国的丞相。为了给秦国撑门面，他召集三千门客，要求"人人著所闻"，主持编纂了一部名为《吕氏春秋》的巨著。这部书分为十二纪、八览、六论，共计二十余万字，其内容囊括"天地万物古今之事"，称得上是战国末年的一部鸿篇巨制。

吕不韦主持编纂此书的本意是要以道家思想为主干，熔名家、法家、儒家、墨家、农家、兵家、阴阳家等诸子百家的学说于一炉，想以此为秦大一统之后的主导思想做准备。正如东汉高诱所说"此书所尚，以道德为标的，以无为为纲纪"（《吕氏春秋·序》），可以说这是一部道家思想的集大成之作。当然，属于"道德家"的庄子文章自然受到了《吕氏春秋》编纂者的极大关注。

事实上，我们今天所见的《庄子》与《吕氏春秋》有着极为密切的关系。据王叔岷《〈吕氏春秋〉引用〈庄子〉举证》统计，两部书中相同或相似的段落达五十余处。①两相对照，《吕氏春秋》直接引用或化用《庄子》语句，所涉及的篇章有二十余篇。其中涉及《庄子》内篇的文字，多半只限于抄录只言片语。如《庄子·齐物论》有："其以为异于鷇音，亦有辩乎？其无辩乎？"而《吕氏春秋·有始览·听言》有："其与人鷇言也，其有辩乎？其无辩乎？"但涉及外、杂篇

---

① 陈鼓应主编：《道家文化研究》第十辑，上海古籍出版社，1996 年。

的部分，往往是大段大段照抄。例如《庄子·山木》"庄子行于山中"一节三百余字，《吕氏春秋·孝行览》几乎原封不动地全部抄录下来。又如《庄子·让王》一共只有十二段，《吕氏春秋》竟收录了八段之多。再如《庄子·外物》中的这段：

> 外物不可必，故龙逢诛，比干戮，箕子狂，恶来死，桀纣亡。人主莫不欲其臣之忠，而忠未必信，故伍员流于江，苌弘死于蜀，藏其血三年而化为碧。人亲莫不欲其子之孝，而孝未必爱，故孝己忧而曾参悲。

在《吕氏春秋·孝行览》中是这样的：

> 外物不可必。故龙逢诛，比干戮，箕子狂，恶来死，桀纣亡。人主莫不欲其臣之忠，而忠未必信。故伍员流乎江，苌弘死，藏其血三年而为碧。亲莫不欲其子之孝，而孝未必爱。故孝己疑，曾子悲。

其中只有个别词语的差异，这还很可能是在传抄过程中出现的错讹。

与《韩非子》不同的是，《吕氏春秋·有始览》抄录的《庄子》中还直接出现了"庄子曰"的字样：

> 庄子曰："以瓦殴者翔，以钩殴者战，以黄金殴者殆。其祥一也，而有所殆者，必外有所重者也。外有所重者泄，盖内掘。"

这段话也见于《庄子·达生》：

> 仲尼曰："……以瓦注者巧，以钩注者惮，以黄金注者惛。其巧一也，而有所矜，则重外也。凡外重者内拙。"

两者文字基本相同。但《庄子·达生》中的"仲尼曰"在《吕氏春秋》中成了"庄子曰"，这里"庄子曰"的"庄子"应指的是书名而不是人名。这也说明《吕氏春秋》中的这段话是来自《庄子》这部书的。而且，这段文字收录在《庄子》的外篇中，这也从一个侧面透露出《吕氏春秋》引用时，《庄子》这部书已经包含了现存外、杂篇中的一些篇章，也就是说，这个时候，第二次结集的包含有外、杂篇的《庄子》已经问世了。

在这一时期，谁最有可能承担《庄子》第二次结集的使命呢？据我们的分析，荀子和韩非子，虽然其著作中有类似于《庄子》外、杂篇的内容，但是他们看到的仍然是仅有内篇的《庄子》，而《吕氏春秋》所引用的《庄子》就已经包含外、杂篇的文章了，那么，是吕不韦或其门客为《庄子》结集的吗？

吕不韦，约生于公元前 292 年，卒于前 235 年。《吕氏春秋》的编纂始于公元前 247 年，历时八年才终于于公元前 239 年成书。书成之后，吕不韦拿出了他当年经商的看家本事，为这部书大为造势，曾叫人把全书抄写于布匹上，张贴在"咸阳市门"，遍请天下文人士子，号称有任何人可增删一字，即可获千金赏金。（《史记·吕不韦列传》）其声势不可谓不大，书的质量也不可谓不高。吕不韦及其门客的确花费了巨大心力，博采诸子百家学说，兼收并蓄，确保书的可信。

书成约一年后，荀子去世；约四年后，吕不韦去世；约六年后，韩非子去世。在《吕氏春秋》编纂初期，荀子、韩非子都还活着。这么浩大的工程，加上吕不韦擅长的商业炒作，荀子、韩非子不可能一无所闻。假如此时，《庄子》新版本已经行世，荀子、韩非子也不会在他们的著作中只字不提，由此可见，在《吕氏春秋》编纂之初，流行于世的还是仅有内篇的《庄子》。但是，《吕氏春秋》对《庄子》一些内容的引用，如"《庄子》曰"的出现，证明在《吕氏春秋》成书之际《庄子》已经是包含有外、杂篇某些文章的新版本了。

这样的话，我们又一个大胆的推断产生了。那就是说，参与编纂《吕氏春秋》的三千门客中应该有庄子弟子、再传弟子或庄子后学，他们在参与编纂《吕氏春秋》的同时，也将收集到的与庄子有关或观点相近的篇章，甚至有些就是他们自己撰写的相关文章编纂在一起，结集成了一部新的《庄子》。如果这个推论成立的话，《庄子》的第二次结集应当在《吕氏春秋》编纂期间，也就是在公元前247至前239年之间。随着新版本的《庄子》出现，庄子学说开始引起了越来越多人的注意。

根据《吕氏春秋》所引用、抄录的《庄子》篇章的情况来看，战国末年出现的这部《庄子》还远远不是司马迁所见到的那部"十余万言"的《庄子》，距班固著录的五十二篇《庄子》也还十分遥远。

三、第三部《庄子》的问世

第二次结集的《庄子》版本，早已失传。不过，将《吕氏春秋》中涉及《庄子》的句子、段落统计下来，可知现存《庄子》的三十三篇，其中有二十六篇出现在《吕氏春秋》中，分别是内篇的《逍遥游》《齐物论》《养生主》《人间世》《德充符》《大宗师》《应帝王》，外篇的《胠箧》《在宥》《天地》《天道》《天运》《刻意》《达生》《山木》《田子方》《知北游》，杂篇的《庚桑楚》《徐无鬼》《则阳》《外物》《让王》《盗跖》《渔父》《列御寇》以及《天下》。《庄子》内篇的七篇在《吕氏春秋》中都有涉及，外篇中只有《骈拇》《马蹄》《缮性》《秋水》《至乐》五篇不见于《吕氏春秋》，杂篇中只缺《寓言》与《说剑》两篇。

应该说，《吕氏春秋》的编纂者的确搜集到了当时所能见到的与庄子思想相近的全部篇章，并且将他们认为最能体现《吕氏春秋》编写主旨的内容全部收录于这部巨著中。与此同时，他们又将与庄子学说相关的所有文章结集成书，这就有了第二个版本的《庄子》。第二次结集的《庄子》在汉初文人如贾谊等人的作品中都有所反映。当然，贾谊、张衡、扬雄等都是著名文学家，文学创作当然与《吕氏春秋》那样的整段抄录有着本质的不同。他们多是引用、借用或化用《庄子》中所表现的思想意趣，也就是后世所谓"用典"，与版本研究无关。

不过，也有一个例外，那就是张衡的《髑髅赋》。《髑髅赋》的创作灵感显然产生于《庄子·至乐》中"庄子之楚，见空髑髅"的故事。两段故事的结构几乎完全一样，表达的思想意趣也一脉相承，只是《庄子·至乐》更体现了哲人对生与死的洞悉、对人生存在意义的思考以及对独立精神的向往，而《髑髅赋》则是以抒情的笔触描绘了一个坚冰消融、春水荡漾、无声无形、与自然融为一体的自由世界，却又流露出对现实社会无可奈何的哀叹之情。无论如何，可以肯定的是张衡的《髑髅赋》源自于《庄子·至乐》。值得注意的是，《吕氏春秋》并没有提及的《庄子·至乐》在张衡作品中露面了。

现存《庄子》三十三篇，《吕氏春秋》未涉及的只有七篇。这七篇中，外篇的《至乐》《秋水》，杂篇的《寓言》《说剑》都直接记述了庄子的言行，特别是其中的《寓言》篇，在庄子研究史上占有重要地位。《寓言》不但精确地概括了《庄子》一书的体裁特征，而且记载了庄子与惠子的交游，化用了《齐物论》中"罔两问景"的故事。那么，为什么这几篇文章不见于《吕氏春秋》呢？推测起来，大概有两种可能：一是当时这几篇文章已经出现，但吕不韦的三千门客未能搜集到，属于"漏网之鱼"；二是这几篇文章出现于《吕氏春秋》成书之后。

《庄子》一书所收篇章由少而多，说明人们对庄子的认识越来越深，也说明庄子的影响越来越大。于是，《庄子》一书也进入了它的第三个发展阶段。

汉初淮南王刘安大概是要仿效吕不韦编纂《吕氏春秋》的做法，也召集门客编了一部大书《淮南子》。《淮南子》原有内篇二十一卷，中篇八卷，外篇三十三卷，规模宏大，但现在只有内篇存世。《淮南子》援引古书之多，远远超过《吕氏春秋》。就拿《庄子》来说，据王叔岷统计，《淮南子》引用《庄子》之文达二百二十三条，现存《庄子》三十三篇中，仅《说剑》一篇没有涉及。[①]

《淮南子》成书时间与《吕氏春秋》相隔约一百年。在这约一百年中，庄子弟子及后学的更多文章逐渐被人们发现。在编纂《淮南子》时，大量与庄子学说相关的篇章连同之前编纂的《庄子》一起为人所收集、引用。在这样的情况下，经刘安及门客所整理编纂的第三个《庄子》版本便出现了。

说刘安及其门客曾整理出一部新的《庄子》，有一个很有力的证据，那就是刘安曾作《庄子解》《庄子后解》与《庄子要略》。遗憾的是，

① 王叔岷：《〈淮南子〉引〈庄〉举隅》，载陈鼓应主编《道家文化研究》第十四辑，三联书店，1998年。

刘安这三部（篇）作品都遗失了。《庄子解》连一点儿痕迹都没有留下，幸好《庄子要略》与《庄子后解》的佚文在其他文献中还能见到，如《文选》中的张协《七命》李善注说：

> 《庄子》曰："庚市子肩之毁玉也。"淮南王《庄子后解》曰："庚市子，圣人无欲者也。人有争财相斗者，庚市子毁玉于其间，而斗者止。"

《文选》中任昉《齐竟陵王文宣王行状》李善注说：

> 淮南王《庄子要略》曰："江海之士，山谷之人，轻天下，细万物，而独往者也。"司马彪注曰："独往自然，不复顾世。"

根据上面这两段话推测，可以知道淮南王刘安曾注解《庄子》。而要为《庄子》作注，首要的条件就是一定要有一本他自认为权威的《庄子》版本。刘安最可能使用的，当然就是他参与整理的《庄子》了。

刘安生于公元前179年，比司马迁大三十四岁，卒于公元前122年。《淮南子》成书时，司马迁约六岁。也就是说，司马迁写《史记》的时候，淮南王刘安编纂整理的《庄子》已经行世三十来年。身为太史令的司马迁看到的"十余万言"包括《渔父》《盗跖》《胠箧》《畏累虚》《亢桑子》在内的《庄子》，应该就是刘安整理的这部《庄子》。

正是由于这部《庄子》引起了司马迁的注意，庄子才被司马迁写进了《史记》，并有了那二百来字的庄子小传，大大提高了庄子的知名度，让人们对他有了更多的了解。当然，不容否认的是，与此同时，对庄子的误解也与日俱增，使得庄子与《庄子》变得更加扑朔迷离。

四、五十二篇本的《庄子》

刘安编纂整理《庄子》，对《庄子》一书的传播功不可没。可他也给我们留下了一个悬案，就是这部《庄子》究竟有多少篇？这部《庄子》是不是就是班固《汉书·艺文志》中著录的五十二篇本《庄子》？

唯一可靠的线索，我们还是只能从《淮南子》中去寻找。

在《淮南子》全书中，只有一次提到过"庄子曰"这三个字，后面便是《逍遥游》的引文。那么，这里的"庄子"是人名还是书名呢？如果这里的"庄子"是书名，那为什么《淮南子》引用《庄子》数百处，都不见标明"庄子"二字，而偏偏引用内篇首篇《逍遥游》中的文字时要冠以"庄子曰"？

对于这个疑问，我们有一个大胆的假设，那就是最初仅有内篇的《庄子》版本，并没有七篇之分，更没有诸如《逍遥游》《齐物论》这样的篇名。第一部《庄子》结集传播期间，内篇所有文章是作为一整篇长文流传的，这也是为什么《庄子·寓言》《庄子·天下》的作者以及司马迁评价《庄子》时都没有提到内篇的任何篇名。正因为如此，《庄子·天道》《淮南子》才以"庄子曰"的形式引用《庄子》内篇中的话而不是"《逍遥游》曰"。

这样来看，刘安版《庄子》中的内篇还是一篇完整贯通的长文，并没有分成今天所见的七篇。这一点，也能从外、杂篇中《寓言》《秋水》《天下》对庄子所作的总体评价，特别是司马迁所说的"善属书离辞，指事类情""其言洸洋自恣以适己"中见出端倪。就我们今天所见到的三十三篇而言，只有内篇才担得起如此重的分量，也最具有"洸洋自恣"的风格特色。而《胠箧》《盗跖》《渔父》等，显然与《庄子》

内篇文风不一致，《畏累虚》《亢桑子》又"皆空语无事实"，所以司马迁才把这五篇单独拎了出来。

刘安版的《庄了》，加上司马迁说的《畏累虚》《亢桑子》，以及刘安自己作的《庄子解》《庄子后解》《庄子要略》，还有陆德明《经典释文序录》提到的《阏弈》《意修》《危言》《游凫》《子胥》等已经佚失的篇章，统统算在一起，仍与五十二篇的数目相距甚远。而只有将内篇一分为七，才离五十二篇本的《庄子》近了些。那么，这一分为七的内篇大分割又出自何人？五十二篇本的《庄子》又是如何编定的呢？一连串的问题接踵而来。

要回答这些问题，我们首先应该探索一下内七篇篇名的命名特点。

文章篇目的命名形式与语言文体的发展密切相关。先秦时期，文章篇名多取自文章的头两个字或者第一句话中的某两个字，如《论语》中的《学而》《尧曰》，《孟子》中的《离娄》《万章》，《荀子》中的《劝学》《非相》等；以三个字为篇名的多为人名，如《论语》的《卫灵公》《公冶长》，《孟子》中的《滕文公》《梁惠王》等；或者采用文章的头两字加上文体，如《韩非子》中的《内储说》等，这里的"说"指的是论说文体。到了汉初，以三字为篇名的文章大量涌现，如《淮南子》中的《原道训》、贾谊的《鹏鸟赋》、张衡的《骷髅赋》等，但其中的"训""赋"等仍只是用于标明文体，还应视为是两字为名的篇名。

像《庄子》内篇那样使用高度概括内容的三个字作为文章篇名的方式，至少到刘安时期还未曾在历史文献中出现，而是到了西汉中晚期，伴随着谶纬之学的流行才逐渐出现的。那么，《庄子》内篇篇名是从什么时候开始才有记载的呢？据我们现在所能见到的材料，《庄子》内篇篇名的出现，最早可追溯至班固。据唐陆德明《经典释文》引晋崔譔的话说：“《齐物》七章，此连上章，而班固说在外篇。”与此可相与发明的是，《艺文类聚》也收有班固《难庄论》残文。对照来看，可知班固不仅注释过《庄子》，还论说过《庄子》。

尽管后人对崔譔这句话的具体内涵有不同的解读，但从研究《庄子》版本流传的角度来看，这句话所透露的信息量相当可观。首先，我们可以确定，当时的《庄子》内篇已经被分为七篇；其二，内七篇有了诸如《齐物》这样的篇名；其三，班固注释的《庄子》至少有了内、外篇之分。班固《汉书·艺文志》著录的“《庄子》五十二篇”，应该就是他注释的这部《庄子》。

崔譔作《庄子注》直接引用班固的注文，说明崔譔是见过这个《庄子》版本的。而与崔譔同时期的司马彪也曾作《庄子注》，据陆德明《经典释文序录》说司马彪注本有二十一卷五十二篇，分为内篇七、外篇二十八、杂篇十四以及解说三篇。司马彪的这个本子是否就是班固的本子？如果是的话，那么，早在班固时代，《庄子》就已经被分为内、外、杂篇三部分了。

从刘安版的《庄子》到班固时的五十二篇本《庄子》，其间经过了约二百年。在这约二百年中，据史料记载，整理过《庄子》的人，只有刘向。

刘向，生于公元前77年，卒于公元前6年，其活动时期距刘安版《庄子》成书约百年。汉成帝河平三年（前26年）到汉哀帝建平三年（前4年），刘向、刘歆奉诏校书，编写了官修书目《别录》与《七略》。这两本书是中国最早的目录学专著，班固《汉书·艺文志》就是在此基础上增删修订而成，也就是说，班固著录的“《庄子》五十二篇”实际上来自刘向父子。

如果说当年刘安编纂整理《庄子》时，主要是将门客所收集到的庄子以及其弟子后学的文章编纂成书的话，那么，刘向父子受命校订群书时，其中一项重要使命便是《庄子》的校订。而一直单独成章的内篇与其他篇章相比，篇幅显然过于庞大，刘向在校订过程中将其分篇也是情理之中的事了。刘向文学素养极高，且博览群书，他既然能为《庄子》内篇分章，为篇章命名自然也不在话下。况且，刘向时期，谶纬之学盛行，受谶纬影响而以三字为《庄子》内七篇命名也是极有可能的。我们推测，班固见到并为之作注的五十二篇本，应该就是刘向整理的《庄子》。

五十二篇本《庄子》的完善，为魏晋时期出现的"庄子热"奠定了基础。

五、《庄子》的"瘦身"

《庄子》从最初的单篇文章，到战国末期的吕氏本，再到淮南王刘安本，经刘向之手终于成为一部完整的五十二篇本。这个版本的《庄子》就是后来班固、司马彪、孟氏注的《庄子》，应该也是唐陆德明、宋黄庭坚看到过的《庄子》。[①]五十二篇本《庄子》的问世，宣告了《庄子》文章结集的完成。这部内容庞杂的《庄子》也成为研究庄子生平和庄学思想的最重要的资料。

一部《庄子》经过几百年的逐步完善发展，直至汉末仍然没有引起很多人的注意。《汉书·叙传上》记载了东汉经学家桓谭向班固的伯父班嗣借《庄子》而遭拒绝一事，说明当时《庄子》的流传范围多么狭窄。

---

① 黄庭坚《致政王殿丞逍遥亭》："漆园著书五十二，致意最在逍遥游。后来作者逐音响，百一未必知庄周。幽人往往泥出处，俗士不可与庄语。"

　　然而到了魏晋，玄学兴起，一切都变了。《庄子》被高高地抬起，成为"三玄"之一，火到了极点。当时的风流名士几乎个个都是庄子的膜拜者，他们不但纷纷撰文为庄子大唱赞歌，而且将庄子特立独行、清高孤傲、绝尘脱俗的人格精神发展到了极致。他们放浪形骸，率性任诞，纵情山水，风流不羁，形成了中国文化史上独一无二的"魏晋风度"。随之而来的，是《庄子》研究的火爆，各种各样的《庄子》解读、注本层出不穷。陆德明《经典释文序录》著录了魏晋时期流行的《庄子》注本九种。在陆德明所列的《庄子》注本中，只有司马彪与孟氏的两种为五十二篇，而分内、外、杂篇的只有司马彪与郭象的本子，其他注本或只有内、外篇或不分内、外、杂篇，或语焉不详。

　　这是一个很有趣的现象。同一部书被分为三类大约始自《淮南子》，《淮南子》就有内篇、中篇、外篇之分。刘安虽然编纂整理过《庄子》，却并没有将《庄子》划分为内、外、杂篇，这从司马迁谈及《庄子》时，所列举的"《渔父》《盗跖》《胠箧》"三篇的排列顺序上可见一斑。《渔父》《盗跖》见于杂篇，《胠箧》在外篇。倘若司马迁时《庄子》已有内、外、杂篇区分的话，《胠箧》应当排在《渔父》《盗跖》之前。

　　近百年之后，刘向定《庄子》为五十二篇，班固所看到的应该就是这个版本。约两百年之后的司马彪作《庄子注》，全书五十二篇，并分为内、外、杂篇，想必他承袭的应该就是刘向所整理的版本。由此也可推知，《庄子》分内、外、杂篇应当也出自刘向之手。

　　刘向将《庄子》分为内、外、杂篇，一定程度上透露出他对《庄子》文章孰重孰轻的倾向性。陆德明著录的魏晋时期《庄子》注本，除司马彪与孟氏的《庄子注》外，其余都更像所谓"选本"。在《庄子》红极一时的魏晋，大多注家只注"选本"而不注全本，这个取舍现象本身也很能反映出注者对每一篇文章真伪的判断与态度。

　　五十二篇本《庄子》唐代尚存。陆德明《经典释文序录》有一段话对了解《庄子》一书的流传过程十分重要：

> 　　然庄生弘才命世，辞趣华深，正言若反，故莫能畅其弘致；后人增足，渐失其真。故郭子玄云："一曲之才，妄窜奇说，若《阏弈》《意修》之首，《危言》《游凫》《子胥》之篇，凡诸巧杂，十分有三。"《汉书·艺文志》"庄子五十二篇"，即司马彪、孟氏所注是也。言多诡诞，或似《山海经》，或类《占梦书》，故注者以意去取。其内篇众家并同，自余或有外而无杂。惟子玄所注，特会庄生之旨，故为世所贵。

　　陆德明首先从庄子其人才华盖世、其文深邃隐晦的特点说起，指出后人对《庄子》进行增删而失真的主要原因所在。然后特别肯定了郭象（字子玄）三十三篇注本的价值，认为郭象是最理解庄子思想意旨的，因而他的注本也最为世人所器重。在郭象看来，五十二篇本中《阏弈》《意修》《危言》《游凫》《子胥》等属于"妄窜奇说""凡诸巧杂，十分有三"，就是说郭象已经意识到《庄子》中十分之三的篇幅属于"伪作"，因而将其删除。被郭象删去的这些篇章，陆德明是看到过的，所以他才说其"言多诡诞，或似《山海经》，或类《占梦书》"。所谓"注者以意去取"，指各位注家根据自己对庄子的理解，对五十二篇文章进行了筛选。显然，这是《庄子》版本史上第一次对《庄子》的辨伪活动。"内篇众家并同"，说明内篇出自庄子之手是大家公认的，同时这也从一个侧面证实，《庄子》内篇原本就是一篇连贯而下的文章，即便被分成了七篇，也无法把其中任何一篇划到外篇或杂篇去。因此我们可以说，魏晋时期各注家对五十二篇本《庄子》的筛选，实际上是一个"去伪存真"的过程。

陆德明对当时的主要选本进行了比较，特别是比较了最为流行的司马彪五十二篇本与郭象三十三篇本，他最为推崇的还是郭象本。稍后，另一位庄子研究大家成玄英又为郭象《庄子注》作《庄子疏》。有了这两位大学者的"背书"，三十三篇本《庄子》遂广泛流传，而五十二篇本从宋代开始便逐渐失传了。从此，一般庄学家都将《庄子》三十三篇文章的著作权全部归属于庄子。

如果说，刘向在庄学史上发起了第一次"革命"，那么，魏晋时期众多《庄子》注本特别是郭象《庄子注》的出现，形成了庄学史上的第二次"革命"。经过这一次"辨伪"，《庄子》中有十九篇文章被剔除，《庄子》一书也"瘦身"了，今天我们所看到的《庄子》就是郭象所删定的版本。

六、苏轼捅破了窗户纸

郭象本《庄子》三十三篇就真的全部出自庄子之手吗？其中是否仍然存在"伪作"？直到北宋年间，才有人终于出来捅破了这层窗户纸。

他，就是大名鼎鼎的苏轼。

苏轼并没有注过《庄子》，也没有专门写过有关《庄子》的文章。但苏轼对《庄子》的领悟可称得上是古今第一人。打个比喻，别人是把《庄子》装在脑子里，体现在自己的文字中，失意时便用《庄子》来安慰自己，在惊涛骇浪中找到一个避风港，一块宁静地。苏轼不是。苏轼是把《庄子》融化在了血液里，体现在他独自的精神世界中。读苏轼诗文，恍然间，有一种时隔千年之后，庄子灵魂、精神再现的感觉。苏轼称得上古往今来得《庄子》真髓的第一人，他那些脍炙人口的诗、文、词，无不渗透着庄子精神！

　　成就苏轼者，庄子也；成就庄子者，苏轼也。

　　所以，当蒙城县令秘书丞王兢建庄子祠堂请苏轼作记时，苏轼凭着他对《庄子》的独特领悟，纠正了司马迁说庄子"诋訾孔子之徒"的传统说法，提出庄子对孔子是"阳挤而阴助之"的见解，并由此指出：

　　　　然余尝疑《盗跖》《渔父》，则若真诋孔子者。至于《让王》《说剑》，皆浅陋不入于道。

　　苏轼认为《让王》《盗跖》《说剑》《渔父》四篇文章是窜入《庄子》中的伪作。虽然苏轼并未就此展开深入的考证与探讨，但是，从苏轼开始，庄学界小心翼翼地开始了对《庄子》文章的辨伪考订。经过众多学者从庄子思想体系、文字风格以及材料运用等多方面的辨析，特别是近代学者在传统义理考据研究成果基础上，广泛采用了新的研究方法包括时代验证、词汇发展使用考订等，已基本确定《庄子》内篇为庄子所作，外、杂篇为庄子弟子、后学以及道家学派其他成员所作。至此，有关《庄子》内、外、杂篇文章辨伪问题总算以达成以上共识而告一段落。

　　苏轼对《庄子》版本研究所做出的又一个贡献是，他还对《庄子》的"分章名篇"提出了一个重要看法："凡分章名篇，皆出于世俗，非庄子本意。"认为把《庄子》一书分成章节并加上篇名，都是庄子之后"世俗"之人所为，并非庄子本意。苏轼的这个看法，主要是基于《寓言》篇末的"阳子居西游于秦"一段到《列御寇》开篇"列御寇之齐"一段语义、文气相连，他认为这应该是一篇文章，不应分开。苏轼的这个论据显然有失偏颇。特别是根据近现代《庄子》的研究成果，证明 33 篇文章完整连在一起绝无可能。而且外、杂篇不但不是庄子本人所作，而且也不是出自一人一时。无论如何，苏轼提出的有关"分章名篇"的看法的确为解读《庄子》开辟了一条新的思路，极具启示意义。

苏轼启发我们去思索，在现存分内、外、杂篇的三十三篇《庄子》本以外，庄子在世时，是否曾存在一部不分章、没有篇名的《庄子》版本？如果内篇原本就是七篇文章，按照晚出的外、杂篇的命名方式，其篇名依次当为"北冥""南郭子綦""有涯""颜回""兀者王骀""知天""啮齿"才是。然而，我们现在所见的内篇篇名，虽高度概括了每一篇文章的内容，可篇名三字却全然不见于文章之中。那么，那位精通《庄子》、深谙庄子心思的大手笔，既然能给内七篇命名，为什么不能以同样的方式给后二十六篇（或者四十五篇）也取一个精当且高度概括的篇名？

我们认为其中一个最大的可能性就是为内篇命名者是先将内篇"分章"而后才"名篇"的。也就是说《庄子》内七篇原本并不"分章"，实为一篇。

七、内七篇的本来面貌

内七篇最初真的只是连贯而下的一篇长文吗？这是我们这一章最需要还原的问题。

在谈论五十二篇本《庄子》时，我们已经从内七篇篇名出现的时间、先秦时期文章篇名的命名特点及方式，说明内七篇最早是以一篇长文行世的。除了这些从考据角度来看的证据外，内篇所表述的思想内容之间的内在逻辑以及行文的组织结构、段落之间的衔接方式也可以成为内篇是一篇文章的重要依据。

首先，我们看《逍遥游》与《齐物论》之间的行文关系。《逍遥游》

在文章结构上存在一个很大的疑问，就是为什么庄子解释了"神人无功"与"圣人无名"，却闭口不谈"至人无己"？

《逍遥游》是内篇的首篇。开篇便是"水击三千里""抟扶摇而上者九万里"的气势磅礴的鲲鹏，继之写"决起而飞""翱翔蓬蒿之间"的蜩、学鸠与斥鴳，然后又大力渲染"举世而誉之而不加劝，举世而非之而不加沮"的宋荣子、"御风而行，泠然善也"的列子，经过这层层铺排，最终落在这一系列动物、植物、人物都属于"犹有所待者也"上。也就是说他们都算不上"逍遥游"。庄子真正所要表述或者传达的思想只是这几句而已：

> 若夫乘天地之正，而御六气之辩，以游无穷者，彼且恶乎待哉！
> 故曰：至人无己，神人无功，圣人无名。

"天地之正"是自然，"六气之辩"还是自然，至人、神人、圣人放下了身上的"己""功""名"重负，与自然融为一体。人在"无己""无功""无名"之后就没有了任何执念，不会纠结于任何结果，一切顺应自然，游于"无穷"，这才是"无待"的境地，也才是"逍遥游"的世界。这几句话，不但是庄子"逍遥游"思想的精髓，也指出了进入"逍遥游"境界的途径，自然也成为庄子后文所要阐发的起点。

于是，庄子以"尧让天下于许由"以及"尧治天下之民，平海内之政，往见四子藐姑射之山，汾水之阳，窅然丧其天下焉"解释什么是"圣人无名"。又以藐姑射之山神人解释"神人无功"。此后，按照行文的逻辑，当解释"至人无己"才是。奇怪的是，内篇中阐释最多、也是庄子最为关心的"至人无己"在《逍遥游》中却不见了着落。接下去的两段，是庄子与惠子有关"用大"的争辩。然而倘若跳过这两段，进入《齐物论》，不难发现，《齐物论》开篇写的南郭子綦"吾丧我"以及"三籁"一段，正是呼应"至人无己"而来。所谓"己"，就是南郭子綦"嗒焉似丧其耦"的"耦"、"今者吾丧我"的"我"以及后文所说的"成心"。而丧"我"的南郭子綦，正是一位"无己"的至人。如果说"圣人无名"的境界是"窅然丧其天下焉"，"神人无功"的境界是"孰肯以物为事"，那么，"至人无己"的境界就是"丧我"的"天籁"之境。至此，庄子才将他的"逍遥游"思想阐述、发挥完整，为"至人无己，神人无功，圣人无名"做了清晰的界定。

至于现存《逍遥游》最后庄子与惠子关于"用大"的两段文字，不仅思路与行文上与上文不相连贯，衔接突兀，更重要的是，古时"子"为后学对师长的敬称。而在《庄子》中，庄子是以"庄周"或"周"自称的，不可能自称庄子。因此，我们认为，这两段之所以被编纂于《逍遥游》中，有两种可能：一是庄子后学在整理庄子文集时，认为这两段与"宋人资章甫而适诸越，越人断发文身，无所用之"相呼应，因而移入；二是为内篇"分章名篇"者感觉难以将《齐物论》中南郭子綦与"三籁"一段全部划入《逍遥游》中，而如果在"尧治天下之民……窅然丧其天下焉"处作结，"至人无己"在《逍遥游》中便全然无解，于是移入此二段来解说"至人无己"。殊不知，如此编纂，不仅使这两段文字成了"附赘县（悬）疣"，也破坏了《逍遥游》的整体结构与行文的完整。

除了《逍遥游》与《齐物论》外，其余各篇之间都存在原文连接而被切割的痕迹。如果我们将七篇文字连在一起读的话，不难发现，从"北冥有鱼，其名为鲲"开篇，到"南海之帝为儵，北海之帝为忽，中央之帝为浑沌。……日凿一窍，七日而浑沌死"作结，从行文到思想逻辑，内七篇构成了一个不可分割的整体。从行文上说，"浑沌之死"的故事以南海呼应《逍遥游》的"南冥"，以北海呼应"北冥"，以"浑

沌"呼应那个"培风背，负青天""将图南"的大鹏，文章首尾环环
相扣，不仅表述了庄子所憧憬的理想世界的幻灭，而且也透露出了庄
子对人间世"卜梁倚"一类君主的绝望，以及他对人类历史发展与现
实世界的深刻思索。而在思想逻辑上，"从《逍遥游》到《应帝王》，
庄子从纯精神的逍遥游境界最终回到了实实在在的现实社会，并把改
变社会现实的希望重新放在了帝王身上，呼唤帝王回归'无为名尸，
无为谋府；无为事任，无为知主'的'泰式'时代，却又不得不以'浑
沌之死'这个充满悲剧性却又荒诞的结局结束《内篇》是极富深意的。
一方面，说明庄子哲学的落脚点并不是如人所误解的那样，只是在追
求一种纯精神的逍遥游；另一方面，也说明庄子已经深刻地认识到当
今之社会已如'浑沌之死'一样无法挽救"。①

　　据此，我们是否可以说，从内篇文章的内容表述、逻辑论证以及
行文的起承转合等几个方面来看，《庄子》内篇最初是以一篇文章的
形式流传于坊间的，直到刘向整理《庄子》，内篇才被"分章名篇"了。
这样，也就解释了为什么内篇文章与《庄子》外、杂篇有着明显的不同，
而且一直以来都是以一个相对独立的"单元"随着《庄子》一书流传。

　　总之，从《庄子》内篇的单独行世，到吕不韦及其门客的第一次
编纂，到刘安版《庄子》的出现，刘向对《庄子》内、外、杂篇的划
分及分章名篇，再到郭象的去伪、苏轼的真相揭示，直到今天有关《庄子》
一书来龙去脉的一系列的考订，两千多年来，庄子与《庄子》经历了
无数的风风雨雨。无论如何，只有《庄子》内篇，才是庄子思想的集
中代表，才是庄子思想的承载者，也只有通过内篇，我们才可以了解、
认识一个真实的庄子与《庄子》。

---

① 王景琳、徐匋：《庄子的世界》，中华书局，2019 年版。

第五章

致意最在逍遥游

　　"逍遥游"是中国文化史上最令文人士子向往的一种境界。一部《庄子》以"逍遥游"开篇，整个内篇都紧紧围绕着这个中心点向四面放射出去。"逍遥游"包含了庄子对人生、处世，特别是生存的深刻思索，寄寓了他对一个理想、完美世界的憧憬，表现了他对寻找安身立命的精神家园的终极追求。"逍遥游"，可以说是打开庄子学说奥秘的一把钥匙，是了解庄子心路历程的起点。不了解"逍遥游"的理想，是很难真正明白庄子所经历的极度的孤独、寂寞与痛苦，也很难理解他对现实的彻底的否定、绝望与愤激。

　　但具体来说，怎样才是"逍遥游"？谁又能"逍遥游"？"逍遥游"的境界又是怎样的呢？就像对庄子思想的理解一样，一千个人读《庄子》，庄子就会呈现出一千种面貌。对"逍遥游"的理解也是如此。尽管可以"仁者见仁，智者见智"，每个人有每个人的理解，但归根结底，这毕竟是庄子的思想，我们还得先了解庄子本人到底是怎么说的，不是吗？

一、"逍遥"与"游"

　　说起来很有意思，"逍遥游"，作为庄子学说中如此重要的一个概念，又是《庄子》第一篇的标题，这三个字连用不仅在《逍遥游》一文中从未出现过，在整个内篇甚至外、杂篇中也不见踪迹。除了外篇《天运》中"古之至人，假道于仁，托宿于义，以游逍遥之虚……逍遥，无为也"

的"游逍遥"，似乎与我们所熟悉的"逍遥游"最为接近以外，《庄子》一书中只有《逍遥游》的篇目用到了这二个字。

所以要理解"逍遥游"，我们就不得不先把《庄子》一书中出现的"逍遥"与"游"这两个词各自拎出来，从特定的语境中，去领悟其内涵与意义。

"逍遥"这个词语并不是庄子的发明。早在《诗经》中就有"所谓伊人，于焉逍遥""羔裘逍遥，狐裘以朝""二矛重乔，河上乎逍遥"了。屈原《离骚》中有"折若木以拂日兮，聊逍遥以相羊"，《哀郢》中有"去终古之所居兮，今逍遥而来东"这样的句子。《诗经》中的"逍遥"多是描述人悠然闲适、缓慢从容的样子，而屈原的"逍遥"则带有漂泊游荡的意思在内。这里的"逍遥"描述的都是人的行为，而不是人的内心境界。

"逍遥"这个词第一次现身于《庄子》，是在《逍遥游》最后一节庄子与惠子的对话中。惠子用一棵大椿树比喻庄子的学说，说这样的树"大而无用"，无法为世所容。庄子回答道，你与其为大树的无用而操心，不如把这棵大树种在"无何有之乡，广莫之野"，然后"彷徨乎无为其侧，逍遥乎寝卧其下"，这样的话，大树虽然无用，却不会因受斧头砍伐而夭折，也不会受到任何其他东西的伤害，也就不会有任何困苦了。这里所说的"彷徨"与"逍遥"意思相同，都是无拘无束、无为自得的意思。

"逍遥"第二次在《庄子》中出现，是《大宗师》中子桑户死那一段。子桑户死了，他的朋友孟子反、子琴张"临尸而歌"，又是鼓琴，又是唱，这让受孔子派遣前来帮忙办理丧事的子贡大感困惑，也十分反感。他愤怒地指责了二人。子贡回去向孔子汇报，对孟子反、子琴张的所作所为大加指责。没想到孔子倒先检讨了自己，说自己原本就不该派子贡去帮忙，并特别指出孟子反等人都是逍遥自在地游于尘世之外、自然无为之境的人，自然不会遵循世俗的礼仪。

《庄子》内篇中只有以上两段讲到"逍遥"。此外，"逍遥"这个词还见于《天运》"古之至人，假道于仁，托宿于义，以游逍遥之虚……逍遥，无为也。"《达生》："子独不闻夫至人之自行邪？忘其肝胆，遗其耳目，芒然彷徨乎尘垢之外，逍遥乎无事之业，是谓为而不恃，长而不宰。"《让王》："日出而作，日入而息，逍遥于天地之间，而心意自得。"

在《庄子》语境中，"逍遥"的意思很明确，那就是无为自得，不刻意，不勉强，不违逆于本心，不纠结于俗务，顺应自然，随遇而安，悠然闲适。庄子的"逍遥"与《诗经》《楚辞》中"逍遥"的最大不同在于，庄子看重的不是人漫步、游荡的行为，而是人内心的无羁无绊，纯粹无物，是内心不受任何束缚的逍遥。用现代汉语来说，就是人的精神自由无障碍。"逍遥"，是一种心境。

而"游"却是动态的。"游"是一种行为方式、一种活动方式，也是一种处世方式。在《庄子》中，"游"的概念比"逍遥"更为重要。从语法的角度来看，"逍遥"是修饰语，是修饰"游"的。就词义表达来说，"逍遥"表示"游"的状态，"游"才是"逍遥"的落脚点，是"逍遥"的目的。在《庄子》中，"逍遥"一词一共出现了六次，而"游"却出现了近百次。除去用于表示游泳、游学、游览的十几处以外，大多指的是遨游、优游、游心、处世的意思。如《养生主》中的"以无厚入有间，恢恢乎其于游刃必有余地矣"，《人间世》中的"若能入游其樊而无感其名，入则鸣，不入则止"，《德充符》中的"游于羿之彀中""今子与我游于形骸之内"，都是指人与万物、人与这个世界打交道的行为方式，有游世的意思。但庄子的"游"又不仅仅是一种行为方式，更是一种精神或思维活动的方式，如《逍遥游》中的"若夫乘天地之正，而御六气之辩，以游无穷者"，《齐物论》中的"乘云气，骑日月，而游乎四海之外""无谓有谓，有谓无谓，而游乎尘垢之外"，《大宗师》中的"彼方且与造物者为人，而游乎天地之一气"等。"游"是庄子人生哲学中的一个重要理念，也是庄子独创的一种处世方式。当"游"与"逍遥"结合在一起的时候，一种"逍遥游"的独家品牌也就随之问世了。

庄子的"逍遥游"，本质上就是以不受拘束的"心"随心所欲地"游"于现实、精神、意念中的各种境地，没有禁区，没有限制，无往而不"游"，无境不可"游"。也就是说，庄子并不主张人去有意地避世逃世，而认为人是可以"游"于现实社会之中的，但在精神上又要"游乎尘垢之外"，保持自己人格的独立自在。值得一提的是，庄子的"逍遥游"与近代西方所倡导的"自由"表面上看似乎有那么几分相似，但其内涵却完全是庄子的，是中国文化特有的，与西方"自由"概念的语境完全不同。

通览《庄子》全书，我们知道庄子本人并没有把"逍遥游"三字连用，那么，是谁把"逍遥"与"游"撮合在了一起？这个已经成为庄子研究中的关键词又是怎么来的？

这大概就要归功于整理出五十二篇本《庄子》、并且为内篇分章名篇的刘向了。应该是刘向在整理《庄子》的过程中，看中了《逍遥游》中"逍遥乎寝卧其下"与"以游无穷"这两句最能概括庄子思想的句子，从中提取出"逍遥"与"游"这两个关键词，组合在一起，并以"逍遥游"为《庄子》内篇第一篇命名。从此，这个并非出自庄子，却最能代表庄子思想的"逍遥游"便与庄子结下了不解之缘，成为庄子思想最具代表性的概括。

二、被误读的鹏

　　要说透庄子的"逍遥游"，我们还得把话题扯得远一点，来个不大不小的"拨乱反正""正本清源"。我们都知道《逍遥游》中最受瞩目的，莫过于大鹏。鹏，一直是人们心目中"前程远大"的象征。谁不希望自己的子孙后代，鹏程万里，大有作为！可是，如此励志的鹏真的就是庄子的本意吗？如果不是，庄子的鹏又怎么会成为今天这个样子？

　　溯其源头，还得从庄子刚火起来的魏晋时期说起。那时，有七个文人名气很大，他们常常聚在竹林肆意欢宴，世称"竹林七贤"。这七人都热衷于读《庄子》，尤以阮籍为甚。阮籍有点儿像《大宗师》中的意而子，早年跟所有文人士子一样深受仁义道德的熏染，日子久了，他觉得这样活得很不自在，于是改换门庭，崇拜上了庄子，还颇有心得地写下了《达庄论》《大人先生传》两篇与庄子灵犀相通的文章。单是瞥一眼这两篇的题目，便可嗅到浓浓的《庄子》气味了。受阮籍影响，他的从孙阮修也喜欢读《庄子》。不过，阮修跟阮籍比起来，眼光差得可不是一星半点儿。阮籍看到的是庄子"万物一齐""死生为一贯"(《达庄论》)，欣赏的是庄子淡定坦然、无拘无束的"逍遥游"。可阮修读《庄子》却读得走了眼，迷上了大鹏起飞时搅得天翻地覆、海浪滔天的巨大排场，还特意写了篇《大鹏赞》，赞美大鹏"志存天地，不屑唐庭"，把庄子的鹏与志向远大、要干一番惊天动地的大事业硬硬拉扯到一起。阮修的心思其实很明了，他盼望的就是"好风凭借力，送我上青云"。

　　阮修算不上名家，所以他的话自然也没引起多大的反响。但数百年之后的唐代，大诗人李白也格外垂青庄子的鹏，结果可就大不一样了。青年时代的李白以他对庄子的独特感悟，写出了"大鹏一日同风起，扶摇直上九万里。假令风歇时下来，犹能簸却沧溟水。世人见我恒殊调，闻余大言皆冷笑。宣父犹能畏后生，丈夫未可轻年少"（《上李邕》）这样雄心勃勃又颇有几分狂妄自大的诗句，为庄子的鹏抹上了一层崭新的色彩。中年之后，李白偶读阮修《大鹏赞》，有感于其文辞粗浅鄙陋①，再次激发起创作灵感，重作《大鹏赋》，以大鹏自喻，极尽铺张地描绘大鹏豪气冲天、无所拘束、自由自在的神采。唐代的李白，对庄子的感悟显然浸透盛唐的少年气概，带着一种雄壮的盛唐气象。李白尽管如此欣赏庄子，却始终未能参得庄子之"三昧"，他一直怀着"一生欲报主，百代思荣亲"（《赠张相镐二首》其一）的志向，向往的是功成身退，"苟无济代心，独善亦何益"（《赠韦秘书子春》），而他笔下的大鹏则成为他远大抱负与豪迈气概的象征。

自此，大鹏便彻底偏离了庄子设想的航线，沿着阮修、李白指引的方向，飞进了一代代人的心里。这样的大鹏当然是很励志的，对有抱负的青年才俊有着很强的鼓动性，于是乎，李白再创造的大鹏，便成了众人追捧的偶像。

不过，这样的大鹏绝非庄子《逍遥游》中原生态的大鹏。就像《庄子》外、杂篇中的一些文章一样，貌似庄子，骨子里的精气神却差得远了去了。

庄子的大鹏，是用来解说"逍遥游"思想的。《逍遥游》开篇，庄子便以极大的声势说北海有条叫鲲的鱼，后来变成了有几千里之大的鹏鸟，奋起一飞，翅膀便如同遮天蔽日的云层。大鹏花费如此大的气力，费尽周折，飞得这么高，这么远，看起来很像庄子是要借大鹏

---

① 《大鹏赋》："及读《晋书》，睹阮宣子《大鹏赞》，鄙心陋之。"

赞颂远大理想，或者是要教人蓄势以待，有朝一日喷薄而发。可这还真不是庄子的本意。南冥，与鲲鹏原本居住的北冥并没有什么两样。只不过一个在北方，一个在南方。庄子引经据典，一会儿说大鹏凭借着扶摇而上的飓风，飞向九万里高的天空；一会儿说天空中的游气、尘埃，都是大自然中的生物以气息相互吹拂。他又说我们所见到的湛蓝的天空就是天本来的颜色吗？还是因为天太高远无法看到天的尽头？而大鹏在九万里之上向下看，是否也有同样的感受？说了半天，庄子终了也没有交代这"水击三千里"的大鹏是不是真的飞到了南冥。

如果仅仅到此为止的话，鲲鹏的形象的确很容易被人误读为阮修、李白心目中的大鹏。可庄子的智慧也正在这里。他轻轻松松地就把我们都绕了进去。原来，他把大鹏之飞渲染得如此声势浩大，让大鹏显得气场十足，并不是要为我们树立什么楷模，什么典范，他真正要说的是，别看大鹏如此庞大，仅仅凭借它的一己之力，是无法飞上九天的。一旦离开了海运的大风，大鹏就算再奋力地"怒而飞"，也无法逃脱跌下来的命运。可见，庄子心目中的大鹏只是个悲剧的象征。大鹏虽大，却无时无刻不受环境的约束，不得不依赖他人和外物而生存，为外力所左右。

遗憾的是，很多人都被庄子这种刻意制造的假象蒙骗了，误把庄子使用的"道具"当成了"主角"，甚至误认为庄子是以大鹏寄托其逍遥游理想的。就连对《庄子》研究颇有心得的郭象也没能逃脱庄子这种"正言若反"或者是"反言若正"的惯用"圈套"，说高飞九万里的大鹏与扑棱在树丛间的蜩与学鸠、斥鴳等，都是逍遥游的代表。①

① 刘义庆《世说新语·文学》刘孝标注引："向子期、郭子玄逍遥义曰：'夫大鹏之上九万，尺鴳之起榆枋，小大虽差，各任其性，苟当其分，逍遥一也。然物之芸芸，同资有待，得其所待，然后逍遥耳。'"

三、南徙的鲲鹏逍遥吗

庄子在《逍遥游》中费尽心思地为鲲鹏造势，却既不把鲲鹏说成是逍遥游者，也不认为"鲲鹏之游"就是"逍遥游"。这真的很令人费解。如此气势磅礴的大鹏，振翅一飞，便"水击三千里"，直上九万里高空，这难道还不足以成为"逍遥游"的典范？还算不上是"逍遥游"吗？庄子究竟想要说什么？

其实，这正是庄子的独特之处。他很少直截了当地表述他的意思。庄子最擅长的是正话反说，反话正说。所以读《庄子》，一定要有高超的阅读技巧，要善于从他的话中读出话外音来。

就说这个鲲吧。鲲，原本是一个小小的鱼卵，生活在北冥，但它不满足于自己的渺小，也不甘心一辈子只有鱼的形骸，于是决意脱胎换骨，蜕变为大鸟鹏，要迁徙到享有"天池"美誉的南冥去。但是，鹏并不能凭借自己的力量飞到南冥，"是鸟也，海运则将徙于南冥"。显然，这里的"海运"两字并不是庄子随随便便就放在这里的，而是说你这只鸟无法凭借自己的力量成行，你还得等待时机，等着海运的大风。这个"则"字很重要，它强调了鹏起飞的条件，唯有"海运"的大风才能保证鹏的远行。甚至就是海运的大风真的到了，鹏也不能轻而易举一扑棱翅膀就飞起来，还得拼足了力气"怒而飞""水击三千里"才行。一个"怒"字，一个"水击三千里"，充分表明鹏之行既不"逍遥"，也不轻松，是要经历一番惊心动魄的拼搏才能成行。让我们再来看看庄子描述的鹏此行所用的所有动词，"怒而飞"的"飞"，"徙于南冥"的"徙"，"水击"的"击"，"抟扶摇而上者"的"抟"和"上"，"去以六月息者也"的"去"和"息"，"而后乃今培风"

的"培"，"负青天"的"负"，"乃今将图南"的"图"等，统统与"逍遥游"无关，可见庄子并不看好鹏的远行，对鹏的"南徙"并不以为然，更完全没有把鹏之行当作"逍遥游"来设置或构想。

因此，庄子一方面特别凸显了鹏对大风的依赖，"风之积也不厚，则其负大翼也无力，故九万里则风斯在下矣。而后乃今培风，背负青天而莫之夭阏者，而后乃今将图南"①。意思是说鹏无法依靠自身的力量自然而然地振翅高飞，不但起飞时必须凭借海运产生的大风，就是飞上了九万里高空，也需要有强有力的大风托举，骑在大风背上，才能向南飞行。这就很清楚了。鹏大是大，却并不独立自在，能否飞，如何飞，都不能随心所欲，一切都必须借助于外在的力量才行。另一方面，庄子对南冥之行的意义也表示了质疑。鲲在化为鹏之前，偏居北冥一隅，只能自下而上仰视天空，"天之苍苍，其正色邪？其远而无所至极邪"，苍苍茫茫的蓝天，那是天的本来颜色吗？还是因为天太高远我们无法看到天的本来面貌？化身为鹏之后，飞上了九万里的高空，终于可以自上往下看了，却发现原来天上地下并没有什么两样："其视下也，亦若是则已矣。"可见庄子其实是要告诉我们的是，折腾出如此大动静的南冥之行，原来毫无意义。对于鲲鹏的行为，庄子是否定的。这里庄子貌似给了我们一个"逍遥游"的人设，然后却又把这个人设彻底打破，把鹏既不"逍遥"，也无法"游"的真实面目一层层地剥给我们看。

庄子另一个重要的思想"齐大小"，也让他认为鲲鹏之举并不"逍

---

① 王景琳、徐匋《庄子的世界》：历来为《逍遥游》断句者，都认为"而后乃今培风背负青天而莫之夭阏者"中的"背"字属下句。其实，把"背"字属上句，文理才更完整。这一句的句读应该是："而后乃今培风背，负青天而莫之夭阏者，而后乃今将图南。"中华书局，2019 年，第 9 页。

遥"。"天下莫大于秋毫之末，而太山为小；莫寿于殇子，而彭祖为夭。"（《庄子·齐物论》）在庄子看米，大与小都是相对的，大小之间并无根本的区别。世上无所谓大，也无所谓小。大，可以逍遥；小，同样也可以逍遥。鲲在化而为鹏之前，不可谓不小；化而为鹏之后，又不可谓不大。但是小也好，大也罢，鲲与鹏都得依赖外力，因而也就都不逍遥。反而是天空中飘浮的游气与尘埃，这些几乎看不见的微小的东西，却能轻轻、不着痕迹、顺应自然地在空中飘动，"野马也，尘埃也，生物之以息相吹也"。游气、尘埃与鹏，看起来，完全无法相提并论，可庄子却说，无论大小，它们所见的完全一样，没有什么分别。这，就是"齐大小"的眼光！所以千万不要认为"培风背，负青天""抟扶摇而上者九万里"的鹏就是最厉害的，是自由自在的，是活出了真我。恰恰相反，鲲鹏的命运，其实更像南宋词人辛弃疾所警示的那样："似鲲鹏，变化能几？东游入海，此计直以命为嬉……嗟鱼欲事远游时，请三思而行可矣。"（《哨遍·池上主人》）

庄子写鲲鹏，实是写人的不安分，对此，明代魏光绪有一个很精辟的评论，他说"鲲鹏变化，高飞远徙，以喻人心灵变无方"（《南华诂》），一语道破人见异思迁的本性。而庄子主张"安时而处顺"，他一生很少挪动地方，充其量就是年轻时为谋生去过魏国与楚国，后来便一直居住故里，即便有人许以高官厚禄，庄子也还是觉得住在蒙地更好。或许这也是他从鲲鹏南徙所获得的感悟吧。

四、蜩与学鸠的意义

鲲鹏不是"逍遥游"，那么，既能在空中悠闲地飞翔又能在陆地尽情地跳跃的蜩与学鸠，会不会距离"逍遥游"更近一些？

庄子笔下的蜩与学鸠确实真实可爱。它们想飞就飞，能飞多高就飞多高，飞不上去、飞累了就落在树枝草丛间，跟朋友说说闲话，聊聊家常，生活惬意自得。它们似乎从不曾有过任何野心或抱负。这几位被称为"虫"的小家伙没有兴趣像鲲鹏那样"水击三千里"，也不会去企盼那可以让人直上九天的"大风"，只要有柴米油盐酱醋茶的平凡生活，就够了。它们从不曾打算做时代的弄潮儿，一直本本分分地生活在灌木丛中，自得其乐，轻松闲适，似乎生来就可以"逍遥游"的。

然而，在庄子看来，蜩、学鸠同样不是"逍遥游"者。别看它们好像活得别无所求，悠哉游哉，一旦超出"蓬蒿之间"的生活范围，蜩、学鸠与斥鴳的不"逍遥"或者说"不安分"也就显示出来了。蜩与学鸠偶然发现了鹏的"南徙"，对它们来说，这简直太不可思议了。于是，这事儿也就成了它们茶余饭后的谈资，竟笑起鹏来：我们倏忽飞起，跳跃而上，不过也就是几丈高而已，飞到榆树、檀树树梢上，有时候飞不上去也无所谓，落在地面上就是了。这鹏到底要到哪儿去呢？我们能够翱翔于树枝草丛之间，已经是飞的极致。这鹏究竟想要做什么？为什么非要飞上九万里高空到南冥去呢？难怪这几位小"虫"后来成为目光短浅、胸无大志、孤陋寡闻却又没有自知之明的反面形象。虽然这并不是庄子的本意。

比较早歧视这几个小家伙的，还是阮籍的从孙阮修。他把自己比作大鹏的同时，也不忘使劲儿挤兑蜩、学鸠与斥鴳一番，在《大鹏赞》中说："苍苍大鹏，诞自北溟。……志存天地，不屑唐庭。学鸠仰笑，尺鷃所轻。超然高逝，莫知其情。"不得不说，阮修读书不仔细，不仅误读了大鹏，还误读了蜩、学鸠与斥鴳。其实，庄子在《逍遥游》中，并未表达过大鹏有"志存天地，不屑唐庭"的意思，当然，也看不到庄子对蜩与学鸠蔑视的眼神。可惜的是，在这个问题上，李白又一次站在了阮修一边，《大鹏赋》："……而斥鷃之辈，空见笑于藩篱。"意思是说大鹏飞上了辽阔的天空，而斥鷃一类的小鸟，因囿于自己的见识，只会对它们发出嘲笑。

就这样，蜩、学鸠、斥鷃也跟鲲鹏一样被人误读，成了见识短浅、胸无大志的代名词。这样的解读，不仅仅是鹏的悲哀，蜩与学鸠的悲哀，更是庄子的悲哀。其实，在庄子心目中，鹏何曾有那么远大的志向，蜩、学鸠与斥鷃也绝没有卑微到只配做反面教材的地步。庄子真正要说的是，蜩与学鸠生活于自己的"蓬蒿之间"，想做什么就做什么，饿了出外觅食，闲了便在树间跳跃嬉戏，本来可以怡然自乐，可它们偏偏喜欢对别人的事说三道四，自以为是地嘲笑别人，从而招惹出是非来。是己而非人同样也是"逍遥游"的一大障碍！

庄子写鲲鹏、蜩与学鸠这两类至大与至小的形象，是要说"逍遥游"与大小无关。而大与小之间的差异，恰恰是各自所处的生活环境所致，受到自己生存状态的制约。所以庄子在描述了蜩与学鸠之后，马上解释说："适莽苍者，三餐而反，腹犹果然；适百里者，宿舂粮；适千里者，三月聚粮。之二虫又何知？"就是说，人懂得根据路途的远近，即根据不同的生存需要准备行路所需要的食粮。"适莽苍者"不同于"适百里者"，而"适百里者"又不同于"适千里者"。这样复杂的"知"，是蜩与学鸠这样的"虫"所无法企及的。

那么，我们当如何理解这段话中的"之二虫又何知"呢？这一句，应该说是理解庄子究竟如何看待蜩与学鸠的关键。一般人都认为这是庄子用反问句来表示对"之二虫"的否定。事实果真如此吗？如果我们结合上下文来看，就不难看出庄子真正要说的是：

小知不及大知，小年不及大年。奚以知其然也？朝菌不知晦

朝，蟪蛄不知春秋，此小年也。楚之南有冥灵者，以五百岁为春，

五百岁为秋；上古有大椿者，以八千岁为春，八千岁为秋。而彭

祖乃今以久特闻，众人匹之，不亦悲乎！

　　这里特别需要指出的是，许多注本把"不及"解作"不如"，这其实是一种误读。这里的"及"是"赶上"或者"到"的意思，在庄子看来，"之二虫"属于"小知"，它们的"知"是无法赶上"大知"之"知"的。就像朝生暮死的菌类不会有白天黑夜的概念，夏生秋死的寒蝉不知道一年中有春季和秋季一样。与朝菌、蟪蛄相比，以五百岁为春、五百岁为秋的大树冥灵，当然得算是长寿的"大年"，但是与以八千岁为春、八千岁为秋的大椿相比，冥灵又算不上是长寿的"大年"了。由于生命长短的局限，人们无法知晓自己生命之外的时空。彭祖，是传说中的长寿者，据说活了八百岁。想长寿的人都将八百岁的彭祖作为自己追求的目标。岂不知，与冥灵和大椿相比，彭祖又算得了什么呢？有鉴于此，庄子才由衷地感慨道："众人匹之，不亦悲乎！"就是说，那些不顾自身情况，一味求"大"而轻"小"之人，不是也很可悲吗！这，才是庄子的态度！

　　庄子认为，事物的秉性、人的天赋、视野与格局各不相同，由此而造成了人智慧的大小、寿命的长短、成就的不同。由于自身的限制，小知不可能追及大知，小年也不可追及大年。大小之间是不可以也不需要攀比的。这就如同地上的水不够深的话，大船就不可能浮起来；也如同在堂前洼地上倒上一杯水，一粒草籽可以轻松地漂浮，但放上一个杯子，就动不了了。所以人要懂得随遇而安，自在随缘，凡事不必强求。这就是庄子所说的"此小大之辨也"的意思。简单来说，世间万物不但在形态上存在着大小的区别，事物的特性也存在大小的不

同。但是，庄子并不是要通过"小大之辨"贬小褒大，比较出大与小的高下来，而是要通过"大"与"小"之间的强烈反差，说明齐大小、万物一齐的看法。

鲲鹏和蜩与学鸠之间的确存在着"小大"的明显差异，却没有高低贵贱之别，它们的存在都是合理的，其生活方式也各有价值。"其翼若垂天之云""其背不知几千里"的鹏"徙于南冥"，需要有海运的机遇，要待"积"之"厚"的大风让它可以骑上以"图南"，那是鹏的事。而"抢榆枋""腾跃而上""翱翔蓬蒿之间"，则是蜩、学鸠与斥鴳的事。世上万物只有安于各自所处的环境，自得其乐，知足安分，保全自己的天性，才不会为外界所累，也不会被外物所伤，也只有这样，人才能避免各种各样的悲剧命运。

五、为什么不逍遥

至此，我们可以看到，庄子极尽笔墨渲染的鲲鹏不逍遥，寥寥数笔勾画出的蜩与学鸠也不逍遥。那么，怎样才是逍遥？谁才算得上是逍遥游者呢？难道庄子就是要让我们越读越是一头雾水吗？显然不是。庄子之所以是写作高手，就在于他善于用声东而击西的方式，设置一个个的谜团，让我们去揣测，去想象，然后再来一层层为我们解密：

> 故夫知效一官，行比一乡，德合一君，而征一国者，其自视也亦若此矣。而宋荣子犹然笑之。且举世而誉之而不加劝，举世而非之而不加沮，定乎内外之分，辩乎荣辱之境，斯已矣。彼其于世未数数然也。虽然，犹有未树也。

那些"知效一官，行比一乡，德合一君，而征一国"的人，他们看待自己，就如同蜩、学鸠看待自己一样，自视甚高，自鸣得意。对他们，宋荣子不禁付之一笑。为什么呢？因为宋荣子的境界比这些人又高了一层。他能做到即便全天下的人都赞誉他，他也不会因此而更加奋进，即便全天下的人都诋毁他，他也不会因此而更加沮丧。他很清楚地认识到自我与外物之间的区别，也能很清晰地辨明荣誉与耻辱之间的界限。在我们看来，宋荣子已经十分了得了。有多少人能够像宋荣子这样荣辱不惊，不为世俗所牵制，不矫饰自己，不苛求他人，即便被天下人所非难仍然无动于衷，坚持自己理念的呢？这得需要多少的定力、内心得有多强大才行？即便如此，庄子还是很苛刻地说，宋荣子也不过就是如此。他只是对于世上的事，没有拼命去追求而已，仍然没有达到逍遥之境。

根据我们的分析，宋荣子的问题很可能出在他那一"笑"上。这一"笑"，恰恰步了蜩与学鸠的后尘，暴露出宋荣子的内心深处仍有荣辱的评判，仍为外界所动，仍有"我"也就是"己"的概念，还没有真正进入"吾丧我"，形如槁木、心如死灰的境地。难怪庄子要说他"犹有未树也"，还算不上是"逍遥游"者了。

既然如此，那么还有人能比宋荣子更精进一些吗？居然还真有。接下去，庄子推出了一位比宋荣子更高的高人列子。列子是一位名副其实的"游"者：他不乘车，不骑马，驾风而行，对世上的福报，从来不汲汲以求。这样的人，应该很逍遥了吧？可庄子说，列子虽然已经不受"行走"的制约，但仍像鹏一样，需要风的托举，也就是"犹有所待者也"。庄子认为只要"有所待"，或者说是有求于人或需要借助于外物，那就不是"逍遥游"。也就是说，庄子"逍遥游"的一个重要评判标准就在于是否能万事不求人、不依赖任何外在的力量而独往独来。

至此，我们不难看出，在庄子心目中，鲲鹏、蜩、学鸠、斥鴳、宋荣子、列子统统都不是逍遥游者。不过，他们之间又有所不同。如果细细划分的话，大致可把他们分为两类：一类是鹏与列子这样的，他们有不少可博人眼球、让人欣羡的独到之处，能够"免乎行"，能够"抟扶摇而上者九万里"，却仍"有所待"。另一类是蜩、学鸠、斥鴳和宋荣子这样的，他们貌似不需要凭借外力，能够安于现状，不追求外在的荣辱、功名，但他们却无法摆脱对他人的评判，无法超脱于是非之辨，缺乏真正逍遥的心境。

六、谁是逍遥游者

一篇《逍遥游》至此，庄子已经洋洋洒洒用了一连串的否定说明为什么鲲鹏、蜩、学鸠、宋荣子、列子等都不是逍遥游者。经过这一系列的"破"，现在，庄子终于要告诉我们他心目中的"逍遥游"了：

> 若夫乘天地之正，而御六气之辩，以游无穷者，彼且恶乎待哉！
> 故曰：至人无己，神人无功，圣人无名。

原来这才是真正的逍遥游者。这样的人顺应天地万物的自然本性，合乎阴阳、风雨、晦明六气的自然变化，自由自在地游于无限的境地。不违逆，不扭曲，不受时间、空间的束缚，不再需要依赖任何东西。前面四句，字面意思不难理解，但具体内容过于抽象，实施起来难以下手。想必庄子自己也觉得这样说太抽象，很难让人抓住要领，所以他才用"故曰"后面的三句话给了些具体的指点，说明"逍遥游"的关键在于"至人无己""神人无功""圣人无名"。这三"无"，才是真正走入迷宫般的"逍遥游"的途径。

"至人""神人""圣人"究竟指的是什么人，历来众说纷纭，我们暂且不论。这段话中，最重要的就是理解"无己""无功""无名"。不过，庄子虽然第一句就提出了"至人无己"，可现存《逍遥游》中并没有对"至人无己"的任何说明，而只谈到了"神人无功"与"圣人无名"。那我们就先从这两条开始说起。

什么是"圣人无名"？庄子讲了两个有关尧的故事。其一说尧要把自己的君主之位让给许由，许由拒绝了。许由的理由有点绕，却很有意思，一语就击中了尧的要害——名，许由说："子治天下，天下既已治也。而我犹代子，吾将为名乎？名者，实之宾也。吾将为宾乎？"您治理天下，已经达到了大治。而我并没有做过什么，就让我来替代您接受大治的天下，我岂不是盗用了您的名声？这样，您和我便都有名实不符之嫌。这里的"名"指的是君主的"名声""功名"。尧要让"名"，而许由却不图"名"，不稀罕"名"。"名"，对许由来说，纯属身外之物。许由所追求的，是活得逍遥自在，不需要当谁的影子。因此，他轻松而潇洒地拒绝了尧：您老还是回去吧。天下，对我毫无用处。这，就是逍遥游者的风范。

其二说尧去藐姑射之山见了四个人，他们之间发生了什么，已不得而知。只知道尧离开四人下山之后，像换了个人一样，显出"窅然丧其天下"的样子。"丧"就是"忘"，此刻，尧已经忘记了自己的"天下"，忘记了"名"，进入了"圣人无名"的逍遥游境界了。

庄子用这两个故事告诉我们，"圣人无名"不是圣人没有名，而是圣人已经有诸如"日月""时雨"之名，却不以此名为"名"，忘掉了"名"，心中没有"名"的观念，看透了"名"的虚妄，自然也就不会为"名"而消耗自己的身家性命了。

　　什么是"神人无功"？庄子是通过接舆与连叔的对话来回答这个问题的。神人最大的特点是"使物不疵疠而年谷熟"。在以农业为本的社会，能让万物茁壮生长，五谷丰登，这可是天大的功劳。可神人却丝毫不以有功自居，神人对于"功"的态度是"孰弊弊焉以天下为事""孰肯以物为事"，意思是说神人怎么会把建立功业、治理天下这样的俗事放在眼里，怎么会稀罕去建什么"功"呢！可见"神人无功"强调的是为世、为民有功，却不以功为"功"，就像圣人有名而忘了"名"一样，神人是有功而忘了"功"。

　　按说，下面庄子应该讲什么是"至人无己"了，可是现存《逍遥游》中却不见"至人无己"的相关内容。这是为什么呢？我们前边已经说过内篇本来是一整篇的文章，是刘向将其划分为七个章节，而他在分章时未能充分领会庄子的构思，便把"至人无己"划到《齐物论》中去了。其实，这也不能全怪刘向。只因庄子的构思实在太过缜密，阐发"至人无己"的"吾丧我"与《齐物论》中的"三籁"，就文意的连贯性来看，实难分割。于是，刘向就将原本应划入《逍遥游》的"吾丧我"以及解说"逍遥游"境界的"三籁"两段，都放在了《齐物论》中。

　　《齐物论》开篇描述的就是"吾丧我"。颜成子游来上课，发现南郭子綦靠几案而坐，缓缓地呼吸，似乎进入了忘我的境界。颜成子游见老师这副慵懒的样子便说："您今天的神情跟往常很不一样啊。您的身体像一段干枯的木头，心灵寂静如同死灰一样，您怎么了？"南郭子綦说："你问得好啊，现在我丧失了我心中的那个'我'了。"在这段描述中，"我"就是《逍遥游》中"至人无己"的"己"。"吾丧我"的"丧"与尧"窅然丧其天下"的"丧"的意思相同，都指"忘"。

　　尧忘了天下，忘了"名"是"圣人无名"，神人忘了"功"是"神人无功"，南郭子綦忘了"我"，忘了"己"，那就是"至人无己"。只有彻底忘掉诸如"名""功""己"等一切外在的东西，人的内心才不会再有任何挂碍，才不会为任何世间俗事所纠缠打扰。这样，就可以"乘天地之正，而御六气之辩，以游无穷"了，这样的人才是真正的逍遥游者。现在我们终于可以清楚地看到，"逍遥游"与"外边"的东西无关，与做什么、怎样做都不相干。"逍遥游"是一种内心的、精神的活动，是"里边"的事。"逍遥游"就在人的心中，是人的心在"游"，所以哪儿都可以去，不受任何时间、地域的阻碍，不依赖于任何的外力，不受任何的羁绊，不为任何俗事所动，因而也就"无待"。

"无待"是"逍遥游"的根本。"无功""无名""无己"而后"无待"，而达到了"无待"也就获得了心灵的、精神的绝对自由，也就进入了形如槁木、心如死灰的"逍遥游"境界。庄子通过鲲鹏、蜩、学鸠、斥鴳、宋荣子、列子等一系列故事告诉我们，一个人追求的目标越大、越高，受到的束缚也就越大、越深，忘掉一切欲望，忘掉对"功""名"的追求，忘掉自我，甘于简单平淡的生活，一箪食，一瓢饮，住陋巷，无欲无求，功名富贵奈我何？死生利害又能奈我何？这，也就是现实社会生活中的"逍遥游"。

七、"天籁"就是逍遥游

读到这里，你很可能会对形如槁木、心如死灰的"逍遥游"状态感到困惑。这样的"逍遥游"是不是与"致意最在逍遥游"那个令人心向往之的"逍遥游"相距也太遥远了？别急，庄子好像早就料到你会这么想的，所以请你不妨接着把《齐物论》读下去。

南郭子綦对颜成子游描述了自己"吾丧我"的状态之后，开始用"三籁"为例去讲解"逍遥游"，让人通过具象的"声音"去体会"逍遥游"的境界："女（汝）闻人籁而未闻地籁，女（汝）闻地籁而未闻天籁夫！""籁"是用竹管做成的类似竹箫的乐器。"人籁"是人吹竹管发出来的声音，"地籁"是风吹各种窍穴发出的声音。唯有"天籁"，庄子没有细说，却让颜成子游通过对"人籁""地籁"的体验去体味、感受"天籁"。

明明要说的是"天籁"，可庄子偏偏不直接讲"天籁"，却细致入微地对"地籁"做了淋漓尽致的描摹：

> 夫大块噫气，其名为风，是唯无作，作则万窍怒呺，而独不闻之翏翏乎？山林之畏佳，大木百围之窍穴，似鼻，似口，似耳，似枅，似圈，似臼，似洼者，似污者。激者，謞者，叱者，吸者，叫者，譹者，宎者，咬者，前者唱于而随者唱喁。泠风则小和，飘风则大和，厉风济则众窍为虚。而独不见之调调之刁刁乎？

"大块噫气"是天地吐出来的"气"，那就是风。风不吹则已，一旦劲吹，就会使形态各异的窍穴发出千奇百怪的声音。听起来各个窍穴发出的声音迥然有异，但风是同样的风，风自身并没有声音，那些声音不过是窍穴在风的作用下，随风应和"唱喁"而产生的，又由于窍穴的形状、大小、高低位置不同而导致了声音的千变万化。一旦风停了，所有的窍穴也就回归寂然无声，"众窍为虚"。"独不见之调调之刁刁乎"，是说那些随风摇曳的细枝弱条在风停之后还在摇动的情景。这里表面上说的是风与细枝弱条，实际上仍然说的是人心的躁动，就像那"二虫"的"笑"一样，尽管见识有限，却喜欢自以为是，有机会便要刷一下存在感。

"人籁""地籁"说那些因自身局限无法挣脱现实社会种种羁绊的人，都是由于不能"丧我"所致。而只有"天籁"才是"逍遥游"的境界："夫吹万不同，而使其自己也。咸其自取，怒者其谁邪？""天籁"原本很简单，指的就是"万窍怒呺"停止后一片宁静杳然空灵的境界。可是自郭象作《庄子注》以来，"三籁"的解释五花八门，甚至有说"三籁"都是一样的。特别是"咸其自取，怒者其谁邪"一句，更是解释得让人不知所云。

其实，无论"人籁""地籁"，声音都是来自于"吾丧我"的"我"，也就是"至人无己"的"己"。这个"怒者"，指的就是人心。"咸其自取"，是说这一切声音都是你们自己捣鼓出来的，"是非"都是你们自找的！没有了"怒者"，心静如止水，还会有杂音吗？

换句话说，也就是"人心"有"己"，就免不了"万窍怒呺"，"人心"无"己"，便没有了任何声音，只剩下一片空明，这就是"天籁"。这种以无声为最高之声的境界，才是庄子所推崇的。宣颖曾就"三籁"一段说："初读之拉杂奔腾，如万马奔趋，洪涛汹涌；继读之稀微杳冥，如秋空夜静，四顾悄然。"（《南华经解》）从"拉杂奔腾"突然消失之后反衬出来的"稀微杳冥""秋空夜静，四顾悄然"，这就是"吾丧我""至人无己"之后的"逍遥游"境界。难怪黄庭坚会有"致意最在逍遥游"的感慨了。真正理解了"丧我""忘我""无己"，也就等于读懂了《逍遥游》，读懂了一部《庄子》。

最后，我们还不得不指出的是，尽管"逍遥游"是如此完美的理想境界，然而在现实生活中，又有几个人真正领略到庄子所认可的"逍遥游"的奥妙？就像《红楼梦》中《好了歌》唱的那样："世人都晓神仙好，惟有功名忘不了！古今将相在何方？荒冢一堆草没了。世人都晓神仙好，只有金银忘不了！终朝只恨聚无多，及到多时眼闭了。

世人都晓神仙好，只有娇妻忘不了！君生日日说恩情，君死又随人去了。世人都晓神仙好，只有儿孙忘不了！痴心父母古来多，孝顺儿孙谁见了？"人生，无时无刻不处于两难境地之中。诸多的"忘不了"实在是"逍遥游"之难的最生动、也最现实的注脚。

第六章

『道』的迷失

如果说"逍遥游"是庄子所创造的一个赖以安身立命的理想世界，那么"道"就是庄子学说的灵魂，是他的一切论述的出发点，是其博大精深的哲学思想的基础。

"道"在现存《庄子》三十三篇中一共出现了二百六十多次，涉及其中的三十一篇。仅有两篇不见论"道"的篇章，一篇是《说剑》，这篇本来就不着调，大概是因为其主人公名"庄子"才被误收《庄子》一书的，不说"道"也就不足为奇。而另一篇绝对让人意想不到，竟然是《逍遥游》！如此重要的《逍遥游》不但通篇不见一个"道"字，即便接着往下读，看过《齐物论》的前几段，直到南郭子綦以"天籁"的"无声之声"描绘罢"逍遥游"的境界，"道"字也仍然没有现身，这就太令人费解了。

不过，如果认真读完《庄子》全书，再回过头来重读《逍遥游》，便不难发现，《逍遥游》虽通篇不见"道"，却处处有"道"踪"道"影在。"逍遥游"，很像是一个用"道"搭建起来的舞台，各种各样相关的人物都得以在这舞台上表演一番，走个过场。这个时候，你才能看出来"道"才是逍遥游的根本。没有"道"，不得"道"，无论是谁也逍遥不起来，令人向往的"逍遥游"大门也不会对你敞开。

"道"就像是庄子手中的一件利器，逢山开山，遇河搭桥，所向披靡，宇宙万物与现实世界中的所有问题，无一不在"道"的面前轻而易举地得以化解。"道"可以齐万物、齐是非、齐大小、齐死生、齐美丑……那么，"道"究竟是怎么回事？庄子之"道"又是什么呢？

一、庄子之"道"

《庄子·大宗师》中谈到"真人"如何传"道"时说：

> 夫道，有情有信，无为无形；可传而不可受，可得而不可见；自本自根，未有天地，自古以固存；神鬼神帝，生天生地；在太极之先而不为高，在六极之下而不为深，先天地生而不为久，长于上古而不为老。

按照庄子的解说，"道"是一个真实而又可信的存在，它无所作为，没有形体。"道"可以以心相传却不可以口授；人可以得到它却不可以看见它。"道"是自己的本，也是自己的根；天地形成之前，"道"就已经存在。"道"使天地之间有了鬼神与上帝；"道"产生了天与地。"道"极其高深，在太极之上而不算高，在六极之下也不算深；"道"还极其悠久，生于天地之前不算久，长于上古却不算老。

这是《庄子》一书中对"道"阐发最为详尽也最为完善的文字了。猛地一看，这段论述，说得很玄，有时甚至不免给人自相矛盾的感觉，就像是成心不想让人明白"道"究竟是个什么"东西"一样。例如前句说"道""有情有信"，好像"道"具有人的特征，至少是个有生命的东西，看得见摸得着，是世间存在的一个实体；然而后句马上又说"道""无为无形"，这一下，这个原本好像可触可感的"道"立马消失得无影无踪。原来，"道"不仅什么都不做，连个影儿也没有。还有"可传"，明明说的是"道"可以像老师传授知识一样"传"给他人，可紧接着又说"不可受"，也就是无法被他人接受；假如"道"真的不可"受"的话，那么与下面所说的"可得而不可见"就更相矛盾了。

总之，在短短七十七个字的论述中，庄子肯定了再否定，否定了再肯定，翻来覆去地说，不过是要强调"道"的根本特性。第一，"道"是一个实实在在的存在，但这个存在又是看不见摸不着的。第二，"道"无所不在，无时不在，却是独特的、唯一的，不同于任何其他的"东西"，"道"就是"道"自己。第三，"道"只可以感悟、领会，而无法通过语言传授。第四，"道"的历史很悠久，生于天地形成之前；"道"又高深莫测，"在太极之先而不为高，在六极之下而不为深"。庄子如是说，就是要告诉一切想理解"道"、感悟"道"、想得"道"的人，"道"是天地宇宙万物的总根源，也是天地宇宙万物的本体。"道"又存在于万物之中，无所不在，无时不在，天下万物都是道的体现，所以万物一齐。显然，庄子的"道"凝聚了庄子对宇宙万物、人生以及人的存在的最深刻的哲学思考。

先秦诸子几乎人人谈"道"。孔子、孟子、荀子、韩非子等人的"道"，核心就是"仁礼合一"的政治理想，也就是所谓的治国平天下。即便是老子之"道"，讲的虽是"道法自然"，其目的却是告诉统治者如何以"无为无不为"的手段达到天下大治。老子的"道"仍与政治有着扯不清的关系。

而庄子的"道"却不同。庄子的"道"是一种更纯粹的哲学意义上的"道"，更接近《易经·系辞上传》所谓"形而上者谓之道，形而下者谓之器"的意思。要彻底认识庄子的"道"，我们不得不把话题扯得再远一点儿，先理解什么是哲学。

据说至今哲学界对什么是哲学并没有一个公认的标准答案。英国著名哲学家罗素说："哲学，就我对这个词的理解来说，乃是某种介乎神学与科学之间的东西。它和神学一样，包含着人类对于那些迄今仍为科学知识所不能肯定之事物的思考；但它又像科学一样，是诉之于人类的理性而不是诉之于权威的，不论是传统的权威还是启示的权威。一切确切的知识（罗素认为）都属于科学；一切涉及超乎确切知识之外的教条都属于神学。但介乎神学与科学之间还有一片受到双方攻击的无人之域，这片无人之域就是哲学。"（《西方哲学史·绪论》）国学大师胡适则提出："凡研究人生切要的问题，从根本上着想，要寻一个根本的解决：这种学问叫做哲学。"（《中国哲学史大纲·导言》）

　　就这样的定义来说，庄子之"道"是最具有哲学意味的，因为它表达了庄子对人类尚不能肯定的事物的一种理性思考，它要研究的是人最切要的生存问题，是要从根本上找到人生存的理由，找到这个世界之所以如此的一个合理的解释。在这个层面上，我们可以毫不夸张地说，庄子学说包含了对人生、社会乃至宇宙万物方方面面的思索，是可以让人安身立命的，这也是为什么我们读《庄子》总会有一种心动的感觉。

　　既然庄子的"道"是教人一种生存方式，教人如何应对这个让人无可奈何的社会，他就不可能只讲述深奥精粹的形而上的哲学。庄子的世界里也有混迹于街头巷尾的贩夫走卒，如支离疏、申徒嘉、叔山无趾、哀骀他。对于这样的普通人，庄子把他对"道"的讲述转换成了街头巷尾人人都能听懂的大白话，他在《庄子·知北游》中说：

　　　东郭子问于庄子曰："所谓道，恶乎在？"庄子曰："无所不在。"东郭子曰："期而后可。"庄子曰："在蝼蚁。"曰："何其下邪？"曰："在稊稗。"曰："何其愈下邪？"曰："在瓦甓。"曰："何其愈甚邪？"曰："在屎溺。"东郭子不应。

东郭子与庄子的对话，可以说是对"夫道，有情有信，无为无形……"那段著名"道"论的生动风趣的注解。从中我们可以知道，道存在于万物之中。万物不同，道的表现形式也就不同；道无高低贵贱亲疏远近之分，因而万物也就没有高低贵贱亲疏远近之别，这就是"以道观之，物无贵贱"（《庄子·秋水》）的道理。天地是"道"的体现，帝王将相、贩夫走卒也是"道"的体现，即便是蝼蚁、稊稗、瓦甓、屎溺无一不是如此。这就是"道"，这也就是"道通为一"的深刻含义。翻翻古往今来的典籍，有谁能把一个抽象深奥的"道"解释得如此淋漓尽致！又有谁能把这个无所不在的"道"说得如此通俗易懂！

二、人人皆可得"道"

庄子之"道"就是这么独特。

虽然它"无为无形"，却可以一代代往下传，也可以让人用心去感受。但这种"相传"与"感受"却不像一本书或礼品那样随手就可以给人，而是要靠人自己去"悟"，去体会。这就是庄子所说的"道"是"可传而不可受，可得而不可见"的真正含义。

荀子曾批评"庄子蔽于天而不知人"，完全是从儒家积极入世的角度看问题，所以他不可能看到庄子作为哲人所特有的悲天悯人的情怀，更无法理解庄子是如何站在"道"的高度，去解说这个创造了万物却又包罗万象，与万物一齐，同时存在于人心之"道"，自然也无法理解庄子强调"道""可传""可得"，人人皆可得"道"的真正原因。其实，庄子对人的深切关怀，是通过他对"道"的诠解，道"可传""可得"的阐发体现出来的。所以庄子在解说了"道"的根本特征之后，首先开出了一个得"道"者的名单，说明"道"是人人可得的，

《庄子·大宗师》载：

> 狶韦氏得之，以挈天地；伏戏氏得之，以袭气母；维斗得之，
> 终古不忒；日月得之，终古不息；堪坏得之，以袭昆仑；冯夷得之，
> 以游大川；肩吾得之，以处太山；黄帝得之，以登云天；颛顼得之，
> 以处玄宫；禺强得之，立乎北极；西王母得之，坐乎少广，莫知其始，
> 莫知其终；彭祖得之，上及有虞，下及五伯；傅说得之，以相武丁，
> 奄有天下，乘东维，骑箕尾，而比于列星。

　　狶韦氏得到它，得以开天辟地；伏戏氏得到它，能够合阴阳元气；北斗星得到它，永远不会错失方位；日月得到它，始终运行不息；堪坏得到它，可以掌管昆仑；冯夷得到它，可以游遍大河大江；肩吾得到它，可以稳居泰山；黄帝得到它，得以登上云天；颛顼得到它，居住进了玄宫；禺强得到它，便能立足北极；西王母得到它，得以安居少广山；彭祖得到它，可以从上古有虞时代一直活到五霸时期；傅说得到它，用以辅佐武丁，统辖天下。

　　读庄子一口气开出的这一系列得道者名单，我们马上就可以切身地感受到"道"的威力了。其中，有些是地位高贵的，如伏戏氏、黄帝、颛顼、武丁等，他们曾经是传说中的人间帝王。有些是普通甚至贫贱的。例如，堪坏曾经是畸形人，得"道"后成为人面兽身的昆仑山神（成玄英《庄子疏》）；西王母曾经"其状如人，豹尾虎齿而善啸"（《山海经·西山经》），得"道"后成为至高无上的女神；冯夷，"弘农华阴潼乡堤首里人"，曾是一位在乡下种地的村夫，得"道"后成为河神（成玄英《庄子疏》）；傅说，早先只是一个筑墙的奴隶，得"道"后成为商朝名相（成玄英《庄子疏》）。

　　这一位位得"道"者在得"道"之前，来自社会各个领域，涵盖了众多的行当，是一个颇具代表性的社会缩影。这里有帝王、权贵，也有普通人、残疾人，有农夫劳工，还有半人半兽的神话人物，无论其地位高低，相貌丑美，贵贱贫富，穷达贤愚，最终都能得"道"。也就是说，在"道"的面前，人与人之间是平等的，不存在任何差别。

　　《庄子·知北游》中有一个小故事对人人都可得"道"做了精彩的描述。啮齿向被衣请教"道"。被衣说，你端端正正地坐着，不要东张西望，也别胡思乱想，大自然的和谐状态很快就会来到；收敛你的心智，专注你的思绪，神明就会进入你的心灵。"德"会让你显现出完美，"道"会居住在你的心中。从此，你的眼睛天真无邪就像初生的小牛犊，再也不会去想其他任何事情了。被衣的话还没说完，啮齿竟已进入了梦乡。被衣非但没有生气，反而十分高兴。他边走边唱道：啮齿得道了，他形如枯木，心同死灰，淳朴弃知，回归本真，并不以此自矜。从此，他内心浑沌一片，再没有心机与人谋事。这就是得"道"的人啊！

　　原来，得"道"竟可以如此简单！只要什么都不想，彻底失去心机，收敛起心智，"无己""丧我"，既不扰人，也不让他人来搅扰，就如同踏踏实实、酣酣美美地睡上一觉一样，浑浑沌沌，心不在焉，就可得"道"，就可以进入"道"的世界。

　　这不正是"逍遥游"的境界？

　　被衣与啮齿的这个小故事极其生动地把"得道"与"逍遥游"联系在了一起。我们可以通过被衣的解说、庄子的描述，真切地领悟、感受到得道者是如何通过"得道"而进入"逍遥游"，从而获得精神上的自由。

　　相对于先秦诸子其他各家的"道"，庄子之"道"与现实社会中的各种政治理念完全扯不上瓜葛，他是站在一个高屋建瓴的哲学层次上，教人在一个无可奈何的黑暗社会如何选择，如何超脱于现实社会的困顿，获得内心的安宁和清明，保持自我的初心。从庄子所强调的"道"可"传"、可"得"的看法中，我们可以清楚地看到，庄子之"道"是为普通人，特别是文人士子提供的一个让人赖以生存、立足的精神家园。

三、被"亏"的"道"

庄子说"道"无处不在，人人皆可得"道"，可是，在现实生活中，我们却又难寻"道"的踪迹，这是为什么呢？原来，由于受到各种"物""是非""喜怒""爱恨"的诱惑，原本就在我们心中的"道"渐渐被蒙上了尘垢，越来越受亏损，越来越远我们而去。为了阐释"道"是如何被"亏"的，庄子追溯得很远很远，他从宇宙的起源以及人类的远古时期说起。

庄子说，时间是没有开始，也没有终结的。人们意识到时间的时候，时间存在着；人们没有意识到时间的时候，时间仍然存在着。在无限的时间内的某一时刻，突然发生了一次巨大的"变化"，于是产生了"无"。这个"无"是一个与"有"相对的"存在"，是一个使"有"有一个"存放"空间的"无"。有了"无"以后，天地万物就有了一个生存的空间，于是在"无"中产生了"有"，产生了天地万物。（《庄子·齐物论》）这时的天地万物还都处于浑沌的状态。庄子认为这个处于浑沌状态的天地万物就是"道"创造的，同时又是"道"的不同形态的表现。

庄子又说，与经过漫长的时间产生了"无"，又经过漫长的时间在"无"中产生了"有"的过程一样，"有"在发生发展的过程中又开始慢慢地发生了变化。这个变化是从"古之人"那里开始的。《庄子·齐物论》载：

> 古之人，其知有所至矣。恶乎至？有以为未始有物者，至矣，尽矣，不可以加矣！其次以为有物矣，而未始有封也。其次以为有封焉，而未始有是非也。是非之彰也，道之所以亏也。道之所以亏，爱之所以成。

"古之人"曾经历了对"物"的认知的三个阶段。第一个是"以为未始有物"的阶段。在这个时代，人与物虽然共存，但这时的人并没有意识到物的存在。或者说人根本没有人与物有所不同的观念。人与天地万物同生同长，和谐相处，人与人、物与物、人与物之间没有概念上的分别，更没有上下尊卑贫贱富贵的概念。这个时代的人"饱食而敖游，泛若不系之舟"（《庄子·列御寇》），没有是非，没有争辩，人们淳朴真实。这是一个"道"从未遭到"亏损"的"道全"的时代，是一个至善至美的时代。

"以为有物矣，而未始有封也"是人类认知史发展的第二个阶段。这个时代的人已经意识到人与物、"我"与物的不同，知道此物与彼物的差别，但还没有将万物的界限分别开来，人并不在意物与物的区别，也不在意人与物、人与人的不同。在这个阶段，人们对物的认知仍然是没有分别的，也是朦胧的、模糊的，在人与物、物与物、人与人之间并没有划出一个清晰的界限。

"以为有封焉，而未始有是非也"是第三个阶段。在这个时代，人们已经比较清晰地意识到物与物、人与人、人与物之间的区别，但也仅此而已，人们并没有产生高低贵贱美丑的观念，没有对人与物、物与物或人与人之间做出任何是非判断。

以上三个阶段人们对人与物的认知虽然存在着程度上的差异，但仍然是"道"之未"亏"的时代，也就是庄子所说的"古之人"时代。

此后，随着人们对人与物的认知不断深化，人与物、物与物的界限划分得越来越清晰，人们对物的实用性、功利性的追求也就随之而生，于是就有了对物的是非功用的判断。一旦是非观念出现，人与物的关系也就彻底改变了。人对物的认识越清楚，是非判断越明确，对"道"的"亏损"也就越多，对"道"的遮蔽也就越严重，就越使"道"不能完满地呈现出来。这是一个令庄子感到最为无奈也最为绝望的"是非之彰也"的时代，也是一个标志着人们开始背离"道"的时代。

从此，高低贵贱的观念也就越来越分明，各种各样的"爱恨情仇"也就随之而生，人的欲望也就变得越来越复杂，《庄子·齐物论》载：

> 喜怒哀乐，虑叹变热，姚佚启态。乐出虚，蒸成菌。日夜相代乎前，而莫知其所萌。

这个时代的人们或欣喜，或愤怒，或悲哀，或欢乐，或忧思，或放纵，或恐惧，或张狂，种种心境情态日夜不停地变换，内心不得安宁，却不知道为什么会这样。"喜怒哀乐"是人最基本的内心活动，也是人最基本的情态表现，但产生的原因却与人在外在世界中的得失输赢、是非判断密切相关。"虑叹变热"指人内心的不安与思虑，既有对以往成败的算计，也包含对未来取得更大成功与利益的谋划。"姚佚启态"说的是人在现实社会中面对各种诱惑所产生的各种欲望以及对欲望的追求与满足。

庄子眼看着是非爱恨这样日夜不息地纠结于人心，"道"日益"亏损"，却从未有人思考探索这一切从何而来，缘何而生，禁不住发出了这样的感慨："已乎！已乎！且暮得此，其所由以生乎？"①意思是，算了吧！算了吧！人们日日夜夜被各种喜怒哀乐的情绪困扰，难道人活着的目的就是这样吗？庄子对天下芸芸众生不理解生命真谛的感喟深含其中。

从庄子对人与"道"的关系由"满"到"亏"的历史演变的讲述中，我们不难看到，"道"的丧失，并不是"道"离开了人，而是由于人心变了，人的"是非"之心"亏损"了"道"，人的所谓"聪明""智慧"导致了"道"在人心中的迷失。"古之人"那种没有是非观念的淳朴之心，被代之以"日以心斗""与物相刃相靡"的是非之争，于是，"道"渐渐被遮蔽，被"亏损"了。

庄子以人们日常生活中无处不在的"是非"为例告诉人们，是非之争的起源可能就是些鸡毛蒜皮的小事，可是这些小事一旦发生，就能亏欠人心中原本存在的能够让人逍遥的"道"。一旦踏上是非之争这条不归路，人的一生就会挣扎在"是非"的漩涡之中欲罢不能，甚至葬身其中。

四、"道"输给了小成与荣华

"是非之辨"的出现导致了"道之亏"，而"道之亏"又加剧了"是

---

① 郭注、成疏都认为"其所由以生乎"的"生"说的是"喜怒哀乐，虑叹变慹，姚佚启态"皆为"自生"。陈鼓应《庄子今注今译》也把此句译作"岂能找出这些情态变化所以产生的根由呢"。若依照此解，"且暮得此，其所由以生乎"与前文的"日夜相代乎前，而莫知其所萌"在意思上几乎完全重复。所以，这里的"生"当解作"生存""生活"。

非""利害""荣辱"等诸多有损"道"的观念出现，彼此间形成了一个恶性循环。因此，要恢复"道"的圆满，就要找到一切可能造成"道之亏"的因素，根治一切让"道"蒙垢的毒瘤。于是，庄子在《齐物论》中提出了一个"成心"的概念：

> 夫随其成心而师之，谁独且无师乎？奚必知代而心自取者有之，愚者与有焉。

庄子认为，无论你是智者、普通人还是愚人，人人都有"成心"，"成心"就是人心中形成的判断外在事物的标准，这样的标准存在于每个人的心中。对"成心"的理解，在庄子学者中出现了两种截然不同的看法。一派认为"成心"是产生"是非""彼我"的根源，"成心"就是"一家之偏见"或者"封执之心"（成玄英《庄子疏》）。另一派则认为，"成心"是指人没有受到外物损坏的自然之心，是明辨是非的"真心"。

那么，庄子是怎样理解"成心"的呢，他究竟是肯定还是否定？我们接着读下去，就可以看得比较清楚了：

> 未成乎心而有是非，是今日适越而昔至也。是以无有为有。无有为有，虽有神禹且不能知，吾独且奈何哉！

"未成乎心"，是指"成心"尚未在人的心中形成。这几句话的意思是：人心中有是非，是由于有"成心"。如果有人说他的是非观念不是来自于"成心"，就如同说今天他准备去越国而昨天就到了一样荒谬可笑。这样的说法就如同把"无"说成是"有"。如果把"无"说成为"有"，即便神明如大禹，都无法理解，何况我呢！（王景琳、

徐匋《庄子的世界》)

其实，庄子的意思就是，人都免不了有先入为主的成见，都会对万事万物作出自己的判断，而这个判断的标准就是自己的"成心"，是一家之偏见。每个人根据自己的"成心"去评判同一事、物或人，当然是各说各话。尽管人是有一些所谓的公认的道德观念，并以此作为衡量是非的标准，但是站在各自不同的立场、出于不同的动机、有着不同利益的人得出的结论也不尽相同。人人都认为自己的评判是"以仁心说，以学心听，以公心辨"(《荀子·正名》)，可是，所谓"仁心""学心""公心"又是以什么标准去判断的呢？还是庄子看得透彻，他认为任何"心"都是"我"之心，都是一"己"之心，任何冠冕堂皇的"公心"都出于标准制定者的"成心"，没有人可以确定到底什么是"是"什么是"非"。

那么，这种出于"成心"的言论又是怎么产生的呢？庄子说：

道恶乎隐而有真伪？言恶乎隐而有是非？道恶乎往而不存？言恶乎存而不可？

庄子的话有时候的确很绕，论"道"的话尤其如此。这里所谓"言恶乎隐而有是非"的"言"到底是什么意思？一般《庄子》注家都解作"言论""言辞"，如果这样理解的话，那么"言恶乎隐而有是非"的意思就是"言论被遮蔽而后有是非"。可是庄子分明多次说过"言"就是"是非"，所以，这里的"言"应当还另有其义。

在这段话中，"道"与"言"对举，"真伪"与"是非"对举，所以这里的"言"的意思应该与"道"相仿，指的是真理，也就是《齐物论》中庄子自己代"道"所说"今且有言于此，不知其与是类乎？

其与是不类乎？类与不类，相与为类，则与彼无以异矣。虽然，请尝言之"中的"有言"之"言"。这才是正解。实际上，庄子在这里给人们提出了这样几个问题："道"究竟是被什么所遮蔽，才造成了真伪难辨，造成了是非之争？"道"又去了哪里？为什么"道"不再存在于人们的心中？得不到人们的认可？庄子认为一个重要原因就是：

　　　　道隐于小成，言隐于荣华。

　　就是说"道"被眼前微小的成就所掩藏，真理被荣华富贵所遮蔽。人人都只看到自己的成功，自以为是，从而失去了"道"；人人都追求荣华富贵，从而忘记了真理。所以人们才会以"成心"作为衡量是非的标准，追求"小成"与"荣华"所带来的欲望的满足。这里我们有必要说明一下，有关"荣华"的解释，一般认为指华美的辞藻。其实这是一种误解。这两句也是沿袭上文而来的。其中的"道"依然与"言"对举，而"小成"自然也当与"荣华"对举。既然"小成"是遮蔽"道"的所谓"成功"，为庄子所否定，那么，"荣华"就不应该指华美的辞藻，而应与"小成"的意思相仿，指荣华富贵，就像《田子方》中"子三为令尹而不荣华，三去之而无忧色"的"荣华"的用法一样。

　　值得一提的是，"道恶乎隐而有真伪"中的"道"，是"道"这个重要概念第一次在《庄子》中出现。而"道"首次露面就与"真伪""是非"有关，可见在庄子心目中，"真伪""是非"对"道"的损害是何等严重！庄子一向对"道"一往情深，对"道之亏"更是有着切肤之痛，所以他第一次谈论"道"，便以一种极为沉重的语气，一针见血地指出，现在的人为了追求"小成"与"荣华"而放弃"道"，背离"道"，实际上也就等于放弃了人的"根本"，是典型的舍本而逐末。

读到这里，我们再回过头来品味庄子拒绝楚王的千金之聘而自甘清贫的往事，猛然发现，原来清贫的生活对庄子来说并非是被迫的，而是他的主动选择。他不是不可以享受荣华富贵，也不是没有机会享受荣华富贵，但是庄子听从自己的内心，选择了清贫，从而也就选择了"道"，自觉放弃了"小成"与"荣华"。他是要身体力行地恢复"道"，实践"道"，重新使"道"完满。也正是基于这样的信念，庄子才对曹商、"宋人"、惠子等对荣华富贵的追求、炫耀极为不以为然，认为他们只是贪图"小成"、追逐"荣华"而已。在他们身上，庄子感受到的是"道"的亏损与迷失，"道"输给了小成和荣华。

"道"是天下万物的本源，也是万物的"真相"；而"言"，就是反映"真相"的大实话。古往今来，有多少人能选择坚持"道"的原则，坚持"真相"，坚持说"实话"，在可以享受荣华富贵的情况下，却选择清贫？在这个意义上，庄子实在是太了不起了。他在两千多年前，就看透了问题的症结所在，并且在实际生存环境中坚守自己的信念。就凭这一条，谁能说庄子不是一个对人生、对世界格外认真的人？

总之，"道"没有变，变的只是人心，是人心对"小成"与"荣华"的渴望越来越无止境，离"道"越来越远。这已经令庄子感到悲哀。然而，更可悲的还在于，分明图的是一己之"小成"与"荣华"，却还要将黑说成是白，振振有词地说出一番貌似出于"公心"的大道理来迷惑众人。在这样黑白难辨、无法确认一个判断真理的标准的情况下，庄子不得不指出，离开了"道"，这个世界上不可能找到一个可以衡量"是非"的标准。他在《齐物论》中说：

既使我与若辩矣，若胜我，我不若胜，若果是也，我果非也邪？我胜若，若不吾胜，我果是也，而果非也邪？其或是也，其或非

也邪？其俱是也，其俱非也邪？我与若不能相知也，则人固受其
黮暗。吾谁使正之？使同乎若者正之？既与若同矣，恶能正之！
使同乎我者正之？既同乎我矣，恶能正之！使异乎我与若者正之？
既异乎我与若矣，恶能正之！使同乎我与若者正之？既同乎我与
若矣，恶能正之！然则我与若与人，俱不能相知也，而待彼也邪？

　　假如我和你展开辩论，就算你胜了我，或者我胜了你，你或者我
果真就是对的或者错的吗？还是你和我都是错的或者都是对的呢？判
断的标准是什么？谁来做评判？无论是你还是我都无法判断究竟谁对
谁错。不但当事的你和我不可能判断，即便有第三方，也同样无法裁
定孰对孰错。假如第三方与你的看法相同，或者与我相同，或者与你
我的看法都不同，无论同与不同，第三方的"成心"决定了你我相辩
论的问题是没有对与错的。这是由于人本身总是受到自己偏见的蒙蔽。
因此人与人之间是不可能相知的。

　　这里，庄子实际上指出了一个十分现实而又极为深刻的社会问题，
也是一个哲学问题。在这个社会上孰是孰非的问题是无解的。离开共
同的世界观、人生观、价值观，是不可能有一个公认的、可以让所有
人接受的评判是非的标准的。这样的表述，一方面表露出庄子对这个
社会、这个时代所感到的无奈，另一方面，至少在客观上，也代表了
没有话语权的多数人对"权威"的一种否定。

　　尽管如此，庄子也仍然渴望有人能够理解他的"道"，理解他的选择，
可是他又清醒地意识到这样的人，不会出现在当世，也不会出现在不
远的未来。庄子几乎是在绝望，更确切地说是在一种无奈的心境中，
抱着一线希望憧憬着。他在《庄子·齐物论》中说："万世之后而一
遇大圣，知其解者，是旦暮遇之也。"既然这是一个"以天下为沉浊"

的时代，道已迷失，那就只好等待着万世之后或许会有一位圣人出现。庄子只能在"旦暮遇之"的期盼中，等待着"知其解者"的到来。

五、"万物一齐"与"道通为一"

庄子清醒地认识到，"是非之争"导致了"道之亏"，"成心"的偏见使人与"道"渐行渐远，"小成"与"荣华"则造成了"道"的迷失。世上并不存在一个可为所有人接受的辨别真理的标准，而那个可以"知其解者"更是一个可遇而不可求的存在。尽管如此，庄子仍然不遗余力地推行着"道"，阐发着"道"，试图让更多的人理解"道"，走进"道"。

从"道"无所不在的根本特性出发，特别是针对由于"成心"而造成的人与人、人与物、物与物之间的种种是非与不公，庄子提出了"万物一齐""道通为一"的思想，要以"道"来"齐""是非之争"，"齐"万物，而这一切又要先从"齐"人心开始。只要没有了"成心"，没有了先入为主的偏见，人就不再会以"一己之心"看人、看物。人心一"齐"，"是非之争"也就会随之荡然无存。

当然，庄子的"齐万物""齐是非""齐人心"不是封人之口，不让人说话。庄子只是站在了超越现实的高位，挣脱了现实的种种制约，去俯视人生、俯视世界、俯视人的存在。他要人回归至"道"的原点，去理解人与人、人与物、物与物之间存在着的共性，思考人当如何生存这个根本性的哲学问题。天地万物虽然呈现出千姿百态的外在形态与功能，但那只是"道"不同的表现形式，究其本质，人与人、人与物、物与物之间都是一样的，没有差别，因而用现代眼光来看，也都是平等的，这就是"道通为一"的思想。

　　"道通为一"决定了"万物一齐"。但"齐万物"比"齐是非"在客观上更具有挑战性，也更难以为人所接受。毕竟自从人有了"成心"，看到周围事物的第一眼便会立刻意识到其间的不同。现代哲学家不是也说过世上没有两片相同的树叶？特别像美丑、大小、贵贱、贫富等观念，在人们心目中分明就是针锋相对的两极，但庄子却全然否定了这其中存在任何的不同。

　　要说透"道通为一"与"万物一齐"，还必须理解庄子有关"道"与"物"关系的论述。《庄子·齐物论》中第一次提到两者关系时说：

　　　　道行之而成，物谓之而然。

　　意思是道运行于万物之中才称其为道，物这样称呼它才有了这样的物。基于此，下面的几句话也就容易理解了：

　　　　恶乎然？然于然。恶乎不然？不然于不然。恶乎可？可于可。
　　　　恶乎不可？不可于不可。物固有所然，物固有所可。无物不然，
　　　　无物不可。

　　这几句主要描述"物"的形态的千差万别及其由来：为什么是这样？是由于它原本就是这样的。为什么不是这样？是由于它原本不是这样的。每一物本来就是这样形成、这样存在着的，每一物本来就是这样被认可的。万物都有自己存在的形态，万物都有被如此认可的原因。

　　在庄子看来，虽然万物名称不同，功用不同，但都是"道"的体现，"道"存在于万物之中。在《大宗师》和《知北游》中，我们看到"道"不仅存在于天地、日月、人之中，也存在于蝼蚁、稊稗、瓦甓、屎溺

之中。"道"本身不存在高低贵贱，因而万物也就没有高低贵贱之分，"以道观之，物无贵贱；以物观之，自贵而相贱；以俗观之，贵贱不在己"（《庄子·秋水》）。人将万物分作高低贵贱大小，完全是由于被"成心"所迷惑而偏离了道。由此出发，庄子认为，从本质上来说，"天下莫大于秋毫之末，而太山为小；莫寿于殇子，而彭祖为夭"（《庄子·齐物论》）。大小、寿夭本身就是人给予万物的一种概念而已。倘若没有这些概念，何来泰山之大、毫末之小的分别？没有死生的区分，又何来殇子夭而彭祖寿的不同？

这貌似荒谬的说法其实恰恰是庄子思想的精华。如果你真的以为庄子不懂大小、寿夭的分别，或者是故意混淆大小、寿夭，只能说你还没有读懂庄子的"齐物"。庄子的"齐物"，就万物的本源而言，他要"齐"的不是万物的形式，而是万物的实质或者说是本源。《庄子·齐物论》载：

故为是举莛与楹，厉与西施，恢诡憰怪，道通为一。

"举莛"是说轻轻一举就可以举起的小草，"楹"是屋的大梁；"厉"是极丑之人，西施是美女；"恢诡憰怪"指人间万物千奇百怪的形态。在有"成心"的人眼中，莛与楹、厉与西施是泾渭分明、截然对立的，然而，在庄子看来，莛不小，楹不大，厉不丑，西施不美，它们之间并没有什么根本的不同，它们都是"道"的体现，都是"道"的一种存在方式，这就是所谓的"道通为一"。

庄子不仅看到"道"通万物为"一"，即便是同一物，也可以今天是此形状，明天变成彼形状，但无论外形如何变化，其本质始终如一："其分也，成也；其成也，毁也。凡物无成与毁，复通为一。"（《庄子·齐物论》）在庄子看来，无论"成"还是"毁"，"物"仍然是"物"，其形态虽有不同，但都是"道"的一种体现。从"道"的意义而言，"成"与"毁"没有差别，而是相通为一的，无所谓"成"与"毁"。

　　"万物一齐"与"道通为一"不但强调了万物的"一齐"，更在于揭示了"我"与天地万物"一齐"。有了这样的眼界，才可能理解庄子人生哲学的真谛。庄子说："天地与我并生，而万物与我为一。"（《庄子·齐物论》）天地万物与我同生共死，我与天地万物为一体。在这个意义上，我们还需要区分什么？还有必要天天纠缠于是与非、生与死、贵与贱、贫与富这些背离"道"的东西吗？一个人，当他能够与天地万物同呼吸、共命运的时候，他就能真正摆脱世俗的桎梏，用一种坦荡、无畏的态度面对世界。

　　"天地与我并生，而万物与我为一"，不但在庄子的时代是一个梦呓，就是在庄子身后的两千多年中，不过也就是在失意文人那里唤起一点内心深处的共鸣而已。"古之人"的时代是永远回不去了。庄子自己也清楚地知道，这一切一如他的"广莫之野""无何有之乡"一样，只存在于哲人的心灵世界。所以他说"无适焉，因是已"（《庄子·齐物论》）。这既是庄子的无奈，也是他想唤醒众人而不得的一种悲哀。然而，就是庄子的这个梦呓，却唤起了后人对人性的认识、对人的平等的向往。在他身后两千多年，终于有人认识到了庄子"天地与我并生，而万物与我为一"的价值，"齐物者，一往平等之谈也"（章太炎《〈齐物论〉释》）。

六、畸人、兀者与"道"

　　庄子心中的"道"是一个完美无缺的存在。然而，在《庄子》一书中，我们却不难发现如此多的"得道"者，是畸人或是因受刑而形残的兀者。他们相貌怪异，身体残缺，如《养生主》中独脚的右师，《人间世》中的畸人支离疏，《德充符》中独脚的王骀与申徒嘉、奇丑无比的哀骀它、跛脚身残没有嘴唇的闉跂支离无脤、身上长着巨大肿瘤的瓮㼜大瘿，《大宗师》中腰弯背驼的子舆，《达生》中佝偻承蜩的老人等。清人宣颖在《南华经解》中称赞庄子写法新奇、出人意想："劈头出一个兀者，又一个兀者，又一个兀者，又一个恶人，又一个闉跂支离无脤，又一个瓮㼜大瘿，令读者如登舞场，怪状错落，不知何故。"他认为这是由于庄子要说明"德充"是里面的事，与形貌无关，才设计出这许多的畸人与形骸残缺之人。宣颖这样理解固然不错，但是庄子为什么对这些畸人、形残之人格外钟情？他在这些畸人、形残之人的身上究竟寄寓了怎样的深意？

让我们先从《庄子·天地》中的一个小故事说起。据说有一位相貌奇丑的"厉之人"半夜生了孩子，等不及天亮，就急急忙忙举火来照看，唯恐孩子长得像自己。细想一下，为人父母，却因自己相貌丑陋而生怕孩子长得像自己，这该是怎样的一种悲哀？这一逼真生动的情节透露出庄子并不是意识不到美与丑的分别，恰恰相反，正是由于他看到了丑人、畸人在生存中不得不面对被歧视的现实，才要特别强调像厉人那样丑陋的人与美貌的西施，在本质上不存在任何差异。无论你是丑厉人，还是美西施，在"道"的面前都一样，没有任何分别。

正是出于这种以"道"观之"万物一齐"的思想，形形色色的畸人、丑人、兀者成了庄子世界中"道"的实践者的主体。他们往往由于形残、丑陋而少受人世间"是非""荣华""功名"等"成心"的约束，反而得以按照自己的自然本性去求生存。《人间世》中的支离疏，他的脸紧贴着肚脐，两肩高过头顶，发髻朝天，五脏腧穴朝上，两条大腿和两边的胸肋并生在一起，简直集各种残疾、畸形于一身。在带着"成心"的世人眼中，这样的人就是"无用"之人，是"不材"的"散木"。然而，庄子认为支离疏是有用的，他可以自食其力，养活自己，同时，他还能够帮助别人，"鼓荚播精，足以食十人"。庄子在这些畸人、兀者身上，寄寓了他对世人"成心"与偏见的挑战与蔑视，也颠覆了人们将"有用"与"材质"仅仅局限于入仕从政的传统观念。

　　庄子对畸人、兀者的格外垂青，主要是看中了他们"德有所长，而形有所忘"，从而也就对"道"领悟得更为透彻、独到。形体残疾的人，德性却很可能是健全的；而形体健全的人，在精神上却未必健全，其德性很可能是残疾的！《德充符》中的六位畸人之一王骀因受刑而成为独脚的兀者，但他完全破除了人对形骸健全的执着，丝毫不以自己形骸残缺为意，看待自己失去的一只脚犹如遗弃了一把泥土一般，始终"游心乎德之和"。追随着他求学的门徒跟孔子的一样多，甚至孔子都表示"夫子，圣人也……丘将以为师……丘将引天下而与从之"。还有那个对子产的歧视视而不见、充耳不闻，最终令子产对他心悦诚服的兀者申徒嘉，把名声视为精神桎梏的叔山无趾，都是游于形骸之外、内心极为强大、同于大道的人。

　　《德充符》的六位畸人中，最引人注目的还是那位相貌奇丑的哀骀他。据说其相貌丑陋得使天下人惊骇，而且他毫无权势，没有任何能力解救他人于危难之中，更无钱财养活他人，更别说给他人带来丝毫的物质利益与好处了。以世俗的眼光来看，哀骀他没有丝毫有用之处，可是他不但赢得了众多男女的倾慕爱戴，甚至连身为君主的鲁哀公与他相处之后，都被他的人格所折服，想聘请他为鲁国的相国，把一国之事都托付给他以示对他的器重与信任。庄子用哀骀他的形象再一次颠覆了人们的偏见，彰显"德充符"的主题：真正具有魅力且能让人产生最强烈震撼的，不在"形骸之外"，而在"形骸之内"，也就是人的精神。

一边是完美无缺的"道"，一边是身体有残缺的畸人、恶人与兀者，这两者之间究竟有没有关系？如果有，又是一种什么样的关系？

> 畸人者，畸于人而侔于天，故曰：天之小人，人之君子；人之君子，天之小人也。

这是《大宗师》中孔子对什么是"畸人"的回答。原来，庄子心目中的畸人就是不同凡俗而合于天、合于道的人。对天或对道来说，是小人的人，实际却是人间的君子；而人间的君子，对天或对道来说，却是小人。这几句话为我们解开庄子瞩目于畸人、兀者之谜提供了最可靠的线索。在庄子看来，这些形体上的畸人、兀者，他们在心灵上却最接近于道，最容易体悟到道，而那些形体健全者，由于被世俗种种"成心"所束缚，远离了道，反而有可能是精神的、心灵的畸人。至此，我们才算理解了庄子"凭空撰出几个形体不全之人，如傀儡登场，怪状错落，几于以文为戏，却都说得高不可攀，见解全超乎形骸之外"（刘凤苞《南华雪心编》）的真正用意。

第七章

生死与梦觉

人生最大的困惑，莫过于生死。生是什么？死又是什么？人从哪里来，又到哪里去？为什么万事万物似乎都有选择，唯独生死却是如此变幻莫测，丝毫由不得人做主？面对这个人生终极问题，我们的先贤大都选择了只谈生，讳言死。即使不得不谈到死，也只是着眼于应当如何善待死者："生，事之以礼；死，葬之以礼，祭之以礼。"（《论语·为政》）"事死如事生，事亡如事存。"（《礼记·中庸》）面对这个人生难题，庄子却能坦然面对，不但提出了"死生一齐"的生死观，而且还描述出了一个令人向往的、美好的死亡世界。

这，就是庄子的与众不同。

在现实世界，人自从出生的那一刻起，便在走向死亡，这是没有人可以逃避的命运。但人的本能却是贪生怕死的，人人都渴望永生不死。于是，就有了秦始皇派徐福率领童男童女入海寻找长生不老之药，有了几千年炼丹术的延绵不绝，有了至今仍方兴未艾的养生热。然而，无论是帝王将相，还是平民百姓，最终没有谁可以免得了一死，"纵有千年铁门槛，终须一个土馒头"（范成大《重九日行营寿藏之地》）。在这样冰冷的现实面前，庄子生死观的意义才凸显了出来。如果说庄子的"逍遥游"意味着生的极致，那么他的"蝴蝶梦"则是死的化境。一生一死，人生的两个境界就这样在庄子的世界中化为了一体。人类最困惑、最沉重的难题，也随之被轻易地化解了，而这一化解的融合剂，便是庄子思想的精髓"道通为一"。

"道"，可以通大小，通美丑，通天地万物；"道"，也能通死生。

一、直面死生

关于生死，尽管先秦诸子各有各的生死观，但总的来说，论"生"远多于论"死"。当孔子的学生季路问到死的时候，诲人不倦的孔子马上一反常态，板起面孔严肃地教训他说："未知生，焉知死？"（《论语·先进》）强调不要追问死后之事，要关心生而不必想到死。孔子忌讳谈死，但对死却又十分敏感。伯牛病重，孔子去探望，隔窗拉着伯牛的手说："亡之，命矣夫！斯人也而有斯疾也！斯人也而有斯疾也！"（《论语·雍也》）孔子最得意的弟子颜回早亡，孔子极度伤心，连连悲叹道："噫！天丧予！天丧予！"（《论语·先进》）

对于死，孔子表露出的是一种无可奈何的悲观情绪，他只能将死亡归结为命运的安排，无法违抗。孔子虽讳言死，但他并不怕死，他是一个为了自己的政治理想不惜牺牲生命的人："志士仁人，无求生以害仁，有杀身以成仁。"（《论语·卫灵公》）在这一点上，我们不应该对孔子有任何的误解。

在生死问题上，老子曾三十九次谈到生，只有十八次谈到死。尽管老子曾提出"出生入死"这样的经典名言，把生与死相提并论，视生死为一种自然现象、一个过程，但他更看重的还是人当如何活着，所以他特别注意到长寿的人只有人口的十分之三，短命早死的却占了十分之三，而自己寻死的也占十分之三。老子把这些现象的产生归结于人求生的欲望过强。（《老子》第五十章）并且通过关注人是怎么死的，告诫人们当如何更好地生。

荀子对死生问题的看法与老子大致相仿。他也视生死为一个过程："生，人之始也；死，人之终也。终始俱善，人道毕矣。"（《荀子·礼论》）他认为人的生是始，死是终，善始善终才是"人道"的最高境界。

　　老子与荀子虽然谈生死比孔子谈得更直接一些，也更多一些，但他们所着眼的并不是人应当如何去面对死，更没有去探索死后的世界，在他们那里，生是生，死是死，生或死是一个相对独立的话题。而庄子对于死，虽然也说"死生，命也"（《庄子·大宗师》），类似于孔子说的"死生有命"（《论语·颜渊》），但庄子却少了孔子无可奈何的慨叹。庄子所谓的"命"有命运的意思在，但更多的还是指"自然"。他是说，人的死生变化犹如自然界的变化一样，不是什么稀奇事，人应该顺从自然的变化，所以他紧接着说"其有夜旦之常，天也"，意思是说生死就像黑夜与白天相互交替一样，是一种常态，死不是"终"，生也不是"始"，死与生是一个无始无终的循环。他还说，生与死不仅是自然运行的一种必然，还跟人生中可能遇到的种种际遇一样无法避免："死生存亡，穷达贫富，贤与不肖毁誉，饥渴寒暑，是事之变，命之行也。"（《庄子·德充符》）

　　庄子虽然也把生死看作一个过程，但他的看法与老子的"出生入死"、荀子的"善始善终"有着明显的差异。老子、荀子都把死看作生命的终结，像是一个句号，所以劝人要善于保全生命，好好地活着。而庄子把句号变成了逗号，认为人死后还有另外一个世界，死不是生命的终结，而是生命的一个起点，是一个新的循环的开始。他曾用一个很生动的比喻说明生死之间的奥秘："指穷于为薪，火传也，不知其尽也。"（《庄子·养生主》）脂膏作为烛薪燃烧之后就会烧尽，然而火种却会传续下去，永不熄灭。人死了，形体在这个世界上消失了，却会在另一个世界里继续存在。站在这样的高度来看待生死，人还需要恐惧什么，还有什么放不下的呢？

二、如同故乡的死后世界

传统的生死观往往把生与死看成对立的两极，而庄子却把这两极完美地融合在了一起。庄子的生死观产生于他独特的"道"的学说。在庄子看来，世间万物都是"道"的体现，生死也不例外。生与死之间只有形式上的变化，并不存在本质的差别。生也好，死也罢，不过是同一物的两面，彼此之间永远不停地转换，循环往复，无始无终，如同自然界的花开花落、四季更替一样。况且"人生天地之间，若白驹之过隙，忽然而已"（《庄子·知北游》），生死的变化，相对于宇宙天地，不过是一瞬间，当然也就生不足喜，死不足悲了。于是，庄子在《齐物论》中针对人们对于死亡的恐惧发出了振聋发聩的诘问：

> 予恶乎知说生之非惑邪！予恶乎知恶死之非弱丧而不知归者邪！……予恶乎知夫死者不悔其始之蕲生乎？

意思是我怎么能够知道贪生不是世人的一种困惑？我怎么能够知道怕死不是流落他乡的游子不知返回故乡的心态？……我怎么能够知道人死之后不会后悔自己当初的贪生怕死呢？在这里，庄子把一个人从生到死的过程比喻为奔波疲惫的游子回归故里的旅途，我们看到庄子不但不惧怕死，反而对那个人人恐惧的死后世界带有几分向往，所以他说也许人死过之后才会后悔当初自己不愿去死。

庄子视死如游子还家的比喻，不禁让人联想到管子与韩非子视死如归的说法。两者字面意思极为相仿，但其中所包含的意义却截然不同。管子、韩非子的"视死如归"是赞赏士兵在战场上奋勇杀敌、勇于为国捐躯的大无畏精神，但是在庄子的世界，死真正成了流浪在外的游子对家乡的回归，死不再是一件让人感到可怕或者无可奈何的事，而让人感到温馨、感到亲近。

不但如此，庄子甚至将死的世界描述得比生的世界更为美好。《庄子·至乐》记述了这样一个故事。庄子在去楚国的途中遇到了一个骷髅，他觉得这个人被抛尸荒野一定另有隐情，于是用马鞭敲打着骷髅问道："你是因为贪生背理犯了罪还是因为国破家亡遭人杀戮才成为这样的？或者你是因为做了错事怕给家人增添耻辱而羞愧自杀才成为这样的？还是由于冻饿致死的？或者你就是因为寿终正寝才成为这样的？"晚上，庄子枕着骷髅睡着了。在梦中，骷髅告诉庄子："你说的那些事都是活人的累赘，你想不想听听人死之后的快乐？在死后的世界，上无君王，下无臣子，没有四季的劳作，人们怡然自得地生活于天地之间，就是当君王也比不过这里的快活啊！"庄子不相信骷髅的话，表示自己可以让司命之神恢复他的生命，让他重返家乡与家人团聚。骷髅听罢，竟然眉头紧蹙，十分忧虑地回答："我怎么会舍弃君王一样的生活而重回人间去遭罪呢？"

生的世界充满了杀戮、劳苦，等级森严，自然是恐怖、黑暗的，而死的世界却无君无臣无劳役，是一种至乐。在这两个世界的对比中，庄子虽然反复申明在"道"的面前，生与死之间并不存在任何差异，但他在渲染死的世界的美好时，实际上是很难在内心深处始终保持冷眼旁观的态度，也无法对现实中种种的不堪视而不见。这也使骷髅所描绘的死亡世界与庄子的终极理想家园"逍遥游"竟有了几分相似之处。这大概也是庄子之所以能够轻轻松松地谈死，坦然地面对死，达观地看待生死的原因之一吧！至此，我们是不是可以说，在庄子心中，死后的世界，就是"逍遥游"的世界？

三、活着才是王道

庄子把死亡世界渲染得如此美好，认为"死生存亡之一体"，但如果你由此得出庄子厌世重死的结论，那就大错而特错了。实际上，庄子非但不轻视生，而且对人当如何去生、如何活着有着极为独到的见解。一部《庄子》，特别是内七篇，无论是讲逍遥游，讲齐物，讲生死一体，讲养生，讲人间世，讲无用之用，还是讲安时而处顺，归根结底还是教人如何好好地活着。庄子把死的世界说得那么炫人耳目、光辉灿烂，真正的目的其实只有一个，那就是要人放下对死的恐惧，劝诫人们不要把有限的生命耗费在无休止的是非之争或因贪生怕死而自我折磨上，人应该更多关注如何保全自己的生命，如何在这个黑暗混乱的世界活下去。庄子甚至说，能够终其天年，充分享受自己的寿命，不死于非命，不半道夭折，那才是最高的智慧。（《庄子·大宗师》）所以，在先秦诸子中，庄子虽然讲死讲得最多，对死的境界也描述得最为美丽，但同时对生也看得最重。每当论及"死"，庄子总忘不了讲"生"。

在庄子的时代，"死生"并非是一个常用词。庄子之前，"死生"连用只在《诗经》与《论语》中各出现过一次。《诗经·邶风·击鼓》："死生契阔，与子成说。"《论语·颜渊》："商闻之矣：死生有命，富贵在天。"老子、孟子一次都没有连用过，荀子用过四次，但在《庄子》中却用到二十余次，这足以说明庄子在正视死、赞美死的世界的同时从来没有忽视过生。特别是庄子的《养生主》是专门谈论人当如何保全自己生命的，而这一篇又紧紧排在《逍遥游》《齐物论》之后，这种编排本身也显示了庄子对生的重视。

于是，我们看到，庄子在《齐物论》终结处刚刚以庄周与蝴蝶的"物化"描述了让人不舍的"栩栩然"逍遥梦幻的世界，一转身就又在《养生主》中大谈无论处于多么恶劣的生存环境，人都要想办法活得顺顺当当，活得有滋有味，实实在在地侃出了一篇"养生经"。

《养生主》开篇便说：

> 吾生也有涯，而知也无涯。以有涯随无涯，殆已；已而为知者，殆而已矣。为善无近名，为恶无近刑。缘督以为经，可以保身，可以全生，可以养亲，可以尽年。

人的生命是有限的，而"知"却是无限的，以有限的生命去追寻无限的"知"，那太危险了。在庄子的"养生经"中，"知"被列为了养生的头号"杀手"。"知"，其实就是是非，执迷于"知"必然陷身于是非的纠缠，让人心力交瘁，生命受摧残。那是一条危险的不归路。

那么，怎样才能好好地活着呢？庄子举了两个例子：做好事与做坏事。他要人做好事不要贪图名声，一出名麻烦便会接踵而来。做坏事也得做得"得当"，尽可能避免遭受刑罚的伤害。说白了就是，你好事可以做，坏事也可以做，只要"不近名""不近刑"，就可以"养生"。读到这里，你可能会问，难道庄子认为人可以"为恶"吗？没错，回答是肯定的。但这并不等于庄子提倡"为恶"。我们知道，在庄子的哲学世界，原本就没有所谓善恶，至少庄子从来不认同这样的伦理道德。在庄子看来，什么善恶名刑，统统都是"外物"强加于人的。为什么在庄子所推崇的人中，有那么多受过刑的兀者？显然，这是庄子刻意为之的，他就是要对所谓善恶表示出极度的蔑视与彻底的颠覆，他要明确地向这个世界宣布，就算是受过刑又怎么样？

　　除了"为善无近名，为恶无近刑"以外，庄子还给出了一个"缘督以为经"的养生秘诀。那么，怎样做才能"缘督以为经"呢？这就是"庖丁解牛"所要回答的了。

　　"庖丁解牛"的寓言，人所皆知。庞然大物的牛，"技经肯綮"，盘根错节，就如同人类所生存的社会一样错综复杂。而人要想在这样复杂的环境中不受伤害地活下去，就必须练出像庖丁那样"以神遇而不以目视，官知止而神欲行"的高超本领，必须用"臣之所好者道也，进乎技"的思路去了解、认识这个社会，"依乎天理……因其固然"地"游"走于社会的夹缝间，只有这样才可以"以无厚入有间，恢恢乎其于游刃必有余地"。请不要对庄子太过苛求，认为他的生存方式不讲原则，不择手段。在"方今之时，仅免刑焉"的社会，侈谈原则、道德，更像是"事不关己"的大话空话。既然社会冲突如此残酷激烈，环境如此黑暗恶劣，只有保全个体生命，保证自己的身体不受伤害，好好活着。除此之外，难道还有更好的办法吗？

　　正是出于如此的考量，庄子在夸赞了庖丁之刀"是以十九年而刀刃若新发于硎"之后，突然话锋一转，开始强调庖丁解牛时极为慎重警觉的另一面：即便技高如庖丁，"每至于族"，则"怵然为戒，视为止，行为迟，动刀甚微"，没有丝毫的掉以轻心，唯其如此，才可保全自己的身家性命。

　　虽然庄子希望人们可以"无近名""无近刑""缘督以为经"，但现实却是"游于羿之彀中"，"不中者，命也"，总会有人由于命运不济而遭受刑罚。所以紧接"庖丁解牛"之后，庄子讲了一个"右师之介"的故事。他说那些不幸"中的"的形残之人，倘若能将人为的遭际归于天意，以一种"安之若命"的态度，坦然处之，从此"忘形"，理解人的形貌、遭际统统出自于天，与人无关，就仍然可以全生、养生。不仅如此，庄子还提出形残并不可怕，最可怕的还是人精神的残缺，那才是对生命的真正威胁。所以在"右师之介"之后，庄子又讲了一个"泽雉之神"的故事。他说沼泽地中的野鸡走十步才能啄到一口食，走百步才能喝上一口水，尽管生活如此艰辛困苦，却并不希望被豢养在笼中。豢养在笼中的家禽，虽然生活无忧，却不可以自由走动，最终的结局很可能是惨死在砧板上。庄子将这样的例子都作为"养生"的秘诀来传授，可知在庄子眼中，心的自在、精神的无拘无束是远远超越于物质的。倘若为贪图衣食无忧而失去自主的心灵，造成精神的残缺，非但不是养生，反而会伤生、残生、害生。这也是为什么庄子拒绝了楚王的重金聘用，宁肯"曳尾于涂中"，也要保持自己精神的独立，享受自在随意的生活。

至此，我们可以清楚地看到，庄子虽然视生死为一体，坦然面对死，但同时又十分重视个体生命的价值，他是站在维护生命价值的基点上，来谈"保身""全生""养亲""尽年"的，唯其如此，他才可以超越道德的"善恶"，完全忽略世俗的刑罚，对形体的残缺视而不见，而专注于人的心灵与精神的健全。在庄子看来，只有好好活着才是王道，这也是庄子贵生、重生、养生的最重要的内容。

四、"鼓盆而歌"

先秦诸子都很重视生，庄子也不例外。但是庄子之所以是庄子，更在于他对死这个别人不愿触及的话题，提出了独一无二的见解。

既然在庄子眼中，死亡是一个"南面王乐，不能过也"的世界，面对死亡他竟会萌发出一种"游子返乡"的急切之情，那么当死亡真正降临的时候，庄子又是怎样显示出他的"异类"特质，表现出他的不同凡响呢？

　　我们见到的第一位人物是《庄子·养生主》中的秦失。老聃死，作为好友的秦失前往吊唁。秦失带众弟子来到老聃灵堂，仅"三号"便退了出来。秦失的"号"可不是今人的号啕大哭，而是在灵前呼叫了三声老聃的名字。秦失的意思很明确，他此行的目的只是来知会老聃一声："您老先走一步，我呢，暂且还留在这里，不过，很快我们就会见面的。"这种有悖人情的吊唁方式，自然引起了弟子的不解。于是，秦失给弟子上了一堂如何看待生死的课。他说："我本以为前来吊唁的人都跟我与老聃一样，对死有着不同于常人的理解，现在看来并非如此啊。我发现来吊唁的人大致可分为两类：一类是由于老聃之死触发了心中隐藏着的失去亲人的伤痛，所以他们就像老人哭自己的孩子，或者年轻人哭自己的父母一样，发自内心地感到悲恸。而另一类人本来不想说什么，也不想哭，可是在这种情况下却不得不跟着哭泣，不得不应和着跟人说几句表示难过的话。无论是哪种人，无论是说真话的还是说假话的，无论是真哭的还是假哭的，都违背了自然之道，忘记了人的自然秉承，是'遁天倍情，忘其所受'。"

　　那么，人，到底应当怎样对待生死呢？用秦失的话说：

　　　　适来，夫子时也；适去，夫子顺也。安时而处顺，哀乐不能入也，古者谓是帝之县（悬）解。

　　意思是该来的时候，老聃来了；该走的时候，老聃走了。老聃顺应自然而生，也顺应自然而死。我们活着的人不必因为看到他生就快乐，看到他死就悲伤。忘掉哀乐，不让哀乐之情侵入自己的心，让心保持虚空，这才是"县（悬）解"。所以，生不是"悬"，死也不是"解"，真正需要解救的是人心，让人心不再受到任何哀痛哀伤之情的搅扰，这才是古人所说的"帝之县（悬）解"。

除了秦失以外，另外两位在对待生死问题上与庄子息息相通的是《大宗师》中的孟子反与子琴张。这两位和子桑户三人是"莫逆于心"的好友。子桑户死后还没有下葬，孟子反与子琴张二人，一人编曲，一人弹琴，竟然相和着唱了起来："子桑户啊子桑户，现在你已经返本归真了，而我们还活着啊。"好友故去，一般人都会哀伤哭泣，而孟子反、子琴张却面对尸体又是奏乐又是歌唱，难怪子贡责备他们不懂礼仪，斥责他们"都是些什么人啊"。可他俩只是相视一笑，回答子贡道："我们怎么会懂你所说的礼呢？"

孟子反、子琴张和子桑户都是得"道"者，对他们来说，死，不是生命的结束，而是新生命的开始。在他们眼中，世俗的一切都是虚假的，是与天道相违逆的，而只有心的世界没有隔阂，没有束缚。无论是生还是死，不过都是天命，是自然，又有什么可哭泣的呢！

像孟子反这样的人，游于世俗世界之外，把活着视为"附赘县（悬）疣"，把死看作"决疣溃痈"。他们根本不在乎死与生先后的顺序，也没有这样的观念，自然也不会去遵循世俗的礼仪，去看世俗之人的脸色。

当然，最为惊世骇俗的，还是庄子本人的现身说法。

庄子的妻子死了，惠子闻讯前去吊丧，看到庄子非但没有伤心落泪，反而敲打着瓦盆在歌唱。惠子对庄子的行为无法理解，于是对他好一番数落。面对惠子的责难，庄子回答道："实情并不像你所说的那样。妻子初死之时，我同样也不免悲伤感慨。但深究起来，这世上原本没有她的生命，岂止没有生命，也没有形体；岂止没有形体，本来连气也没有。在那个恍惚的境地中，她不过是'道'无为无形的存在。后来变化为气，又由气变化为形体，形体变化而有了生命。现在又由生变化为死，犹如春夏秋冬四时的运行一样，又有什么可值得悲伤的呢？如今她已经安息在天地之间，回归本真。假如我在她的旁边不停地呜呜哭泣，那就是不通天命。所以我就不再哭泣哀伤了。"（《庄子·至乐》）

　　这段有关庄子的轶事非常耐人寻味。我们首先可以看到庄子作为一个有血有肉的人与作为一位思想博大精深的哲人之间的矛盾。作为人，与自己生活了一辈子的妻子去世了，庄子岂能不感到悲伤？所以面对惠子的指责，庄子立刻反驳道"不然"。庄子之妻死时庄子五十余岁[①]，此时的庄子，生死观已经形成。尽管他深谙"生死一齐"的道理，可他毕竟是活生生的人，是人就不能完全无情，一旦遇到与个人情感紧密相关的事件，也难以真正做到形如槁木、心如死灰。一句"是其始死也，我独何能无概（慨）然"，可见其妻之死对庄子的震撼是很大的，这时流露出的悲哀伤感才是他最真实的感情。

　　对生死有着独到见解的庄子，理性上，可以将生死理解为四季的变更，深刻理解人本来不过是个"无"，无生、无形甚至无气，他认为人对这个"无"感到哀伤，是荒谬可笑的。如果我们把庄子的这段话与《齐物论》中关于宇宙起源的一段话相比照，可以清楚地看到，庄子对个体生命的起源已经追溯到了连"无"都没有的阶段。他深深懂得，人的生命只是"道"的一种体现。"道"使妻子有了形体，有了生命，她随"道"而来，完成了与自己在一起的"道"所赋予的使命，然后又随"道"而去，回归于原本的"无"，既然如此，自己为什么

---

① 庄子晚于惠子一年出生。惠子享年六十，庄妻死于惠子之前。以此推断，其妻死时庄子五十余岁。

还要悲哀下去呢？这才是作为哲人的庄子对人之生死的思考。然而，毕竟理性与现实之间存在着一定的距离。况且，理性可以制约感情，却并不能完全取代感情。有时，豁达也只是一种无奈，一种境界，但豁达并不等于真的可以绝对无情。我们所能看到的，是庄子坐在那里，面对亡妻"鼓盆而歌"，那么有悖常理却又显得那么超凡脱俗、卓尔不群，但我们怎么会想到，庄子原来也曾经有过"概（慨）然"之情。

终于，庄子要离开这个世界了，《庄子·列御寇》记载：

> 庄子将死，弟子欲厚葬之。庄子曰："吾以天地为棺椁，以日月为连璧，星辰为珠玑，万物为赍送。吾葬具岂不备邪？何以加此！"

广袤的天地是我的棺椁，日月星辰乃至天地万物都是我的陪葬，安葬我的物品已如此齐备，为什么还需要其他的东西？这时的庄子已经将宇宙万物与自己融为了一体。

死之将至，庄子的豁达、乐观、坦然不仅仅是一种超然尘外的标新立异，更显示出他已彻底地摆脱了世俗对生死的偏见，这时他是怀着一种"游子回乡"的热切而又空灵的心境，洒脱从容地迎接自己生命的终结，坦荡乐观地走进天地之"巨室"，安然平静地回归自己生命的原点，去迎接下一次生命的循环。

五、庄子的梦

至此，庄子已经为我们描述了死后的世界，阐述了人当如何面对生死，以及死亡降临时得"道"者的洒脱与超然。然而，毕竟没有人可以死而复活亲口讲述他死后的经历，也没有人对死有过身临其境的切身感受，因此，人们仍然难以彻底克服对死亡的恐惧。即便是参透生死的庄子也无法以自己的亲身经历与我们交流，于是，他就用另一种方式来讲述——从梦与觉的变化中体会出的生与死的差异。

我们知道，庄子很喜欢写梦。先秦诸子中，大概没有人比庄子写梦写得更多了。三十三篇《庄子》记述了十几个梦，仅内篇就有《齐物论》《人间世》《大宗师》三篇写到或涉及梦。倘若当年郭象没有删去那些"或类《占梦书》"（陆德明《经典释文序录》）的章节片段，很可能《庄子》中会留下更多的梦。

说梦记梦并不是庄子的发明，甲骨卜辞中的很多内容都与梦有关。在人不能主宰自己命运的年代，理解与个人生活关系密切的梦所暗示的征兆，对人来说似乎比占卜算卦求诸神灵更显得重要。所以现存先秦典籍中有不少关于梦的记载，也有不少出色的记梦之作，特别是《左传》给我们留下了大量记梦、解梦的文字。例如"晋侯梦大厉"中一连写了晋侯之梦、小宦官之梦、占梦师解梦以及梦的应验等，情节曲折离奇，环环相扣，引人入胜。但是，《左传》中有关梦的记述，无论描述得多么生动有趣，也只是说梦、记梦、解梦或以梦作为预言而已。

而庄子的梦，大多不再是对个人梦境的记述，而是梦的创作。庄子很喜欢用梦来阐发自己的人生理念。例如《人间世》中的栎社树之梦，重点在渲染"无用之用"，《至乐》中骷髅之梦描述了与"逍遥游"境界相似的死后世界。庄子对梦最有创意的领悟，是他从梦与觉中悟出了生与死这两个界限分明却又紧密相连的境界。庄子以觉喻生，以睡喻死，以梦喻人在死后世界的生活。梦本身是虚幻的，但在人人都相信梦对人生有重大意义的年代，庄子的这一"发明"神奇地将原本在现实世界中难以体验、难以言说的死亡化为了真实可感的人生经历。庄子以说"梦"来超越现实，比喻人生，开了"人生如梦"的滥觞。

以梦喻人生是从《齐物论》中瞿鹊子与长梧子探讨死生问题引发开来的。庄子在安排长梧子发出"予恶乎知说生之非惑邪？予恶乎知恶死之非弱丧而不知归者邪"的反问后，紧接着讲了个丽姬出嫁的故事。据说当年晋献公攻打骊戎国，骊戎战败，将丽姬姐妹二人作为礼物献于晋献公。（《左传·庄公二十八年》）丽姬出嫁前，得知自己要背井离乡远嫁晋国，哭得凄凄惨惨戚戚。然而当她真的来到晋国，睡的是舒适方正的大床，吃的是美味珍馐，享受着种种荣华富贵，这才后悔自己当初不该哭哭啼啼。于是，庄子借长梧子之口感慨道：人怎能知道死后不会后悔当初活着时不该贪生怕死呢？用丽姬出嫁前后心情的截然不同来比喻人对生死的误解，在今人看来不免荒唐。但从这个比喻中，我们至少可以在如何对待生死问题上获得这样的启示：人活着，都不免会对未知的世界怀有恐惧，然而一旦真的踏进这个世界，熟悉这个世界，才会发现实际情况很可能与自己预期的截然相反。

丽姬的故事说明，死非但不足为惧，反而很可能意味着另一种美好生活的开始。但即便如此，仍不能彻底消除人们对死怀有的深深的恐惧。人们不知道死究竟是个什么样子，人死之后的世界又该如何验证。在这样的情况下，庄子只得另辟蹊径。庄子注意到，做梦饮酒作乐的人，白天可能会悲痛哭泣；梦中哭泣的人，白天却可能会高高兴兴地出去打猎。在梦中，人们不知道自己是在做梦，而把梦境当成了真实。人还会在梦中请人占卜自己的梦，直到梦醒之后才知原来是梦而已。

那么，人们怎么能够知道哭泣的时候不是在做梦，而饮酒才是真实的生活？人们又怎么能够知道打猎不是真实的生活，而哭泣才是真实的生活？梦与觉之间究竟哪一个是真实的，哪一个是虚幻的？哪一个更可信，哪一个更吊诡？梦，可能是真实的再现，也可能完全是虚假的，更可能是真真假假，真假掺杂，难以分辨。在某种程度上，正是梦的不可知性、不确定性，以及梦的虚幻难解，让庄子发现了梦觉与生死的相通之处。梦中悲哀伤感，醒来却可能轻松愉快，反之亦然。人的生死，不亦如此？说到底，"方其梦也，不知其梦也"，而人对生死产生的困惑，不正如梦觉一样只是人的一种错觉！

　　用梦觉来比喻人的生死的体验，是庄子的独创。人生如梦，梦如人生。芸芸众生虽然日日梦觉，却堪不破死生，何其哀哉？那些活在梦中，自以为清醒或者沉醉于梦中之梦而不知身在梦中之人，难道真的勘不破此中真相？梦如死，生如觉，难道这一简单的人生道理仍需要"大觉"之人方能解得？对于众人的痴迷，我们仿佛可以看到庄子正站在九天之外向着人们冷笑：

　　　　且有大觉而后知此其大梦也，而愚者自以为觉，窃窃然知之。

　　只有清醒且懂得死生的人才明白梦如人生、人生如梦，而那些自以为清醒的人，以为自己什么都明白，其实不过是愚者而已。

　　这里庄子所说的"大觉"，指的是具有大觉悟的人，是看透了生死进入到生死如一境界的人。而"此其大梦也"的"大梦"也非平常之梦，比喻的是人的一生。唯有大觉悟的人，才能明白人生不过是场大梦而已。

　　说到这里，庄子自己不禁也对梦与觉感到恍惚起来，感慨道：现在我与你之间的谈话，究竟是梦还是醒？我为你说梦，其实也是梦。

　　　　君乎，牧乎，固哉！丘也与女（汝），皆梦也；予谓女（汝）梦，亦梦也。[1]

---

[1] 《庄子·齐物论》。这段话是瞿鹊子和长梧子讨论死生时所说的。他们对话中的"丘"指的当是孔子。

所谓"君"，指的是君王，也指所有的高贵者；"牧"，放牧之人，也指所有的普通人。这就是说，不论是尊贵者还是卑贱者，在生死、梦觉这样的问题上都表现出同样的浅薄。你与孔子谈论圣人的事，是你做过的一场梦。现在我跟你谈论梦的事，其实也是在做梦。这场人生大梦，目下谁也无解，只能等待未来了。

> 是其言也，其名为吊诡。万世之后而一遇大圣，知其解者，是旦暮遇之也。

庄子自己也不得不承认，当下他的这些有关死生如梦觉的话会被视为"吊诡"。但是，庄子相信，后世即使长至万年，终究会有"大圣"出现，将其间的深奥隐秘解释清楚，只不过是时间早晚而已。

把梦与觉的界限有意识地虚化、模糊化，梦不再是梦，觉也不再是觉，而呈现出梦亦是觉，觉亦是梦，没有人可以确定这究竟是梦还是觉，以至两者间的区别全然消失，了无痕迹，这正是庄子生死观中所要表述的对于生死转化的看法。如同梦觉一样，生死的转换，也是模糊的，不清晰的，一切都是静悄悄地来，静悄悄地去，没人可以分辨其间的差别，没人可以真正知道哪个是生，哪个是死，正如庄子著名的"蝴蝶梦"所描绘的那样：

> 昔者庄周梦为胡蝶，栩栩然胡蝶也，自喻适志与！不知周也。俄然觉，则蘧蘧然周也。不知周之梦为胡蝶与，胡蝶之梦为周与？周与胡蝶，则必有分矣。此之谓物化。

庄子梦见自己化为一只蝴蝶，轻松地扇动着翅膀翩翩起舞，悠然自在，陶醉于与自己心志完全相适的境界。在梦中，庄子感觉自己就是一只蝴蝶，完全忘了自己原本是庄周。当突然醒来的时候，他才吃惊地意识到自己原来是庄周。这一下，他真的迷糊了，分不清刚才是庄周做梦化为了蝴蝶，还是现在蝴蝶做梦化为了庄周。庄周与蝴蝶一定是有区别的。但是庄周可以化为蝴蝶，蝴蝶也可以化为庄周。这种物我之间的互相转化，庄子称之为"物化"。"物化"泯灭了物与物、人与物、自然也包括生与死之间的界限，彰显了"万物一齐"的思想，而且将人对生死循环的认识升华到了一个如蝴蝶梦般美妙惬意而又神秘虚幻的新境界。

"蝴蝶梦"不但把庄周与蝴蝶之间的转化渲染得浑然天成，而且将死的世界"栩栩然""自喻适志"的美妙自得描摹得扑朔迷离，完全是一片化境。蝴蝶与庄周，哪个是幻，哪个是真？抑或都是幻，都是真？生活在昨天、今天和明天的我都是"我"，哪个是真，哪个又是幻？"蝴蝶梦"以极其优美的笔法、迷离恍惚的意境，"化"了物论，"化"了万物，"化"了物我，"化"了生死。虽则"栩栩然"，轻盈无比，对悦生恶死的迷惘众生却不啻于当头棒喝。

当然，庄子把死说得如此美妙诱人，并不是要人舍生就死，而是要人不必恐惧死。活着，就轻松惬意地活；死去，就坦然心安地死。人生如梦，何不像游子返乡一样"视死如归"呢？更何况，那还是一个"忘年忘义，振于无竟"（《庄子·齐物论》）、没有四时之事的"逍遥游"世界。

六、梦醒之后

庄子"齐"了梦觉，"齐"了生死。在庄子看来，无论是"梦饮酒者"还是"蝴蝶梦"，死都是轻松自然之事，死后的世界甚至成了令人向往、欣羡的"逍遥游"世界。然而，现实人生却并不像庄子的梦境那么简单、潇洒。现实生活中，除了柴米油盐酱醋茶、四时之事以及生死之外，人还逃不脱"病老"的折磨。"病老"是与生死密切相关的又一个人生难关，它往往将人置于欲活不能、欲死不得的两难困境，是对人生更大的挑战。因此，如何对待"病老"，是庄子生死观中必须要解决的另一个重要问题。不过，庄子的伟大就在于他不仅能通了死生，而且也能化解病老之障。

人人都希望健康，可是人人都会生病，都免不了遭受病痛的折磨。更何况那些与庄子一样生活困顿贫穷，属于草根阶层的人们。既然病痛无法摆脱，无从避免，你就是再希望自己健康，再痛恨病老，在造物主面前，也仍然是无能为力的。没有人能够抗拒天命的安排。对此，庄子不是医生，他无法解除人身体所遭受的病痛；但作为哲人，他却可以为人开出"心"药，让人在精神上获得解脱。如果我们可以"安时而处顺"，在"病老"面前如同对待生死一样，"安之若命"，不勉强自己，不去抗拒，一切顺应自然，听其自然，就像庄子在《大宗师》中推崇的那些人一样，我们就可以超越现实，也就可以坦然地面对眼前的一切。

> 子祀、子舆、子犁、子来四人相与语曰："孰能以无为首，以生为脊，以死为尻，孰知死生存亡之一体者，吾与之友矣。"
> 四人相视而笑，莫逆于心，遂相与为友。

庄子为我们推出了这样四个人：子祀、子舆、子犁、子来。他们四人相遇之后，大谈起生老病死的问题，说谁能把"无"当作头，把"生"当作脊背，把"死"当作尾骨，把"死生存亡"当作一体，谁就可以和他们做朋友。说罢，四人相视而笑，莫逆于心，成了志同道合的好朋友。

　　人的生命是从"无"到"有"再到"无"的，死生存亡，循环往复，没有起点也没有终点。可大多数人往往执着于生、厌恶于死，既不能像古之真人那样"不知说（悦）生，不知恶死"（《庄子·大宗师》），也不能像子祀、子舆、子犁、子来一样视死生存亡为一体。所以庄子告诉我们，人生就像是一场旅途，其间的喜怒哀乐并不重要，重要的是在遇到各种无法预料的变数时，仍能保持淡泊超然的心态，对周围乃至自己身上发生的一切变化都不必耿耿于怀，大家都应该像患了重病的子舆那样，直面自己的遭际。

> 俄而子舆有病，子祀往问之。曰："伟哉！夫造物者将以予为此拘拘也！"曲偻发背，上有五管，颐隐于齐，肩高于顶，句赘指天。阴阳之气有沴，其心闲而无事，跰𨇤而鉴于井，曰："嗟乎！夫造物者又将以予为此拘拘也！"（《庄子·大宗师》）

　　对任何人来说，病痛都是个不受欢迎的客人，尤其像子舆这样的重病。一般来说，在这种情境下，好友前来探望，表达的多是同情与安慰。但这四个人之所以能够成为好友，就在于他们对人的生老病死有着共同且独特的看法，把"死生存亡"视为人生的必然。因此面对重病，自然也就会表现得与众不同。在他们看来，无论是年轻时的潇洒英俊，还是现而今的满身病痛，都是"道"的体现，都是造物者的安排。于是在我们眼前，展开了这样一组完全超乎意想的画面：子祀望着朋友变形的身体，就像是在欣赏一件大自然的杰作一样，一句同情的话没有，而病人自己倒十分激动于自己身体的这番变化，急切地发出对造物者的由衷赞美，然后，还步履蹒跚地走到井边，照见自己的倒影，再次对自己身体的变化发出惊叹。

　　不过，如果我们仔细比较子舆在看到自己体形前后所说的两句话，可以注意到这里有三个字的差异。虽然他两次都是在感叹造物者的伟大，但是在看到自己形体之前，他发出的是"伟哉"，而看到自己形体之后却变成了"嗟乎"。"伟哉"是欢呼，是赞美，而"嗟乎"多多少少带着几分感慨，两者之间所流露的语气、心态是颇有不同的。另外多出来的一个字是第二句中的"又"，这个"又"字透露出子舆对自己身体的变化虽能顺之却还不能完全泰然处之的心理活动。不过，子舆内心的这一点点细微的变化，也正是庄子良苦用心之所在。

　　子祀当然也感觉到了子舆内心的变化，于是他问子舆："你是不是厌恶你现在的样子？"此刻，子祀的心情一定是复杂的。他既担心子舆在身罹病患时，会对"死生存亡之一体"的"道"产生动摇，不能"忘形"，从而失去一位莫逆之交的朋友，同时又对子舆的回答怀有极大的期待，希望子舆坚持自己的信念，不要让心中的"道"因自己形体的变化而有所亏损。果然，子舆没有令子祀失望，他说："不！我怎么会厌恶我现在的躯体呢？如果我的左臂化为公鸡，我就用它来报晓；如果我的右臂化为弹丸，我就用它去打小鸟做烤肉；如果我的尾骨化为车轮，我的精神化为骏马，我就乘着它行走，我怎么可能还需要换其他的车马呢？再说了，生是时运，死是顺应自然。安于时运，顺应自然，哀乐就不会扰乱内心。没有了哀乐，这就是古人所说的解脱。那些不能得到解脱的人，是由于为外物所束缚。况且，物不能胜天，我为什么要厌恶自己躯体的变化呢？"

　　子舆的话与秦失吊老聃时发出的宏论何其相似！子舆因形体畸形而产生的心理变化又与庄子妻死时庄子对惠子的那番话如出一辙！可见顺应自然的变化，坦然面对自己身边所发生的一切，不等于人的内心没有任何波澜，也不等于人可以完全摆脱受社会环境影响而具有的人情。

从"蝴蝶梦"的"物化"到子舆心甘情愿"化"为"鸡"，"化"为"弹"，"化"为"轮"，可见"化"是庄子思想中又一个重要概念。"化"既包含了物我互化、生死互化的一体性，又包含了人生历程中生老病死无时无刻不处在变"化"之中的持续性、不间断性。在造化面前，人抗争也罢，顺从也罢，结局都没有任何不同。既然如此，人又为什么不能"安时而处顺"呢？一旦"安时而处顺"，人便摆脱了"物累"，从此"哀乐不能入"，也就获得了真正的解脱。

后来子来病重将死，其妻子儿女围在子来身边哭泣，而子犁见状大声呵斥其家人，要他们走开，不要惊动了正在经历生死之"化"的人。不仅如此，子犁还靠在门口庆贺子来的大"化"："造物者真伟大啊！它要把你'化'成什么呢？它要把你送到何处？要把你变成老鼠的肝脏吗？要把你变成虫子的臂膀吗？"子来回答说："子女对于父母，不管父母要自己去东西南北，只有唯命是从。造物者对于人，无异于父母。造物者要我死而我不依从，我就是强悍不顺，造物者没有任何过错。大地承载着人的形体，年轻时让人操劳，年老时让人安逸，死时让人安息。所以，造物者能让我很好地活着，也能让我很好地死去。现在有一位铁匠在铸造一块金属。金属跳起来说'一定要把我铸造成镆铘宝剑'，铁匠一定会认为这是一块不祥的金属。而人，一旦有了人形，就高叫着'把我造成人，把我造成人'，造物者一定会认为这是一个不祥之人。现在，我把天地当作大熔炉，把造化当作铁匠，我到哪里去不可以呢？"子来说罢便安然地睡去，然后又欣欣然地醒来。（《庄子·大宗师》）子来最后的"成然寐，蘧然觉"是不可以仅仅从字面意义上来理解的，这里当寄寓着庄子以梦觉比喻生死的深意。此时的子来,应该已经平静坦然地顺从于造化的安排,完成了自己的又一次"物化"过程。

如果说,庄子以"道通为一"齐了生死,以梦觉对生死做了形象的阐发,那么,子祀、子舆、子犁、子来四人所奉行的"死生存亡为一体"的人生态度,可以视为庄子"齐生死"思想的现实版。"安时而处顺,哀乐不能入",是贯穿《庄子》的一个主要生存原则,也是由"逍遥游"的理想境界回到现实人生的唯一可行的生存之道。

第八章

修德路漫漫

　　进入"逍遥游"与"蝴蝶梦"的境界，摆脱生老病死以及各种世俗观念带给人精神上的沉重负担，坦然自在地度过一生，是庄子为所有愿走上这条路的人描绘出的一幅美好的图景。图景是庄子描绘出来的，但"路"还得靠人自己一步一步地走。任何人要想修炼到能像子舆、子祀等人那样坦然豁达地面对生死病变而不惊，是需要一个过程的。这个过程根据每个人不同的生活经历以及对"道"领悟的个人资质，或长或短，或易或难，所谓"修行在个人"。这个过程，庄子称之为"修德"。

　　我们前面已经说过，"道家"本来是被称为"道德家"的。作为道家代表人物的老子与庄子，都不仅论"道"，也说"德"。在其学说中"德"所占的分量绝对不轻。现存老子《道德经》"道经"在前，"德经"在后，而马王堆出土的老子著作则是"德经"在前，"道经"在后。庄子思想体系中的"德"的地位虽不及"道"那么高，但庄子却是把"修德"视为通往"得道"的"桥梁"，或者说是"得道"的必经之路径。后人给《庄子》内篇分章命名时专辟《德充符》一章，却没有一篇专门论"道"，可见"德"这个概念在庄子学说中的重要。

一、此"德"非彼"德"

　　《庄子》内篇除《养生主》以外，篇篇见"德"。如果扩展到三十三篇《庄子》的话，"德"字共出现了一百四十余次。本来，"德"这个词并非庄子专属，甲骨文中"德"字就已经出现了。"德"主要有两个意思：就个人修身来说，"德"指人的"品德"；就社会规范、行为准则来说，"德"则指"道德"。品德与道德，二者既相互关联又各有侧重。而庄子文中之"德"，有时采用的也是一般意义上或者是传统意义上的"德"，但在特定语境下，庄子文中之"德"又仅仅属于庄子自己，具有庄子所赋予的特定含义。

　　现存内篇中的《德充符》是专门论"德"的。我们知道，内篇的篇名都是后人起的，并非出自庄子本人。如同《逍遥游》《养生主》等篇名一样，以"德充符"名篇也是深得《庄子》之三昧的。但与其他篇名相比，"德充符"这三个字似乎又多了几分谶纬的神秘色彩。

　　那么，"德充符"这三个字究竟是什么意思呢？

　　现在所能见到的最早对"德充符"三字的解释，来自于崔譔的《庄子注》："此遗形弃知，以德实之验也。"意思是说，有"德"之人忘却形体，去除"成心"，泯灭是非，这才是对人是否"德满"的验证。在崔譔看来，"充"，就是"实"，就是"满"，"德充"就是"德满""德实"；而"符"的意思就是"验"。郭象接受了崔譔"德充"就是"德实"的说法，并进一步解释"符"，认为人的德满之后，万物都会来"符"。（《庄子注》）从《德充符》所描述的一个个形残貌丑之人如何受人大力追捧的情景来看，崔譔和郭象的解释似乎并不算错，他们的说法至今也仍为人所沿用。

　　不过，崔譔与郭象都只看到了《庄子·德充符》中的德满之人如何博人眼球，却只字未提这些修德或德满之人是如何修炼而成的过程，因此他们的解释并没有包括"德充符"的全部内容。从《德充符》中所描述的各种修德的人物来看，"德充符"的"充"当作动词解，如《庄子·人间世》中的"夫以阳为充孔扬，采色不定，常人之所不违"，《庄子·天运》中的"形充空虚，乃至委蛇"等"充"的用法一样。况且《庄子·德充符》谈的不仅仅是人内心"德满"之后就会有外物来"符"，更多的文字论述的还是人从修德开始到德充满内心的修炼，强调的是随着人的修炼，内心之德如何由少而多，由多而完满的一个渐进、积累的过程。庄子所说的"德"是一种内心的活动，而且说"德"是可以修，可以"充"的。

传统意义上的"德"一向也被认为是可以通过修炼而获得的。《礼记·大学》就说："古之欲明明德于天下者，先治其国；欲治其国者，先齐其家；欲齐其家者，先修其身。"其中的"修身"就是修养人的品德与德行。但庄子所说的"修德"可以想见绝不会要人去"齐家治国平天下"，庄子思想中压根儿就没有这样的概念。那么，庄子之"德"究竟包含着怎样的内容呢？

让我们先来看看《逍遥游》中庄子第一次写到的"德"：

> 故夫知效一官，行比一乡，德合一君，而征一国者，其自视也亦若此矣。而宋荣子犹然笑之。

这里"德合一君"之"德"显然不是《德充符》中所特指的"德"，而是传统意义上的君主之德，指的是德行、品德，属于治世之"德"。就凭着"宋荣子犹然笑之"，可以知道此"德"非彼"德"，绝不是庄子所要肯定的"德"。

而后，庄子在《齐物论》中又提到了古代圣人尧之"德"：

> 故昔者尧问于舜曰："我欲伐宗、脍、胥敖，南面而不释然，其故何也？"舜曰："夫三子者，犹存乎蓬艾之间。若不释然，何哉？昔者十日并出，万物皆照，而况德之进乎日者乎！"

舜说尧"德之进乎日者"之"德"，也许果真像舜所称颂的那样，远超太阳的光辉，能使远方小国归顺，这样的"德"当然指的还是治国平天下之德，仍属于品德、道德的范畴，所以此"德"仍非彼"德"。

此外，在《庄子·人间世》中记述的颜回与孔子的对话中，多次提到颜回"德厚信矼""日渐之德""大德"等。颜回的"德"是否就是庄子所特指的、有特定意义的"德"呢？

仍旧不是。

孔子所谈到的与颜回有关之"德"，都与孔子所重视的君子之德有关，指的都是儒家的伦理道德，特别是仁义，也就是孔子所推崇的"为政以德，譬如北辰，居其所而众星共之"（《论语·为政》）的"德"。与庄子之"德"仍相距十万八千里，此"德"仍非彼"德"。

总之，无论是"德合一君"之德、尧"进乎日"之德、颜回的"德厚""大德"等统统都没有被庄子看上，一概被他否定了。那么，什么样的"德"才是庄子看得上的"德"？什么样的"德"才是他所要肯定的"德"呢？

二、庄子之"德"

庄子第一次正面谈到他心目中的"德"是在《逍遥游》中描述"神人无功"时：

> 藐姑射之山，有神人居焉……其神凝，使物不疵疠而年谷熟……之人也，之德也，将磅礴万物以为一，世蕲乎乱，孰弊弊焉以天下为事！

神人居住在遥远的藐姑射之山，他神力凝聚，便可使天下万物不再遭受疾病灾害的折磨，五谷丰登，到处呈现一派丰衣足食的景象。他的德行，可以包容天下万物，使万物为一。尽管世人都在为治理天下忙着建立功名，神人却全然不把这些当作一回事。如此，神人又怎么可能会为这些琐事而费心劳神呢？

建功立业，几乎是所有文人士子所憧憬、所倾力奋斗的目标。为什么庄子对神人特别提出了"无功"的标准？这是否意味着神人不会从事任何建功之事呢？倘若果真如此的话，我们就无法理解为什么庄子要特别说"其神凝，使物不疵疠而年谷熟"。可见庄子所说的"神人无功"的前提是"神人有功"却不以"功"为"功"，完全没有世俗世界中"功"的概念，这才是"无功"的真实内涵。不过，这只是说神人之"功"。那么，什么又是"神人之德"？让我们再来看一遍《庄子·逍遥游》中的原话："之德也，将磅礴万物以为一，世蕲乎乱，孰弊弊焉以天下为事！"神人之"德"原来是可以磅礴万物，包容一切的，这样的"德"其实就是"万物一齐"的"道"在个体生命中的体现，这样的"德"可以将万物之间美丑、高低、贵贱的差别统统化为一体。拥有如此之"德"的人，自然与忙忙碌碌致力于治乱的世俗之人格格不入，也就更不屑于把天下这点儿俗事放在心上了！由此可见，"神人无功"，就是神人之"德"，也就是庄子所赞美之"德"。

如果用神人之"德"作为标尺，来衡量庄子曾经谈过的一君之"德"、颜回之"大德"、尧"进乎日"之"德"，不难看出这两种"德"是完全不同的。神人之"德"与"道"是一个统一体。庄子之"道"是万物的本源，是决定万物之所以如此的本体；而庄子之"德"则与传统的社会伦理道德毫不相干，是指人经过不断对"道"的体验，不断升华对世界、对自然、对人生的理解，不断净化心灵，最终与"道"融为一体而呈现出的特有的品质。正是在这个意义上，庄子之"德"

才与个体的人发生了联系，也才有了一系列修养其德、充实其德或者终能德满、使万物来符的有德者。

这其中，有两个人物特别值得注意。

一个是颜回。当颜回得知卫国国君残暴无道，逼得老百姓活不下去，他热血沸腾地向孔子辞行，决心以孔子的政治理想与治国之道去解救卫国老百姓于水火之中。然而，当孔子得知颜回只是想用儒家之"德"去教化卫君，阻止卫君暴行时，立即警告他说：你用"日渐之德"都不能使卫君有任何改变，何况"大德"？假如你去卫国，就是想用你的"大德"感化卫君的话，无异于找死。在孔子的开导下，颜回不仅放弃了以"德"去感化卫君的打算，而且通过"心斋"净化了自己的心灵，忘却了自己受到世俗"污染"的"德"，进入了"虚"的境界。这时，孔子才终于认可了颜回，认为这才是人的立身之本。(《庄子·人间世》)

在这个故事中，我们看到原来传统之"德"就是人生之大害，是对人的生命的威胁，只有忘掉传统之"德"，不以"天下之事"为事，才能体悟到什么是庄子之"德"，也才能与"道"为一，保全自己的性命。庄子的世界是一个心灵的世界，也是一个与世俗、现实截然不同的世界。在这里，"德"不是"形"的事，而是"心"的事。所以庄子心中的"至德"就是让"心"变得纯粹，一片虚白，不受任何外界的打扰。这样的"德"当然也只属于那些彻底看透了这个世界的罪恶，对现实无所留恋、不再怀有任何期待的孤独者。这是每一位热爱庄子的人都可以从他的文字中感受到的。

另一个人物是支离疏。他与典型的文人士子颜回显然分属两个泾渭分明的社会群体。支离疏是个残疾人，他能自食其力，还能养活别人。由于身体残疾被政府免除了兵役、劳役，在政府征兵征劳役时，他人避之唯恐不及，而支离疏却旁若无人自在地游走于大街上。对支离疏，庄子发出了这样的感慨：

> 夫支离其形者，犹足以养其身，终其天年，又况支离其德者乎！

　　"支离其形"就是忘形，忘形之人尚且可以全身养生，何况"支离其德"，也就是忘德之人呢。[①]原来，庄子要说的"修德""充德"，其实就是要忘却、抛弃传统意义上的"德"。

　　人，都是社会的人，都在不同程度上受到社会伦理道德的约束与局限，在庄子看来，这样的约束与局限严重损害了人本心的"德"。事实上，在我们的日常生活中，也不难看到，当人的行为举止"举世而誉之"时，人往往会更加努力，而当"举世而非之"的时候，就难免陷入抑郁沮丧，严重的甚至会危及生命。这就是庄子说的传统之"德"对人的巨大杀伤力。因此，庄子认为，修德、充德的关键就在于忘却一切与"道"相悖的东西，包括"德""名""功""己"等。于是，我们看到颜回通过"心斋"，内心发生了彻底的变化，《庄子·人间世》曰：

> 虚室生白，吉祥止止。……鬼神将来舍，而况人乎！是万物之化也，禹、舜之所纽也，伏戏、几蘧之所行终，而况散焉者乎！

　　"虚"，就是一无所有；"室"，指的是颜回的内心；"散焉者"，指普通人。庄子这里描绘出的是"心斋"之后所带来的一片光明灿烂、明媚无限的画面。假如人的心灵能进入这样的境界的话，鬼神都会前来依附，更何况是人！"虚"就可以容纳万物，这是禹、舜所掌握的

---

① 成玄英《庄子疏》："夫支离其形，犹忘形也；支离其德，犹忘德也。"

要领，也是伏戏、几蘧终身行事的准则，普通人就更不用说了。至此，颜回最终是否还要去卫国，庄子已经完全不再留意。他关心的是，人怎样才能在这个社会找到一席容身之地，怎样才能保全自己。

这，就是庄子对人的关怀。当你在这个社会生存艰难，却又无法逃离这个社会，庄子能够告诉你、教你的，就是如何躲进一个只属于你自己、一个外人无法干涉的内心世界，去享受别人所无法体会的内心的恬静高远。这种躲避就是彻底忘了世俗之"德"，忘了与之相关的一切杂念，忘了外在的世界，不再以天下为事，最终心中虚空，一片清明，也只有在这时，你才能领悟到什么是"天地与我并生，而万物与我为一"，"独与天地精神往来"的"道"的精神，也才算得上是"德满""德全"或者"德不形"。可以说，庄子之"德"，就是要人通过类似"心斋"这样的修炼，逐渐忘却传统之"德"，忘却形体，最终在心中进入"无"的境界。一旦"忘"到"无"的程度，那就是德满、德全。庄子之"德"是人经过修炼可以达到的一种心态，或者说是进入的一种心灵的境界。

三、"放不下"的郑子产

《庄子》中的理想人物，如藐姑射之山的神人，从外貌到内心都是尽善尽美，完满无缺的。"肌肤若冰雪，淖（绰）约若处子"，是多么纯洁无瑕！然而，《德充符》所写的现实社会中的"德满""全德"之人，不是被砍掉了一只脚，就是丑得骇人。难道在庄子眼中，只有这样的人才需要修德？或者庄子的意思是说连受过刖刑之人、奇丑之人都能通过修德得"道"，何况形全之人！这样的解释其实只是今人的一种揣测。真正值得注意的是，在庄子的观念中，形与德不仅是完全不同的两码事，而且常常呈现出对立的状态。形不全的人往往德全，而形全之人却往往德不全。或许是由于形全之人接受了更多的传统伦理观念以及社会风气的影响，在精神上反而更可能成为畸形人、残疾者？从这个角度来看，庄子很可能是要颠覆人们心中已有的传统观念，同时暗示现实与理想之间的巨大差距。

于是，我们看到《庄子·德充符》中第一位出场的全德之人，便是一位受过刖刑被砍掉了一只脚的王骀。

按照剧情设定，王骀是老师。这位老师绝对不同寻常。他授课时，站在那里什么也不教，坐下来什么也不谈论，而学生入学时腹中空空，到"毕业"时居然就装满一肚子的"学问"了，所谓"虚而往，实而归"。当然，这个"学问"得加个引号才行，因为这样的"学问"一定不是传统意义上的。对这样一位富于"德"的光彩的形残之人，连孔子也发出了由衷的赞美：王骀，圣人啊。我都将拜他为师，何况那些还不如我的人呢！再说岂止是鲁国，我要引导天下所有人都追随他学习。（《庄子·德充符》）可见其魅力！

这就是说庄子之"德"可以学，可以授。然而，由于人的悟性不同，禀赋各异，心灵被扭曲、异化的程度也存在着差别，每个人修德的道路都不同，遇到的困难阻力也会有很大的差异。但无论如何，只要有心，仍然可以修德、充德。

在这修德的人物系列中，庄子推出来的第一位学生是郑子产。

郑子产是一位历史真实人物，与孔子同时，是春秋时期郑国著名的政治家、外交家。他在郑国主政期间，改革内政，慎修外交，带来了郑国的中兴。孔子对子产给予了高度的评价，称子产为"惠人"（《论语·宪问》），并说子产有古人仁爱之遗风（《左传·昭公二十年》）。

庄子选择这样一位被视为"春秋第一人"①的大人物作为初入修德之门的学生，而且要他与一位受过刖刑的申徒嘉同在伯昏无人门下修德，这会是一种巧合吗？

　　庄子通过对这两个人同出同进同坐同上课所发生的一桩桩小事的记述，说明人对"德"的悟性与"形"无关，与社会地位、人生经历无关；人心之"德"虽有高低深浅之别，但人是可以通过修"德"逐渐领悟到"德"，修得"全德"的。

　　故事一开始，庄子先交代说"申徒嘉，兀者也，而与郑子产同师于伯昏无人"（《庄子·德充符》）。两个社会地位、人生阅历相差如此悬殊之人成了同学。这样特殊的人物在这样特殊的环境相遇，又要跟随这样特殊的老师学习这样特殊的课，矛盾要想不发生也难。两人相遇的第一天，仅仅凭着第一眼的印象，子产就打心底里认为自己这样一个位高权重的人与一个受过刖刑的罪人共同出入是件很耻辱的事，他对申徒嘉说："我先出则子止，子先出则我止。"子产的话虽说得不是那么剑拔弩张，但火药味儿还是有的："我先出，你就止步；你先出，我就止步。"言外之意：不要与我同进出！他所在意的是社会的尊卑秩序，是自己的地位名望，岂能容忍一个受过刑罚的人与自己同进同出同行？然而申徒嘉已经追随伯昏无人修行十九年，他眼中只有子产，却没有权贵。他既不以自己曾遭受刖刑为卑，也不以子产的执政者身份为尊，对子产的话，自然充耳不闻。第二天，他仍然与子产"合堂同席而坐"。

　　这次，子产终于忍不住爆发了，对申徒嘉说："如果我先出去，你就止步；如果你先出去，我就停步。现在我要出去了，你可以止步吗？

---

① 王源：《文章练要》，哈佛燕京图书馆。

还是不可以呢？你看见我这样的执政大臣都不回避，难道你把自己看得跟执政大臣一样吗？"

看来子产在伯昏无人面前还勉勉强强可以接受与申徒嘉"合堂同席"。一旦下了课，出了教室，就一定要维护自己堂堂执政者的尊严了。意想不到的是，昨日明明已经跟申徒嘉把话说得一清二楚，不要同进出，可申徒嘉竟像没听见一样，依然我行我素。这也就怪不得子产要发作了。子产的话带有很强的侮辱性，明摆着就是在提醒申徒嘉别忘了自己的身份。确实，一呼百应、决策于庙堂之上的执政者，岂能心甘情愿地与一位身上仍打有"罪犯"烙印的人并肩而行呢？子产这样过激的反应，不要说在他那个时代，就是在今天，也很常见。庄子为什么要这样写始入伯昏无人门下的子产呢？一方面他是要说世俗的尊卑是非观念带来的歧视与偏见在人心中是如何的根深蒂固，难以铲除；另一方面也指出修德起步之艰难，说明修德的道路注定是一条需要不断自我反省、不断进行自我净化的漫漫长路。

于是，"天降大任"于申徒嘉。庄子特意安排这位形残的兀者给位高权重的子产上第一堂修德启蒙课，来教训这位自命不凡的执政者。申徒嘉说："在先生的门下，难道有你这样的执政者吗？你为自己是执政者而得意就可以不把别人放在眼里吗？我听说：镜子明亮，灰尘就不会落上；落上了灰尘就说明镜子原本就不明亮。常与贤人在一起就不会有过错。你如今来到先生门下是为了修大德，竟然说出这样的话来，不是太过分了吗？"

子产的问题是他的心已经被蒙上了厚厚的灰尘，自己却浑然不觉，因此放不下自己执政者的身份与地位，意识不到在伯昏无人的门下，根本就不存在执政者与兀者的区别，所以申徒嘉给他上的第一堂课就是要他彻底丢掉自己执政者的身份，抛却名声与地位这样的世俗观念，拂去心中的尘埃，让内心明亮起来。在申徒嘉心中，投师伯昏无人先生门下，人人都一样：名声算得了什么？执政的地位又算什么？受过刑又怎么样？形不全又如何？他们之间只有修德境界高低、修德时间长短的差异，不存在什么尊卑贵贱之别。作为师兄，申徒嘉还提醒子产投在先生门下修德的目的是"取大者"，应该踏踏实实地跟着先生学"万物一齐"之"道"，修"丧我"之大"德"。如果入了先生门，却还要大谈什么执政不执政，硬要高人一等，难道不觉得自惭形秽吗？

然而，久在朝堂之上的子产，其心中的固有观念不是那么轻易就会改变的。虽然申徒嘉所说句句振聋发聩，但遗憾的是，子产仍然没有听进去，他不仅没有意识到自己心灵的局限，反而反唇相讥道："子既若是矣，犹与尧争善，计子之德不足以自反邪？"

"子既若是矣"指申徒嘉已经因犯罪受过刖刑成为兀者了。在子产看来，这样的人怎么有资格与自己争长论短？更过分的是，子产还毫不客气、字字戳心地要申徒嘉进行一番自我反省。言下之意是说申徒嘉之所以会遭受刖刑就是由于他的"德"有残缺，违背了社会基本伦理道德。

至此，我们已经可以清楚地看出，庄子之所以要拎出子产在这里"示众"，一方面要说明唤醒执迷不悟者委实不易，另一方面也要告诉我们立志修"德"，拜在名师门下，并不意味着就能轻轻松松地"实而归"，如果不能放下心中的成见，很可能会连"德"的皮毛也碰不到。要修德，就必须学会正视自己，反省自己，放下曾有的一切，不断拂去心中的灰尘，摆脱世俗的执念，只有这样，人才能真正领悟"道"的真谛，在"道"的层次上实现"德"的完满。

最终子产究竟能否幡然悔悟，放下自己心中的种种障碍，顺利度过修德之路的初级阶段？让我们暂且给大家留下一个悬念。

四、日渐"放下"的申徒嘉

子产的执着与"放不下",其实,也正是当年申徒嘉初入师门时境况的真实写照。只不过,两个人代表了现实社会中尊与卑、荣与辱相关的两个截然相反的群体。

子产自称"执政",显然他入伯昏无人门下时在政坛上正值炙手可热的人生巅峰时期。而初入师门的申徒嘉,却正处于刚刚遭受刖刑的人生低谷。庄子选择这样两个命运大相径庭的人物,安排他们同门修德,显然是别有深意的。对于普通大众来说,这两人之间完全不具备可比性。但在庄子眼中,这两个人却并无根本的区别。子产自恃执政而歧视兀者,形体虽健全,社会地位虽高,但从精神上来说仍旧是一个残疾人!"岂唯形骸有聋盲乎?而知亦有之"(《庄子·逍遥游》),说的就是子产这样自以为是、自以为了不起的人!对于曾遭受刖刑而导致形残的申徒嘉们,他们虽然不免会由于社会的歧视而执着于自己的过失,"放不下"自己曾有过的人生经历,庄子反而寄寓了更多的理解与同情,甚至认为这些形残之人离道、离德更近些。所以当子产以"子既若是矣,犹与尧争善,计子之德不足以自反邪"谴责申徒嘉时,他是这样回答的:辩解自己的过错,认为自己不应当受到断足处罚的人多;而不为自己的过错辩解,认为自己应当受到刑罚的人却很少。知道事情的无可奈何却能坦然处之,顺从命运的安排,只有有德的人才能做到。

子产所说的"德"与申徒嘉所说的"德",用字完全相同,含义却迥然有异,甚至是针锋相对的。既然子产以传统意义上的社会道德标准之"德"来说事,那申徒嘉便以庄子之"德"进行反击,可谓以其人之道还治其人之身。庄子之"德"，是摒弃了是非荣辱尊卑贵贱等观念之后"万物一齐"、人人同一的一种最高的"德"。这种"德"教人如何在无可奈何、无路可走的现实中，平静坦然地接受命运的安排，安时顺命，顺应自然。现实的力量是强大的，是个人所无法扭转的，既然命运的安排无法抗拒，那为什么要去硬撞南墙，硬去与命运抗争呢？庄子的"德"把人的生命看得重于一切。为了全身养生，就必须要有"知其不可奈何而安之若命"的人生态度。这才是申徒嘉在伯昏无人门下所修之德，也是子产所需要学习的德。

　　庄子把"德"与"命"联系在一起，是很有意义的，这也是庄子人生哲学的独到之处。人在无法改变现实、无法有所作为的情况下，只能将一切归之于命，并顺应于命，这才是有德者的智慧。倘若我们脱离了庄子生活的时代与社会背景，去空谈庄子之"德"，难免会把庄子之"德"简单化、标签化甚至脸谱化，只有把他的思想放到他的那个时代、社会背景中去考察，我们才会理解庄子思想的深刻以及他对人的终极关怀。《庄子·德充符》说：

　　　游于羿之彀中。中央者，中地也；然而不中者，命也。

　　这不但是申徒嘉面临的社会现状，同样也是子产所面临的社会现状。人人都生活在羿的射程之中，被射中是必然的，不被射中是偶然的。无论射中与否，那都是命。在这样的社会中，你当执政者，是命；而我遭受刖刑，同样也是命。你不必为你侥幸所获得的执政之命而自得，我也不必为命中注定要遭受的刖刑而自卑，这才是真正有德者所能做的。从"德"的角度来看，我们两人之间只有幸运与不幸的差异，一切都是命决定的。

当然，申徒嘉能达到这种"知其不可奈何而安之若命"的人生境界，并非一日之功，而是经过十九年追随伯昏无人修炼才领悟到的。申徒嘉坦诚地说："以前有不少双脚齐全的人讥笑我只有一只脚，每次听到我都会勃然大怒。自从到了先生门下，我的怒气完全消失了。不知道是不是先生以德洗涤了我的内心？我跟随先生学习已经十九年，还从不曾意识到我是形残之人。"

申徒嘉这段有关他人生经历的描述，以及他入师门前后的心理变化，说明无论是位高如子产还是位卑如申徒嘉，在修德的初期都会有自己放不下的东西。申徒嘉受刑之后，面对世人的讥笑，他也曾怒不可遏，但"怫然而怒"又能如何？申徒嘉是在被社会压得变了形且无路可走的情况下，才来到伯昏无人门下寻求一块净土。在经历了与伯昏无人朝夕相处十九年修"德"的潜移默化，申徒嘉不仅消除了怒气，内心深处也发生了巨变："吾与夫子游十九年矣，而未尝知吾兀者也。"入师门多少年来，伯昏无人从不曾意识到申徒嘉是兀者，十九年后，连他自己也忘记自己是形残之人了。

申徒嘉内心的变化反映了修德者在修德之路上内心之"德"不断充实、不断净化的过程。这也是一个不断洗涤内心所感受到的种种是非荣辱，不断"放下"各种纠结于心的精神负担，不断追求真理的过程。十九年了，刖刑给申徒嘉在身体上与心理上造成的伤痛应该已经大大减轻，但是"未尝知吾兀者"一句说明他心中仍然存在着兀者的阴影，还没能彻底地"不知"，彻底地"忘"，彻底地"放下"，因此，子产的一番话仍能勾起他对痛苦往事的记忆。

然而，申徒嘉毕竟经过了十九年修德的历练，所以他对子产的挑衅与傲慢尚能以平常心待之。不过，按照庄子的要求，他尚未达到炉火纯青的地步，还不能避免为外物所搅扰，对他人的攻击，也还不能全然无动于衷。因此，他还会为自己辩解："现在你我都拜师于先生门下，寻求的是德。德是形骸之内的事，所以我们要努力达到的是'游于形骸之内'，也就是游于德的境界，然而你却以形骸之外的东西要求我、衡量我，不是太过分了吗？"

"形骸之内"的德是伯昏无人传授之德，也是庄子"德充符"所重点阐释的德，"形骸之外"的德则是子产所说之"德"，是传统意义上的社会伦理道德。申徒嘉经伯昏无人"洗我以善"，洗去的是子产所说的"德"，而获得的却是"知其不可奈何而安之若命"之"德"。申徒嘉的一席话句句击中子产的要害，而又言之凿凿、义正词严，以至于"子产蹴然改容更貌曰：'子无乃称！'"子产在申徒嘉的教诲下，终于幡然悔悟，意识到自己与申徒嘉们之间存在的巨大差距，迈出了"游于形骸之内"的第一步。这个有关子产的悬念至此总算有了分晓。

子产的转变说明修德充德之路是由反省世俗之德开始的。人们只有通过"忘形弃知"，彻底放下原来心中所有的各种世俗观念，忘掉自己的过去，以"安之若命"的心态看待过去、现在和将来，才有可能最终成为"有德者"。申徒嘉的现在，就是子产的未来；子产的今天，也是申徒嘉的当初。而最终，无论申徒嘉还是子产，都将如同王骀、伯昏无人、哀骀它等人一样，进入"游心于德之和"的境界。

五、恶人哀骀它

在修德的道路上，子产、申徒嘉等虽已上路，但距离成为"全德之人""德全者"仍然任重而道远。什么样的人才算得上是真正的"全德之人"或"德全者"呢？除了我们前面已经认识的畸人师者王骀、伯昏无人等以外，庄子格外推崇的另一位生活在常人中间的"德全者"

是哀骀他。与王骀、申徒嘉、叔山无趾等因受刖刑而形残不同，哀骀他是一位天生"以恶骇天下"的人。

"恶人"可千万不要理解为坏人，"恶人"这里是指人的相貌奇丑无比而已。鲁哀公是鲁国国君，一天他问孔子："听说卫国有个叫哀骀他的人相貌奇丑。可男人与他相处，会依恋他而不愿离开；女人见到他，会对父母说，与其嫁给他人做妻，不如嫁给哀骀他做妾。这样的事竟然发生了十几起了。"比起王骀的"言不教，坐不议"，哀骀他的魅力似乎更加诡异。这让鲁哀公感到十分困惑。他甚至还专门分析了"哀骀他现象"产生的原因，注意到哀骀他除了相貌丑陋以外，并没有任何特别之处。哀骀他一无权势，既不能给人开后门，救不了人命，也无俸禄钱财，连请人吃顿饭的钱都没有；还没有才干见识，只会附和他人。可就是这么一个要什么没什么、还有点傻乎乎的丑八怪，却创造了人间奇迹：他不但赢得了异性、同性的青睐，甚至连鸟兽也被吸引到他的身边来。这究竟是怎么回事呢？鲁哀公死活也想不明白，但他坚信哀骀他必有与众不同之处。于是，鲁哀公利用自己的权力召哀骀他进宫，与他相处不久，便对他十分信任，甚至想把国家大事委托给他。然而，这样的器重与信任却是哀骀他避之唯恐不及的。结果鲁哀公非但没有留住哀骀他，却导致他早早离去。为此，鲁哀公"寡人恤焉若有亡也，若无与乐是国也"，感到戚戚然，禁不住发出了"是何人者"的感叹。

的确，哀骀他究竟是个什么样的人呢？当初，鲁哀公说哀骀他一定有什么与众不同之处，确实说到了点子上。庄子写"哀骀他现象"，显然是要用这种完全背离常人对形貌期待的写法，颠覆人们对"形"的成见，突出"德充符"的主题：真正具有魅力且能让人产生强烈震撼的东西，不是来自"形骸之外"，而是来自"形骸之内"，是人心中的"德"，也就是说内在的"德"的力量才是最强大的，也是最有吸引力的。

庄子把哀骀它这个人物本身描述得如此夸张，其中所寄寓的思想是极为深刻的。庄子要表述的就是：什么权势、什么财富、什么才干、什么形体，在"道"与"德"的面前非但不重要，而且可有可无。在鲁哀公以及所有人面前，哀骀它形体的丑陋已经彻底被忘记、被忽略，人们的注意力完全集中在了他超越形貌的"德"的魅力之上。哀骀它身上"德"的魅力告诉我们，对人来说，心的充实与超脱才是最重要的、起决定性作用的，而形不过是外在的、表象的东西而已。那么，世上是不是有人既拥有健全完美的形体外貌，同时又"德全"呢？或许有这种可能性。但是在这个"游于羿之彀中"的"猎场"，更多的人或形残或奇丑，而健全完美的人却多是德残之人。正是基于这样残酷的现实，庄子才刻意选择了这么多畸人、残疾人、恶人作为"德全之人"，以反差强烈的方式强调"举莛与楹，厉与西施，恢恑憰怪，道通为一"（《庄子·齐物论》）。

这里，庄子还提出了一个重要的有关"德"与"形"关系的问题。

如果说《庄子·德充符》中首先推出的三个兀者，主要是通过"形残"与"德全"的对比，说明受过刑罚之人不但同样可以成为有德者、德全之人，而且其"德"往往超越了形全者，那么哀骀它的故事，就是从"形残"与"德全"的对比，转向了对"形"与"德"关系的探索。

于是，针对鲁哀公的疑问，庄子借孔子之口讲了一个"狗子食于其死母者"的故事。故事说一群小猪在刚刚死去的母猪那里吸吮乳汁，不一会儿小猪就都惊慌地抛弃母猪跑掉了。母猪活着时，小猪在它身上看到了自己，感到是自己的同类，自然会亲近母猪。然而一旦生命终结，母猪的形体虽在，但小猪在母猪身上看不到自己，感觉不到是自己的同类，自然也就会离去了。这就是说，小猪爱的是母猪的"生命"或者说是"精神"而不是她的形体。

这个故事说明形体只是精神、生命的寄托之所，在精神、生命面前，形体微不足道。所以，"德"的最高境界是"忘形"，但"忘形"不等于无"形"。一旦无"形"，人的精神、生命也就失去了寄托之所，内在的"德"也就无法体现出来了。尽管哀骀他的形貌"恶骇天下"，但同时也是他的精神、生命的载体，他内在的人格魅力、他的"德"都需要通过这样一个奇丑无比的形体展现出来。同时，如同小猪爱其母，是"爱使其形者"一样，人们被哀骀他吸引，也是爱他的精神，爱他内在之"德"。倘若没有哀骀他的内在精神，没有内在之"德"，他的形体本身也就毫无意义了。可见，庄子写哀骀他强调的是人虽不可脱离"形"，但是"德"的魅力却足以使人忘记形的残缺、形的丑陋。

六、"和"是德的最高境界

至此，我们已经认识了初入修德之门的子产，熟悉了追随伯昏无人修德十九年的申徒嘉，并通过鲁哀公的观察知道了"恶骇天下"的哀骀他的独特魅力，然而，由于鲁哀公自身的局限，我们对哀骀他的了解仍然十分有限，甚至是片面的、表象的，我们还不曾触及这些"德全者"的内心世界以及他们所达到的"德"的最高境界。那么，像王骀、哀骀他这样的全德者又有着怎样的精神世界呢？

常季曾执着于王骀的刖刑，一再强调王骀是兀者，不相信一个受过刖刑之人的"德"会超过孔子，于是孔子从生死这个人生的根本问题上为常季解说道：像王骀这样的人就是对死生这种大事也无动于衷。即使天翻地覆，也不会觉得自己失去了什么。由于他什么也不依赖，因而可以不随着外在世界的变化而变化，可以顺从万物之变守住道的根本。从孔子的这番话中我们可以看到：作为一位有德者，首先得看破生死，不让生死的变化引起内心任何的波动。其次，虽然天地永远处于变化之中，但外界的变化对有德者不起任何作用，他们的内心是不会随着外界的变化而变化的。最后，能顺从万物之变而始终与"道"为一，也就是"知其不可奈何而安之若命，德之至也"（《庄子·人间世》）。

乍看起来，对生死之变、万物之变都保持自己内心不变，似乎与"命物之化而守其宗"（《庄子·德充符》）是相互矛盾的。其实不然。只有守住内心的"道"不变，坚守住自己的底线，才可以在对外界之变无可奈何的情况下，顺应外在世界的变化，在心中超越一切，安之若命，这样才算进入了德的最高境界——德之至。

当一个人真的达到了"德之至"的境界，就再也不会看到此物与彼物之间的不同，也就可以泯灭一切"形"的差异，只体悟到万物与"道"相通的一面。正如《庄子·德充符》中所说的那样，由于人们看问题的视角不同，结论也就随之不同。即便只有肝与胆间的距离，从差异的角度看，也会觉得如同从楚国到越国一样遥远。但如果从相同的角度看，万物都是同一的。假如人都能这样看问题，外界与自己相关或不相关的事就都不能触动自己，心就可以永远游于"德之和"的境界。这也是为什么王骀对自己失去了一只脚感觉就像是扔掉了一把泥土一样，完全感觉不到自己形体的残缺。

在这里庄子真正要强调的就是，德全之人不仅不会因为任何外界的变化而动心，而且会始终保持心的平静，但他们又可以顺应万物的变化，顺应自然，"游心乎德之和"。也就是说，于心，人要时时游于"和"的境界，保持内心的平和纯粹，让心像镜子一样光亮没有灰尘，不论外界如何变化，万变不离其宗；于形，则要"遗形弃知"，安然地顺从于万物之变，这样才可以像庖丁手中的刀一样自如地游走于筋骨盘节之间。

对于这些有德者、德全之人，除了"游心乎德之和"以外，庄子还提出了"德不形"的概念。什么是德不形？孔子回答说，最平的，是静止的水。它可作为取法的准绳。内心保持静如止水，就不会因外在的变化而产生任何涟漪。德的最高修养就是内心的平静和谐。德不彰显流露于外，万物自然会依附你而不离弃。

这段有关"德不形"的解释，是对"游心乎德之和"的补充。"德不形"进一步强调德是内心的事，说明"游心乎德之和"的一个重要特征就是人的德不应当形于外，也就是不能在人面前彰显自己的德。这就像《庄子·人间世》中颜回赴卫之前，孔子告诫颜回的那样，凡是想以"德"化人的人必定会招惹灾祸。而要做到"德不形"，那就要让内心永远保持平静，如"水停之盛"。只有这样，人才不会因外在的变化而引起内心的改变。可见庄子之德的最高境界，就是内心平静如水，是"成和之修"。德是个人的修养，是为自己，而不是为了他人，更不是为了作秀。这才是王骀、哀骀他等有德者可以展示出强烈的内在感染力的主要原因。倘若"心和而出"的话，那就会为"外在之物"所"荡"，其结果必定走向德的反面，就会"为声为名，为妖为孽"（《庄子·人间世》）。

如果我们把王骀的"游心乎德之和"、申徒嘉的"鉴明则尘垢不止，止则不明"还有哀骀他的"德者，成和之修"看成一个从"遗形弃知"开始，最终达到"和"的修德系列，这个过程很像禅宗大师神秀在《坛经》中的"得法偈"所描述的那样："身是菩提树，心如明镜台，时时勤拂拭，莫使惹尘埃。"

从子产到申徒嘉再到王骀、伯昏无人、哀骀他，庄子从多重角度

描述了"德充"的过程以及"德充"之后内心"和"的境界。实际上，
修德也是庄子修心的一种方式。一如南郭子綦的"吾丧我"，颜回的
"心斋""坐忘"，女偊的"守"一样，所要达到的最高境界都是"游
心乎德之和"。

第九章

殊途而同归

　　从《逍遥游》所展示出的一个天马行空、令人神往的理想境界，一步步过渡到《人间世》《德充符》《大宗师》等描述的琐碎真实的现实世界，这个变化的出现不是偶然的。面对现实中的种种黑暗丑恶，一方面庄子需要创造出一个理想世界给人以希望与憧憬，另一方面又不得不看到，是人总要吃饭穿衣睡觉，谁也无法逃脱赖以生存的现实，这个世界就是再不堪，人，不是还得活在这个世界上？在这样的境况下，人还有什么样的活路？究竟应当怎样活着？除了像屈原那样选择自我毁灭，是不是还有什么其他的方式可以让人解脱？人，还可以有哪些选择？

　　当庄子意识到人无法选择自己的生存环境时，他所采取的不是面对面、硬碰硬地对抗，也不是与这个世界同流合污，他也不主张像隐士那样纵情山水来逃避现实，他给出的建议是走向内心，走进一个自己独享的精神世界。庄子还针对不同的人，设计了不同的"游心"修炼方式：有人需要通过"丧我"，有人需要经过"心斋"，有人要"守"，有人要"坐忘"，如此等等。尽管各人的修炼方式不尽相同，但终极目标只有一个，那就是通过修心，去除心路上的魔障，回归内心的祥和宁静，在污浊的现实社会中寻到一片可以栖心的净土。

一、南郭子綦的"丧我"

庄子说进入逍遥游境界需要达到"无己""无功""无名"，却没有说怎样做才算做到了，特别对普通人来说，虽然与"功""名"不大沾得上边，"己"却是无时无刻不在的。谁的心中没有一个"己"，没有《齐物论》开篇所说的那个"我"？

庄子正是看到了这一点，提出"吾丧我"，以呼应"至人无己"，要人首先从克服心中最大的障碍"己"或"我"入手，去修炼"无己""丧我"的境界。庄子认为如果人能忘掉"己"或"我"，就不会为外物所动，就可以免受一切外在之物的诱惑。所以在提出了"至人无己"之后，庄子把谈论的重点放在了什么是"丧我"，怎样才能"丧我"上。

《庄子·齐物论》开篇说颜成子游来上课，看到老师南郭子綦一副薾薾"似丧其耦"的样子，很是不解，于是问老师，为什么"今之隐机者，非昔之隐机者也"？南郭子綦回答说，他今天这个样子是因为"吾丧我"。

据颜成子游所说的"今"与"昔"的对比，南郭子綦这样"隐机而坐"已经不是一次两次了。只是今天颜成子游发现了两个变化：第一是老师仰天长吐了一口气之后，没有显露出丝毫的精气神；第二是老师的样子跟以前相比，不但形体如同槁木一般，而且还呈现出了心如死灰的样子。在这两个变化中，显然"心"的变化是决定性的。正由于南郭子綦的"心"发生了变化，才表现出"嗒焉似丧其耦"的"形"，"今"与"昔"不同的关键就在于"心"境的不同。

《庄子·德充符》重点说修德不是件容易的事。从入师门修德到德充至万物来"符"，可不像搭乘高铁千里之途一顿饭的工夫就到了那么快捷。子产去伯昏无人门下已两天还是一无所获，申徒嘉追随伯昏无人十九年依然还在修德的路上。现在南郭子綦终于实现了"吾丧我"，想必他"坐"在那里修德也不是三五天了。"昔"是个不确定的时间词，可能是一年两年，也可能是十年八载，可是直到今天他才终于进入了"吾丧我"，可知"丧我"与修德一样艰难。《庄子·德充符》中说修德的理想境界是进入"德之和"，心如止水，一片平静。而南郭子綦"吾丧我"后所呈现出的形如槁木、心如死灰的状态其实也是进入了一种"和"的内心世界，获得的是一种内心的平静。就"逍遥游"的最终目标是要"游"于"心"来看，"吾丧我"与"德之和"是有着某种内在联系的。我们知道，修德最后一步的"支离其德"的"支离"，就是"忘"，而这个"忘"到了南郭子綦那里，就变成了"吾丧我"之"丧"。一"忘"一"丧"都是让人得以跨越障碍、获得心灵解脱的关键步骤。

南郭子綦从"昔"到"今"的"丧"，还有申徒嘉在伯昏无人门下十九年的"修"，其实都是为了忘却那一个"我"字。

在庄子哲学中，"吾丧我"的这个"我"，究竟又意味着什么呢？

庄子称"吾丧我"的"我"为"成心"。他说，甭管你是聪明人还是普通人，甚至是愚钝的人，人人都有"成心"。人在看待事物、评价是非时，都是根据自己的"成心"做出判断的。这个"成心"，其实就是人的偏见，都是人从自己的社会文化背景出发、根据自己的生活经验对万事万物形成的看法，用今人的话来说，也可以被称为"三观"。实际生活中，有多少人可以摆脱自己潜意识中"成心"或者说是"三观"的制约，跳出三界外去看待周围的一切呢？显然，只要有"成心"在，人的判断就不可避免地会是己而非人，就不可避免地会卷入"是非"的旋涡。所以庄子才要人通过"丧我"来清除心中的"成心"，净化心灵。

那具体怎样才能"丧"？"丧"的关键就是"忘"。人忘了"成心"，忘了"是非"，"成心"自然也就没有了。没有了"成心"与"是非"之心，人的心才可以静，才可以不再为世俗社会所打扰，才可以"游于德之和"，进入"和"的境界。庄子在《齐物论》中用了大量的篇幅说所谓"物论""是非"都是因"我"而起，"我"是"是非"之根，也是人生种种矛盾冲突苦难的根源。人心中的"我"越强大，人的生存也就越艰难，遭受的磨难也就越多。所以庄子要人破的第一个障碍便是人人心中都有的那个时时作祟的"我"。

二、颜回的"心斋"

无论庄子多么接地气，多么关注草根阶层的生存，但他毕竟来自于士阶层，他关注更多的还是文人士子的生存。例如《齐物论》中的南郭子綦，《养生主》中的右师、秦失，《德充符》中的王骀、伯昏无人、申徒嘉，以及《大宗师》中的子来、子祀、子舆、子犁、子桑、意而子等，都是文人士子群体的代表。而《人间世》更像是展开了一幅文人士子出仕、处世的长卷，庄子在其中为各种各样的文人士子开辟了一处可供栖"心"之地，指出了一条文人士子克服"心魔"之路。

中国传统文人士子一生最大的理想是建立"三不朽"，或曰"三立"："太上有立德，其次有立功，其次有立言，虽久不废，此之谓不朽。"（《左传·襄公二十四年》）"立德"指的是人的道德修养以及在社会中的行为操守；"立功"指的是建功立业、为国为民做出一番大事业；"立言"指将自己的真知灼见形诸文字，传之于后世。所谓"三立"，归根结底就是要能青史留名。孔子说过，人一生最忧虑的事就是死后没人称颂自己的名字（《论语·卫灵公》）。屈原也曾担心"老冉冉其将至兮，恐修名之不立"（《离骚》）。传统的文人士子把"三立"

看得比生命还重要，其中固然寄寓了作为社会精英的文人士子为推动社会进步所怀有的远大志向与抱负，但这种追求本身对文人士子心灵造成的摧残与异化也不容小觑。

"三立"浸透着"己""功"与"名"，而庄子所主张的却是"无己""无功""无名"，可见传统文人士子的理想在根本上与庄子思想大相径庭。在庄子看来，"功""名"与"我"一样，都是通往得道的逍遥游境界的巨大障碍。

当然，庄子自己在不经意间也是立了"言"的，写了本《庄子》传世。但是，庄子所立之"言"却不是教人如何去"立德""立功""立言"，而是劝人不要去"立德""立功""立言"。所以他再三再四地警告人们，一个人如果热衷于"立德""立功""立言"，就等于是给自己套上了无数的枷锁，小命随时都攥在别人手里，别说逍遥游了，就是能够全身保命都不容易。基于这样的考量，在《庄子·人间世》这幅文人士子出仕、处世的长卷之中，庄子先要否定的便是文人士子所谓立德、立功的观念。

《人间世》的第一个故事说颜回打算出仕卫国，向孔子辞行说：

> 回闻卫君，其年壮，其行独。轻用其国，而不见其过；轻用民死，死者以国量乎泽若蕉，民其无如矣！回尝闻之夫子曰："治国去之，乱国就之，医门多疾。"愿以所闻思其则，庶几其国有瘳乎！

颜回是渴望有所作为的文人士子的典型。他听说卫国国君独断专行，四处用兵，造成尸横遍野，民不聊生，于是决定遵循孔子的教诲，担负起救治卫国痼疾的使命与责任，要去拯救卫国百姓于水火之中。然而，孔子清醒地意识到颜回此次出行所面临的巨大危险，他对颜回的性命安危极为担忧，深知颜回如此贸然前往卫国，必然遭遇危及生命的灾祸："嘻！若殆往而刑耳！"虽然我们听不到孔子说话的语气，但仅凭上下文以及这一声"嘻"，我们还是可以清楚地感受到孔子对颜回不知世事艰险的感慨与忧虑。其中流露出的感情也应该是悲叹、惊惧、责怪兼而有之。书生气十足的颜回准备到卫国后以自己的"德"感化卫国君臣，而对自己的学生有着深入了解的孔子知道颜回这次是要以自己之"德"去建功立业，实现长久以来的政治理想了。

　　然而，真正的危险也就隐藏在这里。颜回此行非但立不了功，很可能还会因此而丢了性命。初出茅庐的颜回，对政治的残酷、世界的污浊、人心的险恶，对传统之"德"的虚妄，还完全没有感觉。于是孔子首先从"德"入手为颜回敲响了警钟。孔子说："你知道人们为什么要炫耀一己之'德'，把'知'外露出来吗？炫耀自己的'德'是为了出名，外露'知'是为了争胜。人们为了名而相互倾轧，而'知'则成了相争的工具。'名'与'知'其实都是凶器，是不能尽行于世的。"要知道颜回不但有"德"，而且还是少有的"德厚信矼"之人。可在那人人充满了戾气的世界，没有人可以了解他的真实意图。所以孔子告诫颜回："你若以德去感化人，卫国那些无德的君臣一定会认为你是在他们面前故意炫耀你的'德厚'，会认为你是要加害他们，最终你只会被人所害。这样的行为，无疑是'以火救火，以水救水'，即便不死，也免不了与那些无德的君臣同流合污。像卫国君臣这样的人，以德去慢慢改造他们都不成，何况用你的'大德'，那只会是害了自己。"显然，这里庄子要强调的是当时的社会已经到了无可救药的地步，世人完全不可理喻，任何出仕从政的努力都不可避免地会遭遇灭顶之灾，"必死于暴人之前"！

　　如果听了孔子这番劝诫，颜回就彻底地放弃了自己的理想，他也就不是颜回了。事实上，颜回也深知此行的艰难，所以他精心准备了三套行事方案，一是"愿以所闻思其则"，二是"端而虚，勉而一"，三是"内直而外曲，成而上比"。但在孔子看来，这三个方案都不可行，最终仍避免不了杀身之祸。孔子认为，颜回的问题在于他看上去是要以德改变卫国现状，但所有的计划、安排都是"有心而为之"的，说到底就是想在卫国建功扬名。

"有心而为之"的"有心"，就是孔子对颜回说过的"犹师心者也"的"心"，也就是《庄子·齐物论》中所说的"夫随其成心而师之"的"成心"。这种"成心"在颜回身上主要体现在两个方面：其一是他所有的计划、安排都是出于建功立业的目的；其二是在他心中，已经形成了对卫国君臣的固有看法。在尚未动身之前就已经认定卫国君臣无德，要以自己的"厚德""大德"去改变卫国"死者以国量乎泽若蕉，民其无如矣"的现状。针对颜回的思维误区，孔子提出了"心斋"，认为只有"心斋"才是获得解脱的唯一生路。

颜回不饮酒、食素已经有几个月了，这是不是就是"心斋"？孔子认为这只是"斋"，是祭祀之斋，而不是"心斋"。祭祀之斋是要斋戒身体的腥秽，而"心斋"则是斋戒心中的杂念，净化心灵，进入虚静空白的状态。对颜回来说，眼下最危险也最急迫需要斋戒的杂念就是他以德立功的抱负以及心中的偏见。

其实，孔子并不反对颜回这种以德立功的想法，他反对的只是颜回抱着建立功业的目的去以德立功。实际上，就是对以德立功，庄子也并不一概否定。在《逍遥游》中庄子不是说神人之功是"使物不疵疬而年谷熟"吗？这岂不就是天大之功？但庄子更看中的还是神人之"德"。神人之"德"与颜回之"德"的内涵截然相反。颜回之"德"是要通过建功立业追求传统文人士子的"立德"，而神人之"德"却是"将磅礴万物以为一，世薪乎乱，孰弊弊焉以天下为事"，神人并不是为了功业而立德立功，所以他才能有功而不以功为功，心中无功。而颜回所做的却是反其道而行之。在庄子看来，颜回是需要通过"心斋"来清除心中的杂念了。

"心斋"是庄子继"丧我"之后提出的另一个重要概念。如果说"吾丧我"之"我"是"至人无己"之"己"，是文人士子通往逍遥游之途的第一障碍，那么，对于想踏上仕途或已经走在仕途上的文人士子来说，除了要跨越"我"或"己"这道障碍之外，还必须跨越"立德""立功"这道障碍，才能真正获得心灵的平和安宁。

所谓"心斋"，就是"斋心"。在庄子思想体系中，修"心"占有重要的地位。在这方面，庄子吸收并发展了"颜氏之儒"的修心之说。庄子思想中，几乎所有重要概念都与"心"有关。"无己""无功""无名""丧我""齐物""齐论""修德""心斋""坐忘"以及"守"，无一不是"心"的活动。而"心斋"更是其中最重要的修心活动之一。按照孔子的解说，"心斋"就是用心专一，摒弃杂念，心中一片虚空，什么都没有，什么都消失了，人一旦进入了这样"虚"的境地，"道"才能显现。直到这时，颜回才总算真正理解了"心斋"的含义。他说："在我没有听说'心斋'的时候，我觉得颜回无时无刻不在，各种欲望、观念时刻涌现；现在我理解了'心斋'，觉得这个世界上再没有颜回，再没有我自己了。到了这样的境界，可以称之为'虚'了吗？"

颜回对"心斋"的领悟获得了孔子的赞许。不过至此，"心斋"都还只是一种抽象的、理论上的修心方式。具体到颜回，他究竟应该怎样"虚以待物"，怎样在"心斋"的状态下，既"瘳"卫国之疾，又能保全自己的性命？下面，孔子终于要教颜回怎么用"心斋"的法子对付现实问题了。孔子首先肯定颜回已经完全领会了心斋。在这个前提下，孔子进一步告诫颜回说："你到了卫国，游于卫君左右，一定要忘却你的立德、立功的功名之心。卫君听你的，你就说出自己的看法，不听你的就什么也别说。不参与派系之争，不介入任何争端，专注于'道'，只有在万不得已时才做不得不做的事，这样你在卫国就不会有太大的问题了。"

通过孔子的这一番叮嘱，我们可以看到原来所谓"心斋"就是保持内心的纯一平和，对外在的一切不介意，不用心，随遇而安。在万不得已的情况下，保命是第一要义，"一宅而寓于不得已，则几矣"。这里我们要特别指出的是，庄子并不是没有原则，他的原则就是要保命全身。既然社会是如此污浊，人的生存是如此艰难，这样的社会值得像颜回那样的热血青年抱着建功立业的救世之心去奋斗吗？庄子的回答是"不"。但庄子也不提倡隐居山林。假如人一定要出仕，一定要与现实社会打交道的话，庄子为这样的文人士子提出的是一种虚与委蛇、敷衍周旋的生存方式，貌似"滑头""无原则"的"游世"态度，骨子里却透露着对现实的彻底否定，以及由此而产生的对社会政治不参与、漠视一切的冷漠。这种否定与冷漠源自于庄子"知其不可奈何而安之若命"的人生思索。

归纳起来说，"吾丧我"是为所有文人士子破除"我""己"的障碍、成为像至人一样的逍遥游者开出的第一门必修课，而"心斋"则是为那些准备走上仕途或者已经踏入仕途的文人士子破除"立德""立功"的障碍而开设的又一门必修课。

三、卜梁倚的"守"与"外"

庄子对这个世界貌似时时处处都表现出一种无动于衷的冷漠，他往往以一种逃避、无所用心的态度对待现实的一切，似乎什么政治、什么治世主张一概不在他的视野之内，但实际上庄子并不能真正彻底摆脱这个世界，他从不曾真正放弃对现实生活中各类人物的关注与关怀。庄子的内心其实一直是矛盾着的。他主张"不如相忘于江湖"，然而他自己又时时不忘为各种各样的人支招，教他们如何在这个社会生存，如何游走于这个社会却不至伤害到自己。卜梁倚，是庄子注意到的又一类人。

《庄子·大宗师》中说南伯子葵看到年事已高的女偊"色若孺子"，想知道其中的缘由。女偊回答说是因为他得道了。而南伯子葵误认为"得道"就是掌握了一种青春永驻的长生不老之术，于是也想学道。女偊一听，便以南伯子葵不具备学道资格而拒绝了。这是因为女偊知道南伯子葵感兴趣的只是返老还童的养生之术，而不是道本身。不过，女偊还是很耐心地举了卜梁倚的例子，为南伯子葵解释他为什么学不了道、得不了道的原因。女偊告诉南伯子葵，卜梁倚有圣人之才可是没有圣人之道，而他自己有圣人之道却没有圣人之才。所以他很想教卜梁倚，希望他可以成为名副其实的圣人，可事情并不那么简单。为什么呢？按照女偊的说法，得了"圣人之道"的人向具有"圣人之才"的人传道，一般来说是比较容易的。即便如此，他还得教卜梁倚如何得道，其中最重要的方法是"守"。"守"三天之后，就能忘天下；忘了天下之后，还要继续"守"，守七天之后就能忘万物；忘了万物之后，还要继续"守"，再守九天之后才能忘生死；忘了生死之后，心境就会清明洞彻；只有心境清明洞彻之后，道才会显现于心中；道显现于心中，就没有了时间的局限；没有了时间的局限，就能进入不死不生的境地了。

显然，在庄子看来，学道的人不同，在得道路上遇到的障碍也不同。

对于像南郭子綦这样的一介文人，"我"是最大的障碍，所以最关键的步骤是要"丧我"。对于颜回这样满怀治国平天下抱负的文人士子，"忘德""忘功"才是最大的难关，所以需要通过"心斋"来摆脱"德"与"功"的束缚。而对于具有君主之才的人要想得道，首先要忘的便是君位，也就是天下。就像尧上了藐姑射之山，见了四子之后便"窅然丧其天下"一样。卜梁倚是具有得天下资质的人，对卜梁倚来说，得道的最大障碍就是"天下"。因此，卜梁倚要学道、得道首先得"忘天下"。

怎样才可以"忘天下"呢？

按照女偊所说，那就是要通过"守"与"外"来实现。"守"，指的是守持，是一种修炼。守持的过程，也就是修心的过程，与"忘德""忘功"的"心斋""坐忘"等修炼过程差不多。而"外"就是"忘"。"外"与"内"是相对的，作为动词的"外"是指把"天下""物""生"等都统统外化，排除于内心之外。对于一代君主而言，"溥天之下，莫非王土；率土之滨，莫非王臣"（《诗经·小雅·北山》），做君主的，家大业大，割舍不下的东西自然也多，相对于南郭子綦的"忘我"与颜回的"忘德""忘功"，卜梁倚的"忘天下"当然也就更富于挑战性，也更加艰难。

具体来说，卜梁倚首先要"外天下""忘天下"，通过"守"忘掉一国之君的"名"，忘掉"君主"这样的"名"。这个过程，卜梁倚用了三天。而后，卜梁倚要忘的是万物，以"万物一齐""道通为一"的眼光看待一切，泯灭心中物与物、人与物、人与人之间的界限。这一步，卜梁倚用了七天。而人生最难勘破的是什么？那就是死生之关。不过，在卜梁倚已经能忘天下、忘万物的情况下，勘破死生之障也就不是什么难事了。生死原本为一体。进入了这个阶段，人就可以"不知说（悦）生，不知恶死"。卜梁倚用了九天时间突破了死生之障，闯过了修炼的最后一关。人一旦勘破生死，就可以进入一片光明澄澈的"朝彻"，然后进入"见独"的"道"的境界。到了这样的境界，人不但"通"了古往今来，而且"通"了生死，再没有任何东西可以妨碍心的游动了。这，也就是颜回"心斋"之后所进入的"虚室生白，吉祥止止"的境界。

卜梁倚有圣人之才，还有"道根"，又经过掌握着圣人之道的老师女偊亲手点拨调教，颇费了些时日才终于成功得道。可见不管一个人是贵为君主、尊为文人士子还是随处可见的普通人，无论他修心的时间或长或短，只要倾心修炼，一心向道，最终都能得道，都能走进不死不生、生死一体的世界。

至此，庄子分三个部分具体阐述了如何进入"至人无己，神人无功，圣人无名"的修心途径，说明得道者是如何通过"丧我""心斋""守"与"外"的修心过程最终得以"乘天地之正，而御六气之辩，以游无穷"（《庄子·逍遥游》）。

四、意而子与"坐忘"

从南郭子綦到颜回，再到卜梁倚，他们都属于对"道"有悟性、有得道资质的人。除了这些人以外，还有一类人，庄子也没有忘记他们的存在。这类人以《庄子·大宗师》中的意而子为代表。他们浸淫于与"道"相背离、相抵触的学说已经很久，各种与"道"相悖的观念早已在他们的心中打下了烙印。这样的人是否仍然可以悟道、得道？如果可以的话，他们又需要经过怎样的修炼才可以抹去原有的根深蒂固的烙印？才可以改变既有的观念进入"逍遥游"的境界？

意而子是一位深受尧礼义道德教诲、躬行仁义多年的人。他去见许由，表示要改换门庭，愿意游于"道"之境。意而子究竟是何许人氏并不重要，重要的是许由。在《庄子·逍遥游》中，尧曾把许由比作日月、时雨，要把君主之位让给他，结果被许由拒绝了。后来尧上藐姑射之山见四子，据说其中就有许由。[①]可见许由与女偊一样，都是庄子心中得"道"的"大宗师"般的逍遥游者。最初，许由并不认为意而子有闻道的可能，他对意而子说："既然尧已经用'仁义'给你施了墨刑，用'是非'施了劓刑，你还能凭借什么游于无拘无束、顺任自然的'道'的境界呢？"

许由的话说得是狠了些，特别是"黥""劓"二字格外扎眼，言外之意是像你这样的人已经无可救药了，你所受到的"仁义""是非"的戕害之深，已经如同刻在脸上的标记、割去的鼻子一样，难以恢复原状。你还找我做什么呢？显然，在庄子心目中，一个人身体因受刑罚而残缺仍有得道的可能，但是如果心灵遭受了"仁义之黥""是非之劓"，那才是人生的最大障碍。也就是说，"仁义""是非"对人的伤害更远甚于"己""功""名"等。

尽管许由已经把话说到了这个地步，意而子仍执意表示愿游于逍遥之地。就这样，许由也没有松口。因为许由的想法是，视力差的人看不出容颜的美丽，盲人无法欣赏漂亮衣服上的锦绣之彩。许由之所以这样说未必就是要成心拒人于千里之外，实在是对一个曾"必躬服仁义而明言是非"的人来说，他必须强调，消除刻在人心上的"仁义""是非"烙印绝非易事，必须做好脱掉一层皮的准备。况且，"逍遥游"纯粹是"心"的事，忘掉一己，忘掉自我，忘掉功名已经不易，何况意而子还要忘掉心中根深蒂固的道德与是非！不过，尽管如此，庄子也仍然没有放弃这一类人。现在轮到意而子教育许由了。他说："美

① 陆德明《经典释文·庄子音义》："四子，司马、李云：王倪，啮缺，被衣，许由。"

女无庄为了'道'能忘记自己之美，勇士据梁为了'道'能忘记自己的勇力，黄帝为了'道'能忘记自己的智慧，只要入了'道'的大熔炉，经过一番锤炼，天下就没有治不好的顽疾。你怎么知道造物者不会修好我的黥刑的伤痕、补上我因劓刑而失去的鼻子，让我成为形体完整之人而与先生同游呢？"

这里，庄子特意让意而子举出三位以"美""力""知"而闻名于世的无庄、据梁、黄帝为例，说明任何人只要心中有追求"道"的愿望，一心向道，又有经受"炉捶之间"修炼的顽强毅力，就是再深、再重的伤痕也可为"道"所抚平修复。至此，许由终于为意而子的执着所打动，表示虽然他不能保证意而子最终一定能够游于道的境界，但还是可以为意而子大致介绍一下"道"。他说：调和万物而不为义，泽及万世而不为仁，在上古之先而不算老，覆天载地、创造了万物的不同形态却不为显示其巧。这就是游于"道"的境界。

许由所说的"道"，也就是那个"有情有信，无为无形""自本自根，未有天地，自古以固存，神鬼神帝，生天生地""先天地生而不为久，长于上古而不为老"（《庄子·大宗师》）的"道"。在许由看来，尧教的所谓"仁义"并不是真正的仁义，只有能"蘁万物""泽及万世""覆载天地刻雕众形"却"不为义""不为仁"的"道"才是世间根本之所在。所以许由首先要从根本上引导意而子走出有关"仁义"的误区。然而，对于这样的"道"，意而子究竟能够领悟多少？庄子又将以什么样的方法拯救像意而子这样已经被扭曲、被打上烙印的灵魂呢？

《庄子·大宗师》的一个重要内容是描述大宗师即真人如何传道。如女偊遇到的是像南伯子葵这样求长生不老的人，而许由遇到的是像意而子这样深受"仁义""是非"的浸染却又试图从这种桎梏中挣扎着摆脱出来的人。对于这样的人，仅仅像王骀、伯昏无人那样"立不教，坐不议"，只靠学生自己去悟显然还不够，还需要有像许由这样的人给予最初的启蒙才行。

现在意而子已经决意要像"无庄之失其美，据梁之失其力，黄帝之亡其知"那样，任由"造物者""息我黥而补我劓"了。但具体来说，意而子究竟应该怎样操作，才可以在"炉捶之间"冶炼，去除"仁义""是非"的烙印，最终脱胎换骨，而"游夫遥荡恣睢转徙之涂（途）"呢？为了详细解释这个步骤，庄子刻意选择了孔子最器重的弟子颜回出面介绍"坐忘"的修炼方式。就《庄子》的整体结构而言，意而子与颜回"坐忘"这两段貌似毫不相干，然而，"坐忘"却是使意而子这类人悟道、得道不可或缺的一步，有了这一步，意而子们才有了可以踏上逍遥游的途径。

"丧我"是"忘"，"心斋"是"忘"，"守"与"外"也是"忘"，虽然在不同的场合，对不同的人，庄子所使用的词语有所不同，但要表达的意思却只有一个，那就是自己心中的障碍是什么，就得忘掉什么。只不过由于每一位忘者的身份不同，所需要忘掉的内容也就随之不同，侧重点也有所不同。意而子需要的是重塑灵魂，而重塑灵魂的第一步仍然少不了一个"忘"字。所以紧随意而子学道的故事之后，庄子把重点放在了推介儒家代表人物颜回的"坐忘"上。颜回告诉孔子说他进步了。孔子问他是哪方面的进步，颜回说他忘记了仁义。孔子说，那很好，但还忘得不够。过了几天，颜回又去见孔子，说他又进步了。孔子问他是哪方面的进步，颜回说他忘记礼乐了。孔子说，那很好，可仍然不够。

仁义礼乐是孔子教弟子立身的根本，在孔子学说中占有重要地位。可是颜回张口却告诉孔子，自己在忘记仁义礼乐等方面正在取得进步，孔子得知后非但没有责备，反而认为他还"忘"得不够，并鼓励他继续"忘下去"。

　　《庄子》中的颜回最初看重的是什么？不就是"立德""立功"吗？不仅仅是颜回，其实天下的文人士子无不如此。在《庄子·人间世》中，颜回首先代表天下文人士子破了人生的第一个大碍"立德""立功"。但立德、立功的思想根源与儒家仁义礼乐相关的一系列理论学说密不可分。颜回十三岁入孔门，后来又跟着孔子周游列国，耳濡目染一直接受的是与儒家相关的治世主张，仁义礼乐在这位孔门弟子身上留下的烙印一定不会比意而子的浅。庄子选择颜回与孔子来提出修心的另一个重要概念"坐忘"，显然不是偶然的。假如像颜回这样的人都能忘了仁义礼乐，那么意而子们就更不在话下了。

　　孔子是知道颜回的志向的，"一箪食，一瓢饮，在陋巷，人不堪其忧，回也不改其乐"（《论语·雍也》）。颜回对恬淡质朴生活的满足很可能是导致颜回后来偏离孔门而自成一派的重要原因。《庄子》中有关颜回"心斋""坐忘"的记述应该也不是空穴来风，很可能就是"颜氏之儒"的传承记载。颜回在"陋巷""不改其乐"所领悟到的应该就是某种"坐忘"式的修心，而这一修心方式又在庄子手中进一步发扬光大。庄子说颜回修心的第一步是忘仁义，第二步是忘礼乐，到了第三步，就进入了"坐忘"的状态。到了这一步，就意味着颜回终于在修心的路上完成了由受到仁义礼乐之"刑罚"到"游夫遥荡恣睢转徙之涂（途）"了。

　　当颜回再一次见到孔子，颜回已经通过修心进步到"坐忘"的地步。这一次，颜回在突破了仁义礼乐桎梏的前提下，进入了一个全新的、连孔子也不了解的境界，于是孔子很吃惊地问颜回什么是坐忘。颜回解释说，坐忘就是忘掉自己的形体，忘掉自己的耳聪目明，超脱形体的束缚，忘记所有的智慧，与道融为一体。于是孔子由衷地称赞说："与道融为一体就不会再有是非执着，与万物同化就不会囿于常理，你果真是一位贤人！你对道的理解已经超越于我了。"

此前，颜回通过"心斋"忘记了心中的"德"与"功"，现在又通过"坐忘"忘掉了一切仁义礼乐，终于进入了"同于大通"的境界。"坐忘"是庄子认可的又一种通过修心以突破心中的藩篱、最终得"道"的方法。这种方法尤其适用于像颜回、意而子这类深受仁义礼乐浸染却又有心修道的人。对于这类人，忘仁义、忘礼乐是前提，然后就是忘形体、忘感官的作用、忘智慧、忘知识，完完全全地从各种各样的束缚中解脱出来，最终还原为一个与道融为一体的无拘无束的真我。

从《逍遥游》树起"至人无己，神人无功，圣人无名"的标杆，到《大宗师》颜回进入"坐忘"，庄子为现实社会中的文人士子规划出了一条通过修心而走向逍遥游的途径。《齐物论》中南郭子綦"吾丧我"后所体验到的"天籁"，《人间世》中颜回"心斋"后所见证的"虚室生白"，《德充符》中诸位兀者、恶人"忘德"后"游心于德之和"，《大宗师》中卜梁倚经过"守"与"外"所体验的"朝彻""见独""无古今"，直至颜回通过"坐忘"而"同于大通"，看起来每个人或者每类人的修心方法都不同，表现形态也存在一定的差异，但其中一个关键词却是相同的，那就是"忘"。

庄子的"忘"是他生命哲学中的一个独特的概念，有着哲学层面的意义。这种"忘"是建立在否定现实的基础上的一种放弃、一种放下，是一种决绝的抛弃，是一种自觉的追求。"忘"意味着对过去的否定，对现存的否定，对一切人为活动的否定。庄子要人忘生死，"忘年忘义"（《庄子·齐物论》）；忘现实，"相呴以湿，相濡以沫，不如相忘于江湖。与其誉尧而非桀也，不如两忘而化其道"（《庄子·大宗师》）；忘万物，忘自己，"有治在人，忘乎物，忘乎天，其名为忘己"（《庄子·天地》）；也忘掉一切身外之物，"故德有所长而形有所忘，人不忘其所忘而忘其所不忘，此谓诚忘"（《庄子·德充符》）。只有"忘"才能让人的精神摆脱各种心灵的、物质的、外在的障碍、负担、束缚，进入一个虚空清明淳朴轻松的"逍遥游"世界。这就是庄子为所有的人，特别是文人士子指出的一条去除心中魔障、回归内心的必经之路。

第十章

庄子也有治国理想

一向以逍遥自适为追求的庄子也有治理国家的政治理想吗？的确，庄子在内篇中很少涉及治国、治理天下这样的话题，但这并不等于在庄子心中就没有一个他所憧憬的君主社会。尽管"道通为一"的学说使庄子对"治国""治天下之道"这样的问题往往表现出一种超越的态度，甚至显得不屑一顾，但既然置身于一个由君、臣、民三者构建起来的君主制社会，他就不可能完全地抛弃君主，对治理天下之事全然不管不顾。可惜由于《庄子》内篇中有关治国问题的论述很不系统，所以后世对庄子政治主张的研究更多地集中在《庄子》的外、杂篇上。不过，就是从内篇东鳞西爪的片段中，我们还是多多少少可以梳理出一个"庄子君主国"，这是一个将理想与现实糅合之后更具可行性的世界。

先秦诸子中很多人都对现实的黑暗与残酷有自己的认识与批判。庄子也不例外，但庄子与其他诸子的不同、也是他的深刻之处在于，他不仅仅意识到罪恶的存在，而且认为构成这个社会主体的君、臣、民每一方都对此负有不可推卸的责任。庄子认为，君主对成为圣明君主的追逐心、臣子对青史留名而竭尽全力的功名心、普通人特别是文人士子对是非利害耿耿于怀的一己之心，都是造成这个社会种种罪恶的根源。因此，庄子一次又一次地阐发"丧我""心斋""忘德""守""坐忘"后所进入的境界，就是要所有的人，也就是君、臣、民，承担起各自的责任。庄子认为只有君、臣、民各尽其责，才是理想的治国之道。在这样的社会中，圣人、神人、至人分别代表了人世间的君、臣、民三类人。而在这三类人中，庄子对相当于君主的圣人寄予了最大的希望，因为只有在圣人的主持、参与之下，他所构建的那个世界才最有可能成为现实，或者说才最有实现的可能。

一、他们不一样

让我们先从藐姑射之山的至人、神人、圣人说起，来谈庄子的治国理想。庄子是在高度概括了逍遥游境界之后便把至人、神人、圣人正式推到我们面前的："故曰：至人无己，神人无功，圣人无名。"至人、神人、圣人都是藐姑射之山的逍遥游者，但是除了这一共同特征之外，他们是否是同一种人呢？如果是的话，庄子为什么要给他们三个不同的命名？假如他们之间确实存在着不同或者差异，他们又各自代表着什么？象征着什么？

在回答上述问题之前，我们有必要先提一下《庄子·天下》中有关至人、神人、圣人的文字以及郭象的注。《天下》根据人们对"道"的理解领悟程度，把天下人分为天人、神人、至人、圣人、君子、百官、民七种。在这七种人中，天人、神人、至人对"道"的理解虽侧重不同，但总体来说都属于有学问的人对"道"的领悟，都处于同一层次。圣人承袭"道"的宗旨，以"德"为根本，顺应自然的变化，能活用道术。君子可以把"道"转为仁义礼乐，作为人世社会的道德规范。百官对"道"的理解是按照现行社会规章制度行事，一切都有章可循。普通百姓理解的"道"就是有事做，有饭吃，有衣穿，繁衍生息，家有积蓄，老弱孤寡有所养。《天下》只是列出了这七种人，却并没有说他们是否属于同一类人。郭象认为前四种人不但是同类人，而且彼此间没有任何区别，只是庄子给了他们不同的称谓而已。（《庄子注》）而后三种人，想必郭象也觉得把他们跟天人、神人、至人、圣人放在一起不合适，索性把君子、百官、民三者剔除不提了。

由于郭象视至人、神人、圣人为同类，认为三者间不存在任何不同，所以他在作《庄子注》时常常三者名称混用。后代学者大都接受了郭象的说法，认为"至人，以及无功无名的神人、圣人，三者名异实同，故庄书上至人、神人、圣人互用。"（陈鼓应《老庄新论》）但也有学者认为至人、神人、圣人之间是有着层次的不同的：至人是修养最高的人，神人次之，而圣人排在最后。（北京大学中文系编《先秦文学史参考资料》）这两种说法都是根据庄子的排列顺序或字面意思去理解的，并没有以《庄子》特别是内篇为依据，对至人、神人、圣人作深入的对比分析，不免拘泥于表面。

按照庄子的描述，无己的至人、无功的神人、无名的圣人的确都是不依靠任何外在力量的得道之人。对至人、神人、圣人，庄子在统而论之的时候，说他们的共同特征是"乘天地之正，而御六气之辩，以游无穷者"。而在分别论述时，庄子说神人"乘云气，御飞龙，而游乎四海之外"（《庄子·逍遥游》），至人"乘云气，骑日月，而游乎四海之外"（《庄子·齐物论》），圣人"游乎尘垢之外"（《庄子·齐物论》）。看起来，貌似至人、神人、圣人如同神仙一般，其实，这种随心所欲的"游"，只是庄子的一种夸张说法，表示三者在精神上不受任何的束缚，他们的心灵可以突破一切界限与障碍。在这一点上，至人、神人、圣人的确是相同的，三者之间并不存在质的不同，也没有层次上的高低之别。

但是至人、神人、圣人之间的同，并不意味着三者间不存在任何差异。如果我们相对应地分析内篇中庄子每一次谈到至人、神人或圣人的语境与具体场合，不难看出这三类人在现实世界中实际上分属三个不同的社会阶层，代表了构成社会基本框架的三类人，也就是君、臣、民，他们各自遇到的生存障碍与困境也有着明显的差异。

至人就是得道的普通人。每当庄子谈到至人时，从来不把他们与建功立业联系在一起，只说"至人无己"，说他们看得透生死，对生死无动于衷，完全没有利害得失的概念（《庄子·齐物论》）；说至人要"先存诸己而后存诸人"，先自立然后才能去扶助他人（《庄子·人间世》）。可见至人就是像伯昏无人、哀骀他、子舆、子祀、子来这样的普通人。对普通人来说，最大的挑战就是"无己"或"丧我"。这也是为什么在《德充符》中有申徒嘉与子产的争辩。

神人是臣子的象征。每当谈到神人，庄子总是把神人与臣子的职责、建功立业连在一起。《逍遥游》中说神人有"使物不疵疠而年谷熟"之大功；《人间世》中南伯子綦见到商丘之木，从这棵大树虽然"不材"无用，却可以为人遮风挡雨，庇护"结驷千乘"之功而联想到神人的作用，发出了"嗟乎神人，以此不材"的感叹；还说神人的治理之道就是无为，所以才不屑于忙忙碌碌"以天下为事""以物为事"。

圣人自然就是君主了。《庄子》中每当圣人出现，总是与天下、治国之道有关。从《逍遥游》中尧让天下于许由，许由以"子治天下，天下既已治也。而我犹代子，吾将为名乎"为理由拒绝，到《应帝王》中楚狂接舆主张的"夫圣人之治也，治外乎？正而后行，确乎能其事者而已矣"，说圣人君主治理天下要以道化民，顺从人的本性，而不是以礼仪法度去限制人、约束人，都说明庄子对圣人的考量是从君主在现实社会中的社会地位、肩负的治理天下的责任以及至高无上的权力名望作为出发点的。

当我们理解了庄子心目中逍遥游的至人、神人、圣人在现实社会相对应的就是民、臣、君这三种人，再回过头来体会庄子的治国之道，不难发现庄子虽然显示出相当的"非政治化"倾向，很少直接谈论传统意义上的政治制度以及治理天下的具体措施等，但庄子对治国之道的关注是通过对现实社会的否定，对理想社会诗意化的描述，对圣人、神人、至人所代表的君、臣、民社会构架的设想而流露出来的。在这样的社会中，庄子把实施理想的最大希望寄托在圣人也就是君主身上，而最能体现他人文关怀的人群则是至人，也就是普通老百姓还有文人士子了。

二、圣人君主尧

无论庄子对"以天下为沉浊，不可与庄语"（《庄子·天下》）的社会认识有多么深刻，他多么想逃避到一个只属于自己的小角落，在现实社会中他其实是无计可施的，因为他毕竟置身于一个君主社会。他就是对"古之人"再向往，对"圣人无名"的理想世界再钟情，对卫君这样的暴君再憎恶，他也无法真正从这个社会中抽身，无法彻底摆脱这个社会对他的限制与影响。就像他在《人间世》中所说的那样"臣之事君，义也，无适而非君也，无所逃于天地之间"，臣子侍奉君主，是天经地义的，只要人生活在这个世上，他就不可能逃到一个没有君主的地方。

在一个君主社会，庄子愿意也好，不愿意也罢，他都不得不承认君主在这个社会所拥有的无法撼动的地位，不得不"安之若命"地接受君主无所不在的统治，不得不在君主的眼皮底下寻找夹缝求生存，也不得不与君主至高无上的权力逶迤周旋。总之，面对现实，不管他接受还是不接受，君主就在那里。既然这样的制度无所逃避，那么，为什么不按照自己的思想去设计一个理想的君主，在这样的君主身上寄托自己的期望与要求呢？于是，我们看到庄子不但承认、接受君主，而且还包装出了一个自己心中的君主来。这样的君主名义上仍然是一国之君，承担着治理天下的重任，但他又不是一般的君主，他还是圣人，君主与圣人合二为一，成为圣人君主。

有意思的是，庄子为什么一定要君主是圣人呢？

"圣人"在先秦时代算得上是颇为热门的流行语，先秦诸子几乎个个说圣人，尽管各家对圣人的定义不尽相同，但圣人的的确确是各门各派都推崇的理想人物。我们不妨来做个粗略的统计。"圣人"一词，在老子《道德经》中出现了三十一次，《论语》中三次，《墨子》中三十五次，《孟子》中十九次，《荀子》中三十五次，《管子》中五十九次，《韩非子》中五十四次，而在《庄子》一书中出现竟高达一百一十三次。即便不算外、杂篇，仅内七篇也有二十八处提到了"圣人"。当然了，在外、杂篇中，有些文字是骂圣人的。被骂的大多是儒家一派的圣人。偏偏司马迁被这些骂圣人的篇章误导了，他把骂儒家的账统统算在了庄子的头上。其实，内篇中，庄子至多只是稍稍讥讽了儒家几句而已，从来没有骂过。不仅如此，那"无名"的圣人还是庄子心目中名副其实的逍遥游者呢。

总的来说，先秦时期，虽然有非议"圣人"的不和谐之音，但主流学派都是把圣人视为最高道德与人格境界的典范，当作治国平天下的君主楷模。在孔子眼中，圣人要能广博施恩、拯救民众，为天下百姓求福祉。孔子对圣人的期待极高，甚至认为像尧舜这样的圣明君主也会担心自己不够格呢。（《论语·雍也》）至于一般人，那就更入不了孔子他老人家的法眼了，孔子明确地说"圣人，吾不得而见"（《论语·述而》）。对老子来说，圣人同样是了不起的人物。老子的圣人人设是：要能让天下人吃饱饭、安居乐业，无知无欲（《道德经》第三章），而且要用"无为""不争"之道来治理天下（《道德经》第八十一章）。
可见以圣人的标准来要求君主、衡量君主并非庄子的首创。他不过是
借了孔子、老子等的圣人模具，把自己对君主的期待与要求放了进去。

　　在《庄子》中真正称得上是圣人君主的只有两位：一位是尧，另
一位就是卜梁倚。你可能不大相信儒家极为崇拜的尧居然会被庄子视
为是圣人。是不是很有些出人意料？连孔子都不敢确定尧是否一定是
圣人，庄子反倒把他给算进去了。当然，《庄子》中的"尧"是不是
历史上真实的尧，那就是另一回事了。庄子把尧树立为他理想中的君
主典范，其实是有他自己的考虑的。尧是中国历史上公认的古昔圣王
之一。孔子曾这样赞美他："大哉，尧之为君也！巍巍乎！唯天为大，
唯尧则之。荡荡乎，民无能名焉。巍巍乎，其有成功也，焕乎，其有
文章！"（《论语·伯泰》）《尚书·尧典》说尧办事恭谦，洞悉事理，
知人善任，恩泽天下。在尧的治理下，百姓安居乐业，各族和睦相处，
呈现出一派国泰民安的景象。庄子原本就与"颜氏之儒"有渊源关系，
尧又是众人心目中最圣贤的君主，这样来看，庄子选中尧来担当自己
理想中的君主也就顺理成章了。

　　当然，在《逍遥游》中首次露面的尧还不是庄子心目中具有治国
之道的理想君主。所以庄子要尧做的头一件事就是放下自己的天下。
于是，尧特意为了这件事去见许由。尧把自己比作照明的烛光、灌溉
的小水，而把许由比作日月和及时雨，告诉许由说，天下既然已经出
现了像许由这样的能人，自己就不该尸位素餐，应该将君主之位让给
许由。可是许由并不接受。他说天下在尧的治理下，已经大治，现在
尧已经拥有治理天下之名，而许由认为自己并没有做任何事，不需要
这样一个名不副实的"名"，许由的回答显然是呼应庄子提出的"圣
人无名"而来。更何况"鹪鹩巢于深林，不过一枝；偃鼠饮河，不过

满腹"，对于满足于温饱小康、自甘平淡卑微的许由来说，他怎么会去稀罕什么虚妄的天下呢！

有了这样一层铺垫，下一步的重点自然就要放在尧是如何做到"圣人无名"上的。其实，从尧打算把"名"和"天下"都让给许由那一刻起，尧就已经扎扎实实地在向圣人君主迈进。因此，在说过"藐姑射之山"之后，庄子又回到了尧这里：

> 尧治天下之民，平海内之政，往见四子藐姑射之山，汾水之阳，窅然丧其天下焉。

如果仅仅是要把尧设置成得道的逍遥游者，庄子大可不必提什么"治天下之民，平海内之政"这样的政绩，但事实是庄子不但提了，还特别选在尧去藐姑射之山见了四子"窅然丧其天下"的时刻，可见治理天下与"忘天下"是紧紧联系在一起的。只有这样的尧，才是庄子心中最为理想的圣人君主。作为君主，尧承担"治天下之民"的重任，创造出了一个太平之世；而作为圣人，他却自甘"无名"，忘了名，也忘了自己所拥有的天下！这得是多么有风采、有魅力的人啊！

三、卜梁倚的意义

卜梁倚究竟是何许人，史书上没有记载，有可能他是庄子从神话传说中借过来的人物，但更大的可能是出自于庄子的杜撰。如果说作为圣人君主的尧，既体现了庄子对君主"治天下之民，平海内之政""夫子立而天下治"的政绩要求，又寄托了庄子对君主"忘"天下而"无名"的理想的话，那么，卜梁倚这个人物，主要是用来阐述成为圣人君主的基本条件。

　　用庄子的话来说，任何君主成为圣人君主的基本条件就是必须拥有"圣人之才"以及"圣人之道"。有"圣人之才"而无"圣人之道"的人只能算是君主，而非圣人；有"圣人之道"而无"圣人之才"的人，只能是传道的女偊，充其量是大宗师也就是真人，算不上是圣人。

　　庄子一向主张有"德"不形、藏"才"不露、要处于"材与不材之间"，可是为什么他在《大宗师》中却大大地赞了一把"才"，还提出了"圣人之才"与"圣人之道"的概念？女偊对南伯子葵说卜梁倚有"圣人之才"可是没有"圣人之道"，自己有"圣人之道"却没有"圣人之才"，所以他想用"圣人之道"教卜梁倚，这样或许卜梁倚可以成为圣人。（《庄子·大宗师》）此刻的女偊与卜梁倚都不是"圣人"。但是，按照庄子所说，有"圣人之道"的女偊是没有"圣人之才"的，而具备"圣人之才"的卜梁倚却可以得到"圣人之道"从而成为圣人君主。卜梁倚分明名不见经传，可他怎么会成为庄子心目中仅有的两位圣人君主之一？庄子确实从来没有直截了当地说作为君主的卜梁倚是如何治理天下的，但他通过女偊之口明确地表示倘若卜梁倚要想得道，最重要的一步便是"忘天下"，而能拥有天下的人，非君主莫属。在《庄子》内篇中，符合这一条件的，也就只有尧与卜梁倚两位了。一旦卜梁倚得了女偊的"圣人之道"，他就可以跟《逍遥游》中"圣人无名"的"圣人"一样成为圣人君主。

　　下一步，庄子要说的就是什么是"圣人之才"，什么人有"圣人之才"。

　　庄子文章中很少说"才"。即便提到"才"，指的也多是处世之才，如《德充符》中的"才全而德不形"、《山木》中的"周将处乎材与不材之间"等。只有《大宗师》中谈到的"才"是个例外，这次庄子不但充分肯定了"才"，而且还称其为"圣人之才"。

　　凡是提到圣人，庄子往往指的是得道的君主，但反过来说，君主却很少是圣人。作为君主，除了实施暴政的卫君之流以外，一国之君最起码应具有治国之才。如尧曾有的"治天下之民，平海内之政"之"才"，但直到尧"窅然丧其天下"之后，庄子才认为他是圣人。所以，没有得"道"的君主虽非"圣人"，却未必无"才"。

　　有关"圣人之才"的"才"，成玄英认为是指得道的才能："虚心凝淡为道，智用明敏为才。"（《庄子疏》）可是，如果"才"仅仅指的是得道的聪明才智，想必人人都可以有，那为什么女偊要一口咬定自己没有"圣人之才"呢？还有其他人物，如哀骀他、阆跂支离无脤、瓮㼜大瘿等也都是得道者，为什么他们也算不上是圣人？显然，问题的关键在于这些得道者与女偊一样，都没有"圣人之才"。所谓"圣人之才"其实就是君主之才。而君主之才并非人人皆有。

　　《庄子》中出现的历史上有君主之才的不乏其人，如卫灵公、齐桓公都可以说是颇有治国之才的君主，在他们的治理下，卫国、齐国都算得上是春秋时期的强国。庄子似乎也尝试着把这二位纳入圣人君主之列。例如《德充符》中记述了这样一个小故事：阆跂支离无脤游说卫灵公，卫灵公很高兴。当卫灵公迷上这位身体畸形的人之后，看到形体健全的人，反倒觉得他们的脖子都太细小了。还有瓮㼜大瘿游说齐桓公，也得到了齐桓公的欢心，齐桓公对这位身上长着巨型瘤子的人看顺了眼，此后再看其他人，也觉得他们的外貌都不正常。

　　阆跂支离无脤与瓮㼜大瘿都属于得道之人。庄子用了很多奇奇怪怪的字眼诸如阆跂（曲足）、支离（伛背）、无脤（无唇）、脰（颈部）、肩肩（细小的样子）、瓮㼜（大如陶盆）、大瘿（脖子上的大瘤子）等，来描述他们形体的残缺，显然是要强调得道与外形无关。但是庄子为什么偏偏要派两位畸人去游说卫灵公与齐桓公这样颇具治国才能的君主呢？他应该是希望他们也能像尧还有卜梁倚那样，最终"忘天下""丧天下"。可惜的是，这两位君主的悟性还远远不够，他们只是从一个极端走到了另一个极端，视"残"为"全"，将"全"当作"残"，就像视美为丑，视丑为美，视是为非，视非为是一样，仍然无法摆脱"残"与"全"这样的观念，自然也就很难真正忘君主之位、忘天下。像卫灵公、齐桓公这样的君主，不能说没有"圣人之才"，但仅仅有"圣人之才"却没有"圣人之道"，还是成不了圣人君主的。

一位君主是否能成为圣人君主，拥有"圣人之才"或者说是拥有君主之才只是其中一个最基本的条件，更重要的还必须有"圣人之道"。

那什么是"圣人之道"呢？值得注意的是，在《庄子》中，这是唯一一次在"道"的前面加了修饰语，难道这意味着除了"圣人之道"以外，还有什么"相国之道""将军之道""商贾之道"？

庄子的"道"主张的是万物一齐，道通为一，自然也就不会分出各种不同类型的"道"来。庄子之所以说"圣人之道"只是由于南伯子葵要学长生不老之道而引发出来的。

女偊对南伯子葵所解释的道就是《大宗师》中所说的"有情有信，无为无形"之道。庄子在《大宗师》中描述"道"的特质时，曾开出了一大串得道者的名单，强调凡是学"道"的人，都会取得不凡的成就；同时上至三皇五帝，下到贩夫走卒，人人皆可得道。然而，对这位找上门来要学道的南伯子葵，女偊竟然一口回绝，还毫不客气地告诉他，你就不是学道的料。女偊这么说，是不是与庄子"道通为一"的一贯主张相冲突呢？

其实两者之间并不矛盾。庄子的确说过"道""可传而不可受，可得而不可见"，却从来没有说过"道"可以学。最重要的是，南伯子葵见女偊"色若孺子"，误把女偊当成拥有长生不老驻颜术的神仙方士一类，迫切想学长生不老之术。所以南伯子葵一张口，女偊就听出来他学"道"的动机与庄子之"道"风马牛不相及，自然毫不客气地把南伯子葵一口回绝了。可见，女偊所说的"圣人之道"只是针对南伯子葵感兴趣的长生不老之道而言，只有将"圣人之道"这个说法置于上下文中来看，才可得出正解。

按照女偊所说，卜梁倚是通过"守"与"忘"最终得了"圣人之道"。尽管卜梁倚这个人物，在《庄子》中只间接地露了这一次脸，意义却不容小觑。在庄子看来，只有既有"圣人之才"又有"圣人之道"，能够忘掉自己所拥有的天下的人，才算得上是圣人君主，是真正的圣人。所以说庄子治国之道的第一个理想就是得有像尧、卜梁倚那样既能治天下又能忘天下、不以拥有天下为意的圣人君主。

四、圣人君主做什么

有了圣人君主之后，"忘天下"的圣人君主应当如何治国、如何去履行君主的职责、如何去面对他的臣民？说白了，圣人君主到底应该做什么？怎样去做？在这样的问题上，庄子又有什么样的想法呢？

据《人间世》记述，尧在"窅然丧其天下"成为"无名"圣人之前，虽然已经把国家治理得风调雨顺，却也曾为了名而穷兵黩武。尧、禹都曾攻打过几个小国，把这些国家变成了废墟。表面上看，尧、禹攻打他国，是为了解救他国百姓，使其免遭暴君屠戮，实际上却是为了求取圣人之名。（《庄子·人间世》）这样的行径，当然与庄子所期待的治国之道有着天壤之别。

庄子对圣人君主如何治国是有着自己独特的理念与要求的。按照庄子的设想，圣人君主之治，应当是一种不刻意有所作为的治。圣人不会刻意、勉强去做什么事；在是非功利面前，不追逐于利，也不会刻意躲避祸患；圣人不热衷于索求，更不会四处伸手。圣人时时与道同在，却不攀缘于道，不凭借道来炫耀自己，不需要事事反思自己是否顺从于道；各种说辞、言论的"有"或"无"在圣人眼中都是一样的，不存在一条截然分明的界限。圣人虽身处世俗世界，心却永远游于逍遥的理想境地。（《庄子·齐物论》）

也就是说，庄子理想的圣人君主，虽仍需与各种俗务周旋，同样身处一系列的事务之中，不免有利害之念、不免有索求，但不同之处在于，圣人君主对处理这一切事物都怀有一种"圣人之道"的君主心态，诸事顺道而行。这样的圣人君主，是去过藐姑射之山后的尧，也是得了"圣人之道"后的卜梁倚。由于圣人君主心无尘垢，因此处理起国家大大小小的事务来，就不会强求，而是来则迎之，去则送之，无是无非。

因此，在庄子看来，圣人君主仅仅限于"不从事于务，不就利，不违害，不喜求，不缘道"还不够，其内心精神、个人修养也必须要能与"道"相合："旁日月，挟宇宙，为其吻合，置其滑涽，以隶相尊。众人役役，圣人愚钝，参万岁而一成纯。万物尽然，而以是相蕴。"（《庄子·齐物论》）庄子如此描述圣人君主，只不过是要强调圣人君主完全突破了时空的局限，在精神上与日月宇宙万物融为一体，任凭世间参差百态、乱象滋生，圣人君主都可以凭借无是无非、无贵无贱的等而视之的态度，创造出一个"以隶相尊"的无分别的理想社会。事实上，世上众人一生都在劳碌，而君主圣人看似"愚钝""不从事于务"，其实，只是因为他们心中装着上下古今，可将上下古今与天地万物融为一体，可以不分是非贵贱高低、无区别地对待一切，包容一切。就从这一点上，不难看出庄子的治国之道，并非是一种逃世或者避世，也不仅仅是一种心境逍遥的不作为，而是从"天地与我并生，而万物与我为一"的独特视角来看待一切，对世间的纷杂万象统统以"置其滑湣"的不加分别的方式来应对。

在这样的"治国之道"理念的指导下，庄子所期盼的社会现实自然也就呈现出一派不同凡响的景象，《庄子·应帝王》说：

> 有虞氏不及泰氏。有虞氏，其犹藏仁以要人，亦得人矣，而未始出于非人。泰氏，其卧徐徐，其觉于于，一以己为马，一以己为牛；其知情信，其德甚真，而未始入于非人。

有虞氏（舜）与泰氏（伏羲氏）都是上古帝王中的圣人。特别是舜，一直被视为是继尧之后最有圣人之才而又有仁义的君主。然而，庄子说，有虞氏向人显示仁义，使人归顺自己，虽然他得到了人，受到人们的拥戴，其出发点却仍不脱是己而非人的窠臼，并不能超然于物外。这种治国之道并不为庄子所取。庄子推崇的，是像泰氏（伏羲氏）那样"不治而治"。

所谓"不治而治"，就是既不以诸如仁义、礼乐、法治之类的东西来约束、限制、治理自己的臣民，同时君主自己也不受任何仁义、礼乐、法治等条条框框的约束，一切都不违背本心。庄子是这样描述的：圣人君主要像泰氏（伏羲氏）那样，睡觉时安闲舒适，醒来时悠然自得，毫无牵挂。什么君主的权威尊严、帝王的名望地位，就连这样的概念也从不生于心中。你视我为马，我就是马；你视我为牛，我就是牛。做牛做马与做君主没有任何的不同，谁也不比谁高一头，谁也不比谁更加尊贵。这样的君主理解什么是"情"，什么是"信"，他的"德"很真，不会是己而非人，自然也"不谴是非"。对待臣民，采取的是听之任之、任由其"化"的治理方法，即使得人心也是"无心"而得之，与是非利害全然无关。这，就是"不治而治"的治国之道。

不难看出，庄子描绘的这个介于理想与现实之间的"不治而治"的社会图景，隐隐有老子"小国寡民"的影子，但在更大程度上还是脱胎于"古之时"的"至德之世"。在这样的社会，人们都有不变的本性，织布而穿衣，耕种而吃饭，自给自足，人与万物浑然一体。这就是任其自然。在这样的至德之世，人人行为端庄，目光专注。山野中没有大大小小的道路，湖泊间没有船只，江河间不存在桥梁。人与万物生活在一起，居住的乡村之间也没有任何疆界。禽兽成群结队，草木随意生长。人们可以牵着禽兽游玩，也可以爬到树上观看鸟巢。在这里，人与禽兽同居一起，没有物我的不同，也没有君子小人、君主臣民之分。（《庄子·马蹄》）这样的社会才是庄子所向往的圣人君主治下的理想社会。

说到庄子的"不治而治"，就不能不提到他在《应帝王》中推出的"无名人"。庄子的一句名言就是"圣人无名"。光凭名字我们就可以知道这位无名人一定跟圣人君主有关，或者说就是圣人君主的化身。据说，有一天，天根在蓼水河边游历遇到了这位无名人。天根开口就向无名人请教如何治理天下，自然遭到无名人的抢白："赶快走开，你这个鄙陋之人，为什么问我这么扫兴的问题！"此时的无名人正在"游无何有之乡"，当然不会对治理天下感兴趣。有意思的是，无名人刚刚谴责了天根，却不容他答话马上又解释说："我正要与造物者一起讨论如何为人，忽然得到了答案，我就乘着轻虚之鸟飞往六极之外，游于无何有之乡，处于圹埌之野。你为什么要用治理天下这种梦话来扰动我的内心呢？"天根遭到斥责之后，也并未放弃，他还继续追问。这一次无名人终于对治理天下这个问题给予了正面的答复，他说："你游心于恬淡的境界，清静无为，顺应自然万物的变化，不掺杂任何个人的私念，这样，天下便会大治了。"（《庄子·应帝王》）由此可见，庄子其实还是无法对现实世界彻底释怀。他借无名人之口，说明自己"不治而治"的思想核心是要圣人君主与"道"的境界融合为一，一切顺应自然，彻底抛弃一己之私。只有这样，天下才可能实现真正的大治。

五、圣人君主也会"亡人之国"

一个"不治而治"的君主社会是令人向往憧憬的，庄子也倾其全力地勾画出这样一幅和谐自然的美景。然而，现实与理想往往相距甚远。庄子在《应帝王》中提到的一位号称"日中始"的人可以视为是现实社会中君主思想的典型代表。日中始认为君主帝王统治天下就要根据自己的需要制定、颁布法度，这样的话，就没有人敢不听从。时间一久，百姓就能习惯成自然，自觉自愿地遵循这样的礼法制度了。可是，在庄子看来，这样的治国之道只是君主帝王的一厢情愿，虚伪不实，是"欺德"。用这样的方法来治理社会，就如同是在大海中开河，让蚊虫背负大山一样，荒诞不经。庄子还特别用了两个比喻，说鸟都知道高飞躲避短箭的伤害，鼷鼠知道在社坛下打深洞以避免烟熏挖掘的祸患，难道人连这两种动物都不如吗？他的意思是说用严酷的律法去约束、限制百姓，结果只能迫使百姓像鸟与鼷鼠一样去寻找对抗律法的办法与途径来躲避"害"与"患"，长此以往，只会形成恶性循环，导致社会越来越黑暗混乱。（《庄子·应帝王》）

针对凭借礼法典章来治理百姓的办法，庄子明确提出"夫圣人之治也，治外乎？正而后行，确乎能其事者而已矣"（《庄子·应帝王》）。这里的圣人指的就是圣人君主。庄子认为圣人君主应当以"道"化人而不是用礼仪法度去束缚人。"正而后行"的"正"是说君主不设网罟机关，摒弃法度规则，先正自己之身，百姓自然也就不会千方百计设法避免法度规则的束缚，最终必然会尽力做他所能做之事。庄子认为这才是帝王君主应该采取的治国治民之道。

庄子的治国之道可以说是高度理想化的。那么，在现实世界中，庄子的治国之道是否还有那么一丁点儿的回旋应对余地呢？特别是正逢"其年壮，其行独。轻用其国，而不见其过；轻用民死，死者以国量乎泽若蕉，民其无如矣"（《庄子·人间世》）之时。卫君治下的卫国，圣人君主又当如何解其民于倒悬？对于这样的问题，尽管庄子从未做出过明确的回答，但我们多多少少还是可以从一些间接的论述中搜寻出答案来。其中，最耐人寻味的是《大宗师》中的一段话："杀生者不死，生生者不生。其为物，无不将也，无不迎也；无不毁也，无不成也。其名为撄宁。撄宁也者，撄而后成者也。"

在此之前，庄子分明说卜梁倚得道之后就进入了洞明清澈的逍遥境界，为什么笔锋突然一转，霎时间冒出了缕缕的杀气，说杀人，说抛弃，说毁灭？的确，作为君主，杀生灭国本不足为奇，当年尧与禹也都曾经攻打过其他小国。倘若得道的卜梁倚仍致力于杀生之事的话，岂非有悖于圣人之道？所以不少庄学研究者绞尽脑汁来解释这段话，认为得道圣人是不可能说这样的话、做这样的事的。

那我们就先来看看这段颇有些突兀的话是否说的就是卜梁倚？

宋陈碧虚《南华真经阙误》所引江南古藏本上的这一句与通行本《庄子》略有不同。江南古藏本的"杀生者不死，生生者不生"前还有一个"故"字，为"故杀生者不死，生生者不生"。一个"故"字，使"杀生者不死，生生者不生"与前文有了明确的逻辑联系，意思是卜梁倚得道之后才能够"杀生者不死，生生者不生"的。也许是出于为贤者讳的考虑吧，一些《庄子》版本将"杀生者不死"改为"生生者不死"。但他们忘了，有"圣人之才"的卜梁倚得了"圣人之道"成了圣人君主，只要他仍然是君主，就不得不从事君主之事，尽君主之责，兴兵灭掉如"卫君"一样的暴君，不应该也是圣人君主的职责所在吗？

君主杀人在庄子生活的战国时期那是再稀松不过的平常事了。臣子在朝堂之上一言不合就可能丢了九族的性命，为了弹丸之地或蝇头小利君主会倾举国之力攻打他国就更不消说了，正如孟子所描述的那样："争地以战，杀人盈野；争城以战，杀人盈城。"（《孟子·离娄上》）然而，同为战争，发动战争的目的却大有不同。只有反复揣摩庄子这段话的内涵，才可以理解既有"圣人之才"又有"圣人之道"的卜梁倚为什么"杀生"。

"杀生者不死，生生者不生"，字面上说有权杀人的人，杀了人却不认为自己是在杀人，有权让人获得重生的人，不认为是自己让别人获得了新生。在这里，这个杀生者与生生者都是特指圣人君主卜梁倚的。所谓"生生者不生"是说卜梁倚使人重生，不是他需要获得什么报答；而"杀生者不死"是说他不是为了一己之私利而杀人，他之所以这样做，不过是在其位而谋其政。正是在这个意义上，庄子才说圣人君主卜梁倚杀人不是杀人，使人获得新生也不是使人获得新生，因为一切都是顺从于"道"，是"道"的体现。也正是由此出发，庄子才说，对于世间万物，圣人君主可以抛弃一切，也可以迎接一切。在圣人君主那里，没有什么东西不可以毁灭，也没有什么东西不可以成就。这就叫"撄宁"。所谓"撄宁"，就是在万事万物的生死成毁的纷扰中保持内心的宁静。

说庄子的治国之道包含有"杀生者不死，生生者不生"的意思，多少有些令人难以置信。但我们这样说，确实不是故作惊人之语。特别是如果我们结合庄子《大宗师》中的另一段话"故圣人之用兵也，亡国而不失人心；利泽施乎万世，不为爱人"一起来看的话，就可以更清楚地看到，庄子对现实社会中的圣人君主是另有期许与要求的。在庄子的理想世界，那里的圣人君主"其卧徐徐，其觉于于"（《庄子·应帝王》），"功盖天下而似不自已，化贷万物而民弗恃，有莫举名，使物自喜，立乎不测，而游于无有者也"（《庄子·应帝王》），一切顺应自然，不治而治，当然也就用不着"杀生""用兵""亡国"等手段。但在现实世界，面对卫君那样的暴君，或者"其德天杀"的储君，庄子似乎并不反对以"杀生"或者通过战争来解决问题。不然的话，就很难解释这里庄子为什么要肯定圣人君主出兵发动战争，灭了他人之国，而被灭之国的百姓却心甘情愿地归顺，肯定圣人君主不为博得"爱人"之名的征战，是"利泽施乎万世"，使此后万世的君主不再杀人，不再发动战争。可见在"利泽施乎万世"的前提下，"杀生者不死，生生者不生"是圣人君主的职责。"用兵""亡国而不失人心"同样也是圣人君主的职责，这些都同样是"正而后行"的圣人所为。这样的圣人君主才是现实社会中庄子所期许、所企盼的。

　　我们认为，把庄子理想世界的治国之道与现实世界中圣人君主的治国之道区别开来，是探索庄子治国思想的一条新途径。过去，总有学者认为庄子有关"杀生者不死""圣人之用兵也，亡国而不失人心"的论述不符合庄子的一贯思想，是窜入的文字，应当删去。（陈鼓应《庄子今注今译》）其实，这是由于没有深刻理解庄子圣人观而产生的一种误解。实际上，庄子对圣人的论述集中体现了他的政治理念，或者说他的政治观是通过对圣人的描述以及对是非等的阐发显示出来的。从庄子在《齐物论》中对圣人所作的论述上，我们可以看到庄子实际上还是把治世的希望寄托在君主身上。他创造出现实社会中"无名"

的君主圣人，其实也是希望这样的圣人能通过"不用而寓诸庸"（《庄子·齐物论》）的方式，"治天下之民，平海内之政"，使四海晏然。

　　至此，庄子对治国之道的最重要的人物角色圣人君主的论述就算是完成了。不过，一个社会仅仅有圣人君主还不够，对构成君主社会的另外两部分人，也就是臣与民，庄子又有着怎样的期许与要求呢？

六、神人臣子的职责

　　在《逍遥游》中，神人排在至人之后、圣人之前，所谓"至人无己，神人无功，圣人无名"。无论君在前还是民在前，臣都是居中，这个位置决定了臣是连接君主与黎民百姓的中介。庄子的这个排名本身就很有意思。至人"无己"可以通过个人修心做到，圣人"无名"也可以由本人独立完成，唯独神人"无功"需要上有君下有民的配合才可能实现。也就是说，只有在君主有"无名"的胸襟，黎民百姓有"无己"的品格的前提下，人臣才有可能做到"无功"。倘若君主无道，黎民百姓生活于水火之中，人臣充其量也就能"就不欲入，和不欲出"（《庄子·人间世》），或者但求保全自身而已。就处人与自处来说，一个文人士子倘若打算出仕为臣的话，其境遇很可能难于君主与黎民。庄子称其为"神人"，可谓煞费苦心。神人首先是人，可还得有超乎于人的神的功能才能完成其使命，神人是要能做出神一般的事来的。

　　"至人"与"圣人"这两个词语，在庄子之前就已经创造出来了。其含义与庄子的虽不同，但在用法上可说是旧瓶装新酒，唯独"神人"这个名称是庄子的独创。与《庄子》中至人、圣人的出现频率相比，神人仅出现过八次，但这并不意味着庄子对神人的关注度就低。相反，《庄子·人间世》展开的一幅文人士子出仕的画卷，堪称是神人在现实社会中的一部处世宝典。

神人首次出现于《逍遥游》。庄子描述说，神人居住在藐姑射之山，肌肤若冰雪，绰约若处子，不食五谷杂粮，只需吸风饮露。神人乘云气，驾驭飞龙，游于四海之外。神人做事精神十分专一，在他的照管下，万物没有灾害疾病，年年五谷丰登。……神人视万物一齐，没有高低贵贱之分。世上的人纷纷以治理国家之名追求功利，神人却丝毫不把这些俗事放在心上。神人这样的人，外物伤害不了他，洪水滔天淹不死他，天下大旱，热到金石熔化，土地和大山都被烧焦，他也不会感到热。神人身上的尘垢与秕糠，都可以造就尧舜这样的人物，他怎肯把治理社会当作自己成就功名的事业呢！

神人出现的频率虽然不及至人与圣人，却是庄子花费笔墨最多、描述最详尽、特征刻画最为鲜明的一位。神人的外貌毫无瑕疵，是与圣人、至人一样的逍遥游者。最重要的是，庄子直接点明了神人的社会功能"使物不疵疠而年谷熟"。这个"物"，既包括万物，也包括人；"不疵疠"，是说神人能使万物没有灾情，人没有疫病；而"年谷熟"，说的是五谷丰登，可以让黎民百姓衣食无忧，生活富裕有保障。这就明白地告诉我们，神人的职责不是致力于建立"经式义度"，而是把精力完全放在黎民百姓的基本生活保障上。要让黎民百姓有饭吃有衣穿有房住，不必为衣食住行等基本生活需求担忧。这才是人臣最基本也最重要的职责。

庄子说神人需要"其神凝"才能做到这一切，应该也是有深意寓焉的。作为人臣的神人怎样才能做出这样重要的功绩呢？首先需要有一个名副其实的"圣人无名"的圣人君主，只有在这样的理想国度，没有君主的掣肘与猜忌，没有功高震主的顾虑，没有自身的性命之忧，神人臣子才能真正专注，才能"神凝"，才能放开手脚，不去在乎自己的功业，而把精力专注于自己的职责与使命上。所以说，"神人无功"在很大程度上取决于君主是否是圣人，或者说是以"圣人无名"为前提的。

"神人无功"的核心是要求人臣摆脱功名利禄的诱惑，具有"世蕲乎乱，孰弊弊焉以天下为事""孰肯以物为事"的襟怀，一心一意致力于"使物不疵疠而年谷熟"。即使建有"其尘垢秕糠将犹陶铸尧舜者也"的特大功绩，在主观意图上也绝不以功为功，永远坦然处之。有这样的人为黎民百姓提供生活保障，这个社会自然可以成为"至德之世"那样的世界，人们安居乐业，"其行填填，其视颠颠"了。

在庄子的理想世界中，君主实行的是"不治而治"，人臣的使命则是"使物不疵疠而年谷熟"。在一个农业社会中，吃饭穿衣住宿，也就是活着，是保证这个社会可以持续生存的最重要的内容。哪一样离得开"物不疵疠""年谷熟"呢？想必在庄子心目中，神人的职责是最为神圣的，对他的描述也就带有最为理想化的成分。特别是以写畸人、丑人、怪人闻名的庄子，唯独把神人写成了一位从里到外找不出一点儿瑕疵的完美之人，可见庄子对走向仕途的文人士子所抱有的极大期望。只有他们从此都能放弃对建功立业的追逐，仅以保障黎民百姓的衣食住行为自己的唯一使命，世间才会少一些遭受酷刑的申徒嘉、叔山无趾、右师等，平头百姓中也才能出现更多的"无己"至人，子桑等也才不至于因贫穷而食不果腹。

神人，可以说是庄子为文人士子所构想出的一个特别人设。

七、黎民百姓应该怎么做

在一个君主社会，除了君臣以外，绝大多数的人是生活于社会底层的草根。他们中的大部分人付不起十束咸猪肉的学费，很少人读得起书，命运给予他们的选择也就十分有限：要么面对黄土背朝天在地里刨一辈子的食，要么做最辛苦的杂役活计。无论在什么社会，草根阶层其实都是最不幸也最弱势的群体。由于庄子自己也同样过着草根的生活，对于他们的遭际，他们的人生命运，庄子不但感同身受，而且显示出了一位哲人、思想家特有的敏锐与悲悯情怀。

毫不夸张地说，整部《庄子》实际上都是庄子为包括自己在内的社会底层百姓特别是那些入不了仕途、混迹于草根的文人士子量身定做的。庄子深深有感于"死者以国量乎泽若蕉，民其无如矣"的悲惨情景，深刻理解生活于这个世界犹如"游于羿之彀中。中央者，中地也；然而不中者，命也"的残酷（《庄子·德充符》），对放眼望去，满大街走过的都是受过刖刑的独脚人的惨状有着极为透彻的感悟。面对这一切，庄子的由衷感言是"知其不可奈何而安之若命"。

既然无法逃离这样的社会，庄子思考最多的是，有没有办法去做点什么来抵御残酷现实对自己的伤害？

庄子找到的最好的解决办法便是既来之则安之，随遇而安。在这个意义上，支离疏的形象是格外有意义的。没错，任何一个有尊严的人都不愿意活得像支离疏那样，他外形的丑陋残缺姑且不论，可他怎么会那么理直气壮地享受着残疾给自己带来的种种好处：征兵时，他挽着袖子在大街上大摇大摆地游逛；征用劳役了，他因残疾而免受劳役之苦；朝廷为病残者发放救济，支离疏又理所当然地去领取柴米。在一般读书人眼中，像支离疏这样的人不过就是个无用的二流子。然而，庄子注意到的却是他靠给人缝补浆洗衣物足以养活自己，为人筛糠所得的大米还可以供养十个人的饭食。对这样一位身体严重残疾但还能养活自己并帮助别人的人，我们有什么权利去轻视他、贬低他？我们还能要求他怎样呢？

　　庄子用支离疏的例子清楚地告诉我们，世俗所谓的"无用""不材"不过是一种对残疾人的偏见或者歧视罢了。从支离疏身上，我们不难看到庄子对黎民百姓的最大期许便是既要安时处顺，又要能自食其力，养活自己。如果连这么基本的生存要求都满足不了的话，侈谈其他便毫无意义！庄子是深知黎民百姓生存之艰难的。他为普通人勾画出在这个社会如何处世、自处的途径，就是面对一切自己无法改变的事情，采取"安之若命"的一种超然的态度，随遇而安，坦然接受命运的安排。

　　这样与世无争的生活态度，貌似简单，实则是需要大智慧、大勇气的。要做到"安之若命"，关键要能像南郭子綦、申徒嘉、王骀、子祀、子舆、子犁、子来、子桑户、孟子反、子琴张等人那样"无己""丧我"，对任何外界或者自身生老病死的变化都处之泰然，"芒然彷徨乎尘垢之外，逍遥乎无为之业"（《庄子·大宗师》），从不试图去改变什么，也不把自己个人的意志强加于他人，唯其如此，才能自在随意、不伤性命地活着。

　　在这个介于理想与现实之间的世界，至人是以南郭子綦、申徒嘉等为代表的普通人。如果仅仅从社会地位、经济状况来看，至人是名副其实的生活在社会底层的凡夫俗子，可他们的精神境界却又远非一般凡夫俗子可比。庄子把这些人排在第一，位居圣人、神人之前，说明庄子最关心的也是这一类人在现实生活中生存的可能。

　　至人，与圣人、神人一样，都是得道的逍遥游者，他们在精神境界上，是息息相通的，具有相似的特征。《庄子·齐物论》中啮缺在提及至人时，对至人不了解利害得失感到困惑。王倪回答他说，以常人的眼光来看，至人是不可思议的。天气热到整个山林焚烧起来，至人也不会觉得热；江河湖泊封冻，至人也不会觉得寒冷；即便雷霆劈开山岳、飓风掀起巨浪，至人也能处变不惊。这样的人，乘云气，驾日月，游于四海之外。生死都不会在他们心中引起任何变化，更何况利害这样的鸡毛蒜皮小事呢。

从王倪的回答中，我们可以看到庄子赋予了至人这样几个特点：首先是"大泽焚而不能热，河汉沍而不能寒，疾雷破山飘风振海而不能惊"，字面上说至人经得起严酷的自然灾害的考验，实际上暗指的却是至人经得起社会经济政治各方面发生的剧烈动荡。无论面对怎样的巨变，至人都能坦然处之。至人外表上显示的是"不能热""不能寒""不能惊"，实际上是说任何外在的巨变都不会引起至人内心哪怕是轻微的波动。至人是不会去留意，更不会参与任何是非利害得失之争的，任何琐碎之事都不会改变他内心的平静。这也就是《庄子·应帝王》中所说的"至人之用心若镜，不将不逆，应而不藏，故能胜物而不伤"，这一点充分体现了至人"无己"的特征。其次，在精神境界上，至人与神人、圣人完全相同，可以"乘云气，骑日月，而游乎四海之外"（《庄子·齐物论》），不受任何外在物质条件或自然疆域的限制与制约，"乘物以游心，托不得已以养中"（《庄子·人间世》）。也就是说，"无己"的至人所可达到的境界与神人、圣人一样，都可抛却一切杂念，顺应自然的本性，游于无拘无束、自由自在的心灵世界。最后，庄子在谈及圣人、神人时，都没有触及死生与利害等人生问题，而对至人却特别提出"死生无变于己，而况利害之端乎"（《庄子·齐物论》）。显然，这是至人与圣人、神人之间的最大不同。这是因为圣人担当的是治理天下的大事，神人在意的是"使物不疵疠而年谷熟"，只有黎民百姓最为操心费神的才是生老病死与利害得失。对于生活在社会下层的草根来说，妨碍他们的不是圣人之"名"，不是神人之"功"，而是萦绕在他们心头与"一己"密切相关的死生利害是非。如果至人面对死生都无动于衷，那由一地鸡毛引发出的是是非非、利害得失又怎么会让他们产生一丝一毫的心动？

总之，庄子的治国之道或者说他所展示的治国蓝图，是以圣人君主为核心、以神人臣子为支柱、以至人百姓为基础的三方面共同搭建起来的。在这幅蓝图中，圣人君主与神人臣子功盖天下，却好像一切都与自己无关，他们能化育天下万物，使万物各得其所，却不让百姓感觉到依赖于任何人。他们身处变化莫测的境地，唯与"道"同游。而至人平民只是顺应自然也就是"道"的变化，不会去揣摩君主帝王的用意，没有谋略，放弃一切人为的事情，不用智巧，把心思全都放到对无穷无尽的"道"的体悟上，不寻求从中获得什么，用心就像空明的镜子一样，任万物来去不迎不送，顺应自然不留不藏，超然物外而不为物所伤。这，就是庄子所构造出来的富于理想却又具有某种现实意义的君主社会。这里，虽然还算不上是一个逍遥游的世界，但至少也是庄子自己设计出来的一个君臣民各尽其责、和谐自在的理想国。

第十一章

文人士子的悲哀

面对社会的黑暗混乱，黎民百姓所遭受的苦难，先秦诸子如孔子、墨子、孟子、荀子、韩非子等大都是以一种社会精英、思想先驱的身份出现，带着"天降大任于斯人也""舍我其谁"这样大气磅礴的使命感，提出了一系列变革政治制度、教化黎民百姓的主张，试图从政治道德层面拯救这个社会。唯有庄子不同。他选择了站在文人士子的阵营之外，从人心、人性、人的生命的角度来挖掘并分析这一切苦难、灾祸产生的根源，特别注意到文人士子在其中所扮演的不光彩的角色。由于基本出发点的不同，决定了庄子对人，特别是文人士子命运的认识达到了前所未有的深度，而他的批判力度也远远超越了诸子中的其他人。

古往今来，无论在什么社会，文人士子往往都被设定为思想的领军者，正义的维护者，现实的批判者。然而，庄子的文人士子人设却颇为不同。他理想中的文人士子都是从未涉足仕途的诸如南郭子綦、王骀、伯昏无人、申徒嘉、哀骀它、子桑、子舆这样"无己""丧我"，对人生、社会抱着一种"知其不可奈何而安之若命"（《庄子·人间世》），却"愿与有足者至于丘"（《庄子·大宗师》）的不同凡俗的人。对于那些抱着救世愿望奔走于天下，或者不得不入世与君主、官僚、政治制度周旋，或者不过是在社会的夹缝间求生存的文人士子，庄子一方面惦记着他们的安危，告诫他们要"先存诸己而后存诸人。所存于己者未定，何暇至于暴人之所行"（《庄子·人间世》），并警告那些幻想以仁义道德说服暴君的文人士子，说这样做只会被暴君视为是在加害于他，最终自己也为他人所害（《庄子·人间世》）；另一方面，庄子对文人士子与生俱来的精神缺陷、在追逐是非利害的过程中自甘堕落的丑陋表示了极度的绝望与愤激。庄子对人特别是对文人士子所怀有的这种矛盾而又痛苦的意识与悲悯之情是先秦时期任何其他诸子所无可比拟的。

一、人心的缺陷

我们知道庄子在《逍遥游》中提出了"无己"，紧接着又在《齐物论》中提出"丧我"。庄子为什么要反复强调"无己"与"丧我"？归根结底，就是因为他看到了"己"与"我"都是"成心"带给人的致命的灾患，是造成人生灾难的一个重要根源。庄子认为，不破除人心中以"自我"为中心，唯"一己之利"是图的这个"私"字，人就不可能获得真正的解脱。这是庄子思想中一个特别深刻的地方。这种深刻就在于庄子不仅看到了在这个社会，人如同"游于羿之彀中"，"方今之时，仅免刑焉"的一面，更特别清醒地意识到人自身的缺陷是造成这一切的又一个根源，看到人的心灵所受到的摧残扭曲而导致的人性、人格的异化对人的残害甚至是远甚于断足这样的肉体刑罚的。

庄子对人心不古，尤其是对文人士子的痛心疾首，首先来自于他对"大知""小知"心态的洞悉。

虽然庄子是在《齐物论》中才集中讨论"大知""小知"现象，但早在《逍遥游》中谈及"小大之辨"的时候，庄子其实已经让"大知""小知"露过面了，那就是他所说的"小知不及大知"。有必要指出的是，此处的"不及"并不是"不如"的意思。在庄子的词典中，"大知""小知"之间同样没有高下之分。庄子的意思只是说由于自身的局限，朝生暮死的"小知"不可能追及"以八千年为春，八千年为秋"的"大知"。因此，人不必不自量力地勉强自己，强迫自己。鲲鹏就是鲲鹏，蜩与学鸠就是蜩与学鸠，大小都是相对的。"小知"不必羡慕"大知"，"大知"也不必轻视"小知"。

让庄子感触至深的"大知""小知"是春秋战国时期一个极为活跃的群体。当时，各个学派蜂起，每一派都试图对自然界中的万事万物作出自己的解释。他们纷纷著书立说，高谈阔论，无所不争，无所不辩，互相诘难。讨论的话题更是无所不包。在庄子看来，当时社会的混乱、人与人之间的钩心斗角，与"大知""小知"密切相关。是他们喋喋不休的"是非""利害"之争造成了人心的混乱，而他们对一己之见、自我标榜的偏执，不仅导致了人与人之间相互猜忌、不信任的日益深化，而且也成为文人士子自身心灵的桎梏，使得人心越来越偏狭自私，距离逍遥游境界也越来越遥远。

庄子时代的"大知""小知"，与如今坐拥无数粉丝、整天热衷在网上争论不休的"大咖"或者所谓公众人物颇有几分相似之处，只不过各自凭借的平台不同罢了。如今的公众人物主要借助的是自媒体、新媒体平台，每日就人们关注的话题，指点江山，哗众取宠，左右着社会舆论的导向。而在庄子时代，也有这样一批人，他们或在朝堂之上结成一个利益集团，或聚集在达官贵人门下，为东家执笔操刀。庄子之所以将这一类人放在一起并称为"大知""小知"，一来"知"的确有大小之分，对问题的认知能力有高低之别；二来作为一个群体，"大知"与"小知"的分工确实有所不同，"大知"往往作为"核心"人物"发难"，而"小知"则作为"水军"响应，相互配合以造出庞大的声势来。

传统上，文人士子总是要依附于某一种势力而求得生存，他们往往见什么人说什么话，遇到什么情况写什么样的文章。这样的文人士子擅长审时度势，分寸拿捏得恰到好处。因而对社会、对自身的破坏力也就更大，对人性的侵蚀威胁也就更加严重。这也是为什么庄子在《齐物论》中先以"地籁"的嘈杂喧闹尽情描摹了物论者喋喋无休的争辩之后，剑锋直指热衷"心斗"的"大知""小知"，以极其犀利辛辣的笔触，将他们内心的龌龊、恐惧与不堪毫无遮掩地曝光在众目睽睽之下。庄子清醒地看到，社会的黑暗固然与这个"仅免刑焉"的社会现状有关，更与人心的丑陋、险恶有关，特别是与文人士子们精神的猥琐、心灵的不健全有关。因此，与其汲汲于救世，不如先救人心，必须先让人正视自身的丑陋与缺陷，认识到"我"与"己"才是造成这一切的罪恶之源。

二、"大知""小知"

于是，庄子为"大知""小知"勾勒出了一幅幅生动逼真却又令人触目惊心的众生图。《庄子·齐物论》描绘道：

> 大知闲闲，小知间间。

"闲闲"，形容大知从容不迫、气场强大的模样；"间间"，描绘小知暗中悄悄窥视打探、察言观色的样子①。显然"大知""小知"都是庄子否定的对象。而郭象《庄子注》把这两句解释为"小知知小，大知知大"，成玄英《庄子疏》也在这个基础上进一步说"大知"是"智

---

① 俞樾曰："《广雅释诂》：间，觊也。小知间间，当从此义，谓好觊察人也。"见郭庆藩《庄子集释》。

慧宽大之人，率性虚淡，无是无非。……无是无非，故闲暇而宽裕也"，又说"小知"是"狭劣之人，性灵褊促，有取有舍。有取有舍，故闲隔而分别"。这样一来，"大知""小知"就成了完全不同的两类人了。

成玄英的这个说法对后世影响很大。按照他的理解，如果"大知"是"率性虚淡，无是无非"的人，那"大知"与庄子所描述的逍遥游者就没有了区别，成了与"小知"相反的人物，好像庄子是要以"大知"衬托出"小知"的"狭劣"以及"性灵褊促"。这个误解与历来把鲲鹏误认为是庄子赞美的对象有关，其根源就在于把庄子的"小大之辨"理解成庄子是要肯定"大"而否定"小"。其实，庄子一直都是把"大知""小知"当成同一类人来描写的，只不过两者的情态与行事方式有所不同罢了。无论"大知"还是"小知"都与庄子所说的"吾丧我"毫不沾边。

如果仅仅看这两句的话，你可能会觉得庄子对"大知""小知"似乎并没有彻底否定。没错，貌似如此。但如果回过头来再去看一下前面有关"三籁"的描写，就会发现"大知闲闲，小知间间"其实说的就是"三籁"中的"人籁"。

"人籁"是人吹竹箫而发出的乐声，是要让人欣赏的，这样也就与听众发生了联系。竹箫要吹得悦耳好听，一定会顾及欣赏者的喜好，还一定得按照曲谱来吹。吹奏者的技法有高低，但无论合奏还是独奏，一旦离了曲谱，也就不成曲调了。所以南郭子綦对颜成子游说"女（汝）闻人籁而未闻地籁"，意思是人人都知道"人籁"的演奏是怎么回事。

"大知闲闲，小知间间"其实是说"大知""小知"如同参与演出的乐手一样，并没有什么独立的意志，衣食住行靠的都是代言的利益集团以及自己的"粉丝"。他们唯一要顾及的便是欣赏者、赞助者的喜好，一言一行都得服从后台的指挥，绝不可擅自而行，任意"跑调"。在这样的情况下，"大知"表现得雍容强势、气宇轩昂，而"小知"则唯马首是瞻，察言观色，一个"闲闲"，一个"间间"，自然成了常态。不过，这还只是"大知""小知"的一面，他们的另一面是：

大言炎炎，小言詹詹。

"大言""小言"对应"大知""小知"而来，说的是"大知""小知"的言论。"炎炎"，形容言辞火力十足，气势猛烈；"詹詹"，形容言之无物、啰唆烦琐。这两句描写"大知"与"小知"争辩时的情景："大知"气焰嚣张，犹如烈火燎原，大有置对手于死地的狠劲儿；而"小知"抓不住要点，一说起话来喋喋不休，却不着痛痒，废话连篇，就像林希逸所说的那样："小言詹詹，瞻前顾后，百家之说，市井之谈，皆在此一句之内。"（《庄子口义》）

如果说"人籁"是比喻"大知闲闲，小知间间"的，那么"地籁"就是"大言炎炎，小言詹詹"的真实写照：随着大地吐出来的气的流动，也就是风的运作，原本静悄悄的大地众物，瞬间发出了千奇百怪的声音。没风的时候，四处一片寂静，然而一旦发声，便大有排山倒海之势。风来自何方，又吹向哪里对"众窍"来说都不重要，重要的是千奇百怪的"窍穴"连风向哪边吹还没搞明白就已经随风大呼小叫起来了，尽管声音嘈杂、来势汹汹，实际却没有一点自己的东西，前面唱"于于"，后面就跟着"喁喁"地附和。微风吹来，和声就小；大风吹过，和声便大；暴风一停，众窍穴也就重归寂静无声，唯一可见的只是树枝随风还在摇曳晃动。

现在我们不难理解庄子为什么能把"地籁"写得如此详细生动了！风吹万窍而发出的各种奇奇怪怪的声音，听起来很炫，很博人眼球，却空无一物，不过是随声附和而已。庄子写"地籁"就是为了给"大言炎炎，小言詹詹"做铺垫，同时也是为"大知""小知"立此存照。

"大知闲闲，小知间间。大言炎炎，小言詹詹"，这十六个字虽然描摹的是那些热衷于是非之争的文人士子的神态情貌，但从中我们不难感受到他们内心深处那个迅速膨胀起来的"我"，那个一心要占据道德制高点的"己"。庄子真心向往的是一个人人都能像南郭子綦那样"丧我"、没有"是非"之心的世界。然而，人心的缺陷导致了人特别是那些文人士子一定要把"我"凸显出来，让天下人都知道"我"与别人的不同。为了显示"我"的伟大、正确，他们或抢占有利时机著文激辩，或游说鼓噪，试图控制天下舆论的走向。可在庄子看来，这一切自吹自擂、拾人牙慧的随声附和，归根到底，都是人心中的"我"或"己"在作祟，统统是"成心"造成的。幽默的庄子将"大知""小知"的言语与刚刚破壳的小鸟的啼叫相提并论：

夫言非吹也，言者有言，其所言者特未定也。果有言邪？其未尝有言邪？其以为异于鷇音，亦有辩乎，其无辩乎？

意思是说言论一旦说出口，并不像风吹众窍那样，声响一过便无踪无迹了。"大知""小知"总认为自己的言论就是真理，可是实际上没有人能够确定这一点。他们的言论果真就是真理吗？还是根本就不是真理？或许他们认为自己的言论与小鸟的鸣叫有所不同，可是二者之间真的有区别吗？还是根本就没有任何区别？庄子这一连串的反问，环环相扣，步步紧逼，直击"大知""小知"的要害：他们的言论以及所谓"公理"，听起来振振有词，其实不过是自说自话，并不能得到任何的证实，也没有任何实际的意义。

庄子对人在"成心"的作用下产生的心灵的丑陋、扭曲，看得十分透彻，他希望"大知""小知"可以意识到自身的浅薄鄙陋，反省自己思维方式的局限荒谬，所以用了这样中肯而又富于思辨的言辞，提醒走上迷途的文人士子扪心自问，自我反省。面对文人士子的命运以及他们的所作所为，庄子当然拒绝与之为伍，不屑于参与他们之间唇枪舌剑的争辩，只是站在一旁冷眼观望他们自我陶醉式的表演；但他又不忍心"眼见他起高楼，眼见他宴宾客，眼见他楼塌了"，忍不住要站出来向这些文人士子猛击一掌，向他们预警，要他们迷途知返，避免陷入更加危殆的处境。

三、异化的人格

庄子对文人士子心态的深刻洞悉，特别体现在他看到当他们沉溺于对外在之物的追求时，不但会丧失人原本具有的类似于"一以己为马，一以己为牛"这样一种与世无争、与人和睦相处的平和心境，还自觉不自觉地陷入了一种无可救药的自我精神折磨、自我心灵奴役的可悲境地，《庄子·齐物论》这样描述道：

其寐也魂交，其觉也形开，与接为构，日以心斗。

这是一种何等恐怖的画面：睡着时，魂魄仍得不到安宁，在睡梦中仍然继续着白天的争斗。早上醒来，方知那一夜在噩梦中与对手发生的恶斗只是"魂交"而非实战。他们不分白天黑夜，时时刻刻处在高度紧张、亢奋的斗争氛围。白日，要全力以赴揣度谋划，伺机捕捉对手的每一个漏洞以便反击；夜里，就是在睡梦中也丝毫不敢放松，无时无刻不在继续着白天惊心动魄的争斗。

对照"大知""小知"在公众舆论平台上"闲闲""间间"或"炎炎""詹詹"的表现，他们似乎是那么不可一世，风光无限，好像一切尽在掌握之中，然而这不过是表象而已。他们自得与风光的外表始终掩饰不了处在极度紧张状态下的恐惧。这种日夜不停的"与接为构，日以心斗"已经成为文人士子生活的常态，导致他们的生命受到了严重的摧残，精神被极度奴役。这种心灵的变态不但摧残了人的身心，更加剧了彼此间的相互猜忌、争斗，形成了一种恶性循环，使得这种恐怖的状态不断加深，不断扩大，他们就像走进了一条黑暗而没有尽头的隧道，永远看不到终结。

庄子是凭着一种思想者的敏锐，在这样的"心斗"中深深地感受到人生中"他人即地狱"这一极为恐怖的现象。他要思考的是，人与人的接触、交流，原本究竟应该是个什么样子？"与接为构"是怎样成为人与人相互接触的常态？人的生存的意义难道就是为了把自己全部的精力投入到这样无休止的相互残杀之中？显然，庄子不是"斗争哲学"的信奉者，但是作为思想者，庄子又清醒地看到这种人格异化的危害有时更甚于遭受暴君的迫害，凡是被卷进这种无谓的是非之争的人都不可避免地把自己的人生消耗在令人殚精竭虑的纠缠打斗之中，却又无力自拔。最让庄子痛心的是，这些文人士子对于自己所陷入的这种危殆的境地，对于自己精神的被摧残，非但全然不知，丝毫不以为意，反而愈加热衷于此，越战越勇，屡败屡战。

当人与人之间完全陷入"与接为构，日以心斗"这样相与为敌的关系，就如同打开了潘多拉盒子一样，必然导致人性丑恶、龌龊的一面恶性膨胀，于是便出现了为达到目的而不择手段的又一幕恐怖场景：

缦者，窖者，密者。小恐惴惴，大恐缦缦。

"缦者，窖者，密者"，一般解释为参与"心斗"的人，认为"缦者，窖者，密者"这三种人的共同特点就是一边处心积虑地算计他人，一边还得时时提防自己是不是也被他人算计，结果整天生活在焦虑恐惧之中。但庄子这一大段叙述的主语都是"大知""小知"，"缦者，窖者，密者"应该也不例外。其中的"者"与前边的动词"缦""窖""密"构成一个名词词组，指的是"大知""小知"用来算计他人的几种方法。"缦""窖""密"三个词都有遮挡、隐藏的意思，只不过遮挡、隐藏的程度有所不同，一个比一个更深。"缦"是用布遮挡，"窖"指藏于窖穴，而"密"则指藏于深山。"小恐""大恐"与"小言""大言"相类，呼应"大知""小知"。"惴惴"形容"小知"始终保持着高度的警觉，整天惴惴不安，随时随地提防着有人突然发难，时刻防备着不知来自何方的明枪暗箭；"缦缦"，形容"大知"也不得不把自己的真实面目、真实想法掩藏起来。（成玄英《庄子疏》）把这几句话联系起来看，庄子要说的是在"大知""小知"那里，没有任何真相。他们每时每刻都生活在恐惧、惴惴不安之中，从来不以真实面目示人。对他们来说，只有深藏不露，才能出其不意，下手更加稳、准、狠，也只有不让对方猜出自己的真实意图，无法获得一星半点有关自己的信息，才可能迷惑对方，伺机令对手一招致命。

至此，我们可以清楚地看到，"大知""小知"始终处在一种内外交困、心灵备受折磨的惊恐境地。每日惊恐如此，即便获得了一时的"小成"，赢得了短暂的"荣华"，其生命的意义又何在？难道这就是人生的价值？对人究竟应该怎样活着，特别是文人士子应该怎样活着，是庄子观察得最多、思考最透彻也最留意的一个人生问题。世界如此之大，人不过是瞬息之间的过客。然而，人们却执迷于这些毫无意义的争斗，为人为造成的假象所迷惑。那么，什么是世界的真相？什么是人生的真相？被异化扭曲至此的文人士子，他们是否还有救？假如他们仍然一味执迷不悟下去的话，还有没有希望？

四、他们已经无可救药

应该说，庄子对文人士子的精神堕落所发出的警告具有振聋发聩的震撼力。他的批判不是轻描淡写几句表面文章，而是直逼文人士子的内心深处，把人心底所有的丑恶龌龊统统暴露无遗。庄子对文人士子内心扭曲、人格分裂的感受，包含了这样两层意思：一方面是"大知""小知"始终处于极度恐惧紧张之中，他们不得不小心谨慎，时时提防着对手的反击；另一方面，他们自己也同样狠毒、阴险，无时无刻不在寻找机会将对方置于死地。面对人与人之间这种你死我活的争斗，庄子无法全然置身于事外。尽管庄子一而再再而三地说"言""辩""是非"等都是无法判定的："果有言邪？其未尝有言邪？""亦有辩乎，其无辩乎？"他却不得不用"姑妄言之""请尝言之"的方式发表自己的看法与见解。《庄子·齐物论》说：

其发若机栝，其司是非之谓也；其留如诅盟，其守胜之谓也。

庄子看到的是，"大知""小知"将是非争辩视如战场一般。他们发起进攻时如快箭离弦，出手便一定要将对方一击毙命，以图永远掌握是非的话语权。当他们处于防守状态时，也绝没有一丝一毫的安宁放松，仍然像在战时一样赌咒发誓，结成同盟，力图以守取胜。倘若人的一生就是始终怀着一颗如临大敌的戒备之心，整天琢磨如何害人，如何不被他人所害，一生都消耗在这样自相残杀的内卷之中，这样的人生，不是很荒谬吗？

人的生命十分有限，如白驹过隙，无论"大知""小知"如何掌控一方，如何不可一世，这样令人殚精竭虑的人生又能维持多久？在历史的长河中，面对无限的宇宙，人的生命实在是太短暂了。人究竟有没有必要为了彼此之间孰是孰非而耗尽自己一生的心力？面对人们的执迷不悟，庄子的心情格外沉重，他带着一种无法掩饰的悲凉说：

> 其杀若秋冬，以言其日消也。其溺之所为之，不可使复之也。
> 其厌也如缄，以言其老洫也。（《庄子·齐物论》）

"大知""小知"由于一天到晚生活在高度的紧张之中，其衰败就如同从秋季到寒冬景物的变化一样，即便是到了暮年，死亡将至，他们仍不理解正是他们的"日以心斗"销蚀了自己的生命。或许有人出于同情，试图拯救他们，他们却仍然沉溺于自己的所作所为，再也无法恢复到正常状态。他们的身心犹如被绳索紧紧捆缚着一样，无法摆脱。临终时，他们已身心俱疲，一副枯竭衰败的样子，无可救药。

在《庄子》一书中，只有对"大知""小知"的暮年，对他们的行将就木，庄子写得如此凄凄惨惨，这其中当寄予了他对众多文人士子误入迷途却不知悔悟的悲摧人生的无尽感慨。就庄子的生死观而言，他对待生死问题是极为豁达的。庄子不惧怕死，他把死看作新生命的开始，看作游子归乡。然而，这并不等于庄子对生命的否定，更不等于他不热爱生命。庄子对人生的思考是多方面的、丰富的，也是独一无二的。他所思考的是人生的本质，人生的意义。对庄子来说，这一切外在是非以及所谓"小成""荣华"都是虚幻的，没有价值，也没有任何意义。人绝不应该为了外物束缚自己、扭曲自己、摧残自己，并因此而失去生命的真实、失去生命的本来面目。所以在"宁其死为留骨而贵乎？宁其生而曳尾于涂（途）中乎？"的选择中，庄子选择了"宁其生而曳尾涂（途）中"，也不屑接受相位之聘去走一条世俗之路，这才是庄子的人生观。（《庄子·秋水》）然而，面对"大知""小知"在"心斗"中耗尽生命、即将走向死亡的最后时刻，庄子的心中竟然浮现出了一片悲天悯人之情，不禁发出了"其溺之所为之，不可使复之也"这样深深的叹息。可见，庄子愤激是愤激，批判是批判，但他心中其实一直对文人士子的命运有着深切的关怀。

显然，"大知""小知"永远理解不了骷髅所陶醉的超越"南面王乐"的至乐，也永远不懂"物化"的道理。庄子可能曾幻想过以自己的当头棒喝唤醒他们，然而，由于他们沉迷于"小成""荣华"已久，早已将"司是非"当作了自己的使命，将"心斗"视为生活的常态，再也不可能迷途知返了。意而子虽然被黥以仁义，劓以是非，但意而子尚有觉悟的一天，他相信造物者可以恢复他受到黥刑的肌肤，补好他被割去的鼻子，愿意回到造化的熔炉中获得重生。或许庄子原本也曾希望"大知""小知"能像意而子一样幡然悔悟，至少他曾试图"使复之"。不幸的是，在现实生活中，就是死到临头，"大知""小知"也仍旧沉溺于"与接为构，日以心斗"的内耗，始终不明白人生究竟是为了什么。对于这样的人，庄子除了发出一声无可奈何的长叹以外，最终也只能放弃。

近死之心，莫使复阳也。

"大知""小知"的心已经濒临死亡的边缘，再也没有任何办法可以使他们恢复生机，重获新生，得到拯救了。

庄子视死生为一体，死是生的延续，是生的另一种形态，如同梦与觉一般。但是在"大知""小知"耗尽自己心力的时刻，庄子却突然发出了这样充满悲悯之情的慨叹，这并不意味着庄子改变了他对生死问题的一贯看法，而只是深深地有感于"大知""小知"的无可挽救。所以庄子说，就人生而言，肉体之死不足为惧，真正可惧的是人的心死了。一旦心死，人也就没有挽救的余地了。因而庄子只能用"近死之心，莫使复阳也"作为悼词，最后送他们一程。

从不可一世的"大知闲闲，小知间间"到"近死之心，莫使复阳也"，庄子从不同的层面、不同的角度描述了同属文人士子阶层的"大知""小知"由盛而衰的生命历程，把他们执着于"我"的是非之辨而带来的对人性的摧残一层层剥开给人看，其中既有庄子对他们沉溺于是非之辨乃至相互倾轧不惜采用种种卑劣手段的不齿，也透露出庄子对这些原本应是知识精英的文人士子却走上这条不归路的深深惋惜。庄子在鞭笞这一人群灵魂的同时，字里行间又流露出极大的同情。由于人心的缺陷，庄子清楚地看到人们的悲剧命运与人自身有着最直接的关系。人生来就是自私的，生来就有"我"与"己"的强烈意识，而这种意识直接造成了人们对外物不择手段的追求。有鉴于此，庄子其实一直都在思考，人性缺陷的根源何在？人究竟能不能从与生俱来的缺陷中解脱出来？如果能，又有哪些可能的路径？

五、人生都是这么迷茫吗

对人的本性究竟是恶还是善的问题，庄子似乎没有花很多的笔墨去专门探讨，至少没有表现出很大的兴趣。但是，对人性所呈现出的种种缺陷、丑陋、罪恶产生的原因或者说是根源，庄子却有着自己独到的见解。

对这个问题，庄子追溯到了远古时代。在庄子看来，"大知""小知"一类人之所以最终走到"近死之心，莫使复阳也"的地步，与人类认知的发展史密切相关。人最初的本性是淳朴的、单纯的，然而，随着人对"物"的认知的不断深入，人对物的实用性、功利性的追求也就开始了。于是有了"成心"，有了对"物"的是非功用的判断，人也就进入了"是非之彰也，道之所以亏也"（《庄子·齐物论》）的时代。这时的人开始对"物"产生了"爱"，由"爱"发展到了占有，产生了贪婪，"道之所以亏，爱之所以成"（《庄子·齐物论》）。而人对"物"的追逐、对"物"的"爱"又成为滋生"我"的土壤。人越来越难以抵御各种物欲的诱惑，心中的"我"也越来越膨胀。这种由认知的不断深化而带来的人性恶的一面，反过来又随着人类认知的不断发展而越加强化。这两方面的相互作用，终于导致人性的恶或者说是缺陷发展到了"莫使复阳"的地步。这是庄子分析人性缺陷产生的根源的一个十分独到的视角。

除了从人类认知发展史的角度去观察人性丑陋的根源以外，庄子的另一个独到之处是他透过"大知""小知"钩心斗角的表层现象，从人心中之"我"产生的心理与情感根源，发现"我"是如何通过喜怒哀乐等人类基本的情感活动，日常生活中人所经历的得失输赢，以及人对物质生活、感官刺激的追求与享受，一步一步地偏离了人的本性，由起初的"喜怒哀乐"到"虑叹变慹"，再到"姚佚启态"，以至热衷于"心斗"，最后异化成与远古之人完全不同的像"大知""小知"一样的人。尤其让庄子感到悲哀的是，对人的异化问题，从来没有人去思考探索这一切从何而来，缘何而生，"日夜相代乎前，而莫知其所萌"（《庄子·齐物论》）。没有人明白这一切为什么发生，又究竟是怎样发生的。

于是，庄子自己试图去寻找这个问题的答案。他要解释人为什么会有这种种情态心理的变化以及随之产生的人心的波动，而这一切是否有一个合乎情理的解答。庄子首先注意到的是"一受其成形，不忘以待尽"（《庄子·齐物论》）。

自从人一出生，来到这个世界上成为有形体的人，便踏上了不"忘"而等待生命终结的路。这里庄子再一次提到了他的重要概念"忘"，我们也再一次看到了庄子对于命运的理解。根据庄子的观察，人从出生到死，一切似乎都是命中注定的。这个命运之所以无法抗拒，就在于人无法"忘"，不能"忘"。这也是为什么庄子要人做到"忘"。对于不同的人，他所要"忘"的内容也不同。对颜回，他首先要忘的是"仁义礼乐"；对子产，最重要的是忘掉他的执政之位；而对于南郭子綦，则是要彻底忘掉自"我"。"忘"是把人从各种各样的"物""己""我""成心""一家之偏见"乃至"喜怒哀乐""虑叹变慹""姚佚启态"等重重束缚中解脱出来的唯一途径。然而，人"成心"的驱动与"我"的日益膨胀都造成了人的不能"忘"，不肯"忘"，于是人们大多一辈子愚蠢地背负着"我"与"成心"的包袱，像蜩蚋一样走向生命的终结。所以庄子说"一受其成形，不忘以待尽"，也就是人一旦来到这个世界，如果"不忘"，其死亡之日也就指日可待了。

这是一种人生的悲剧。庄子从这样无可抗拒的悲剧命运中感受到人生其实并没有很多选择。除非人人都能像南郭子綦那样"丧我"，那样"忘"，那样形如槁木、心如死灰，有那么大的智慧。否则的话，人就只能生活于人生的黑暗中。庄子认为只要人的"心"还在活动，在感受并滋生出种种"喜怒哀乐"，那么人心中的"我"、心中的"己"

就会自觉不自觉地膨胀，这样的人生也就必然是"与物相刃相靡，其行尽如驰，而莫之能止，不亦悲乎"（《庄子·齐物论》）。

在这个物欲横流的世界，不"忘"的结果就像人在磨刀石上被不停地挤压磨搓；而心中之"我"的不断膨胀，就如同心中长出了一把把利刃，由内向外不间断地切磨搅割。在这样内外交加的摧残折磨之下，人依旧沉醉其中，乐此不疲，竞相追逐着奔向死亡，却没有人能够阻止他们。一句"不亦悲乎"道出了庄子对人无法摆脱命运安排的多少无奈，也道出了庄子为人生来便为"物"所囚禁却不自知的多少感慨！人生不应该是这个样子的！至少庄子这样认为。

当人的一生完全消耗在"与物相刃相靡"的纠缠之中，他们最终是否能获得哪怕是一点点的所谓的"成功"？能否多多少少摆脱"一受其成形，不忘以待尽"的命运？庄子只看到了人在这样的挣扎中的可怜与无奈，《庄子·齐物论》说：

　　　终身役役而不见其成功，苶然疲役而不知其所归，可不哀邪！人谓之不死，奚益？其形化，其心与之然，可不谓大哀乎？

"不忘以待尽"的人们，终身在各种奴役中拼命挣扎，就是到了生命的终点也看不到任何的成功，只是拖着疲惫不堪的身躯四顾茫然，不知道自己的归宿在哪里。这还不足以让人感到巨大的悲哀吗？这样的人即使不死，活着又有什么益处？最最可悲的是，他们的形体在老化，他们的"心"也随着形体的"老化"而死去。这才是人生最大的悲哀，也是人生最大的悲剧！

短短一段话，庄子连续用了两个"哀"字，表示他对人生的看法，可见其哀之深，哀之切！庄子首先"哀"的是人生短暂，人一生辛苦劳役，非但没有取得任何成功，甚至连自己的归宿何在也全然不知；而更大的悲哀还在于，人耗费了毕生的精力，像个没头的苍蝇一样在蛋壳里撞来撞去，到死也没飞出鸡蛋大的天地，还误以为这就是人生本来的面貌。不但人的形体死了，心也随之死了。而人最可怕的就是心死！所以，庄子禁不住感慨万千地说：人生在世，难道都是如此迷茫吗？还是只有我如此迷茫，别人都并不迷茫呢？（《庄子·齐物论》）人生最荒谬的莫过于分明自己身处迷茫中，却意识不到自己的迷茫，反以为自己才是最清醒、最理智的，以为他人才是迷茫的。而真正的清醒者，却被认为是"弊于天而不知人""大而无用"。人生之哀莫过于此了吧！在这个世界上，究竟谁是清醒者，谁又是迷茫者？

无独有偶。几乎就在北方的哲人庄子发出"人之生也，固若是芒（茫）乎？其我独芒（茫），而人亦有不芒（茫）者乎"的悲鸣的同时，身处南方的诗人屈原也发出了类似的哀叹："举世皆浊我独清，众人皆醉我独醒。"（《楚辞·渔父》）两位对中国文化史有着深刻影响的哲学家、文学家几乎同时发出内容虽不同、孤独感却如此相似的感喟，这不是一种巧合，而是一个时代的悲剧。清人胡文英曾这样比较庄子与屈原说："人第知三闾之哀怨，而不知漆园之哀怨有甚于三闾也。盖三闾之哀怨在一国，而漆园之哀怨在天下。三闾之哀怨在一时，而漆园之哀怨在万世。"（《庄子独见》）庄子的哀怨"在天下""在万世"，说得多么精辟！

六、直击灵魂的拷问

"人之生也，固若是芒（茫）乎？其我独芒（茫），而人亦有不芒（茫）者乎"，凝聚了庄子对人，特别是文人士子至死不悟地醉心于"日以心斗""与物相刃相靡"的迷惘人生的深刻思索与感喟。从庄子发出的这一声声叹息中，我们不难体味到，看起来能"上与造物者游，而下与外死生无终始者为友"（《庄子天·天下》），貌似旷达孤傲、无羁无绊的庄子其内心是极度悲哀、绝望、孤独的。虽然庄子始终不停地、竭尽全力地向那些顽冥不化、不停追逐"小成""荣华"的"大知""小知"以及所有"不忘以待尽"的人们发出一声声的呐喊，始终怀着一腔哀怨地敲打着、拷问着人们的灵魂，希冀能够将沉睡中的人们唤醒，但这一声声呐喊在空旷的黑夜中只是引来了几声"子言无用"之后的"嗤嗤"窃笑而已。这也是胡文英说"漆园之哀怨在万世"的缘由！

庄子所面对的"大知""小知"，并不仅仅是一个时代的极为特殊的群体，在很大程度上他们也代表了中国传统文人士子的典型心态以及人格精神。历史上发生的无数次文人士子遭受杀戮甚至满门抄斩的祸患，哪一次不是肇始于文人士子这个群体的自相残杀、相互倾轧？要说计谋最肮脏、手段最残酷、心思最缜密阴险，且杀人不见血的，大概莫过于来自这个群体的所谓社会精英了。

有鉴于此，在《庄子》中，除了对暴人君主的抨击之外，庄子批驳最犀利、流露出的情感也最为复杂的，就是对这类可以引导社会舆论走向、被视为是社会精英的群体。对文人士子的堕落，庄子一方面极度痛心，一方面又表现出极大的愤激与绝望。庄子总是无情地鞭挞他们媚上，批判他们争权夺利，翻手为云、覆手为雨，毫无廉耻之心，整起人来心狠手辣的种种不堪，以致最终对这个群体不再抱有任何的希望，认为他们心灵遭到的荼毒，已经到了"莫使复阳"的地步。庄子凭着哲人的敏锐，清醒地意识到自从人有了"知"，有了"心"，有了对"物"的追逐，人就被异化了，人再也回不到那个浑沌懵懂、没有机心的淳朴社会了。

　　当然，庄子并不否认文人士子中也有像颜回这样幻想拯救这个世界的有志之士，但是凭着他们一己的努力、凭着自己高尚的德行就真的能改变什么吗？庄子所看到的是"强以仁义绳墨之言术暴人之前者，是以人恶有其美也"（《庄子·人间世》）。当你以善的名义来拯救恶人，你的行为已经陷入了一个无法解脱的悖论：难道你不是在以暴露他人之恶来彰显自己之善吗？无论这样的善恶对比是出于无心还是有意，其作用无异于给他人下套，都是在坑人，也就是庄子所说的"菑（灾）人"："菑（灾）人者，人必反菑（灾）之。"（《庄子·人间世》）而最终的结局也就必然是："而目将荧之，而色将平之，口将营之，容将形之，心且成之。是以火救火，以水救水，名之曰益多。顺始无穷，若殆以不信厚言，必死于暴人之前矣！"（《庄子·人间世》）

　　这幅画面实在是很荒谬而又极富讽刺意味的。原本是要来揭露暴君之恶，可由于整天跟王公大人"心斗"，自己竟率先眼目眩惑起来，脸色也不对了，口中只顾忙不迭地为自救而辩解，表面上还得摆出一副恭顺谦和的样子，内心也开始迁就恶人的主张。无论初心是什么，到了这个地步，实际上就是以水救水，以火救火，为虎作伥，就是干着帮凶的勾当。倘若换一种做法，从一开始就顺从暴人，那以后一定不可能停下来。倘若一开始暴人就不相信你的德行，而你还要一味谏净，那就必定会死在暴人面前。这些都绝非是庄子的危言耸听。当周围是一片黑暗，任何原本善或美的人或物，最终的结局不是与其同流合污，就是被置于死地。一切都是徒劳的，都免不了被摧残、被异化的命运，就是再善、再美的初衷最后也不可避免地走向自己的反面。这就是人性的真实、人间的真实、生存的真实，也是生命的真实。这是任何一位文人士子所无法逃脱的命运。

　　文人士子所陷入的人生悖论在庄子的世界中比比皆是。庄子把这样的社会现实归咎于人心以及人性的异化。也就是说，庄子没有简单地把文人士子的问题仅仅局限在抨击政治制度这一个层面上，甚至没有一味追究文人士子这一群体自身所应负的责任，而是着眼于个体的人，从人的行为、心态、本能、本性上深入挖掘。这就使得庄子的着眼点与其他诸子有了明显的不同。面对社会上的种种乱象，庄子思考的是，所有这一切是否都只是政治或者社会问题？作为个体的人在其中又应当负有怎样的责任？这里是否存在人自身的原因？这样独特的观察角度使得庄子对文人士子心态的分析、体认的深度都远远超过了其他诸子。

庄子特别意识到人心、人本性的复杂。人心是易变的，任何一个生活中的契机都可能引发出一场恶战。在《人间世》中，庄子就从人们所醉心的角力游戏中，注意到作为休闲的游戏与政坛上政敌间的相互算计有着惊人的相似之处。游戏开始时人们都循规守矩，但随着游戏的进行，人们心中的争胜之心便被激发了起来，由"巧"发展到"奇巧"，由"阳"走到"阴"，双方相互算计，甚至不惜使出各种阴险手段，以阴谋诡计取胜。庄子看到日常生活中类似的例子不胜枚举。例如饮酒是最常见的社交活动之一。饮酒初时，一般参与者都是彬彬有礼、中规中矩的，但喝到最后总会有人喝得心智迷乱，甚至失去理性，放荡淫乐，丑态百出。庄子从人们这样的日常活动中，发现事情的发展往往与人的初衷不符。很多事，初心未必如此，但由于人心、人性中本来存在着的各种各样的欲望，就如同心中埋藏着的导火索一样，会由于各种各样的契机被触发，迅速点燃、爆炸，随时随地都可能走向自己的反面，甚至走到无法收拾的地步。这也就是庄子所说的："凡事亦然。始乎谅，常卒乎鄙；其作始也简，其将毕也必巨。"（《庄子·人间世》）很多事情都是这样的。开始时，双方都相互谅解，但最后却变得言不由衷，相互欺诈。最初都很简单，可越到后来就变得越复杂越艰难。显然，这样的问题无法完全归罪于政治制度或者社会环境。庄子深刻地意识到人心本身的缺陷、人的各种欲望、人心的复杂而萌发出的种种"恶"也是造成这一现象的重要因素。因此，庄子才能把自己的关注焦点从"大知""小知"扩展到所有的文人士子，再深入到最基本的人心、人性。

这也是为什么《齐物论》中"大知""小知"以及《人间世》中"颜回请行""叶公子高出使"的故事或记述会那么触动人的内心世界，几乎让所有人都免不了浑身打个冷战。"大知""小知"的"与物相刃相靡"，颜回式的为虎作伥，还有"始乎阳"而"卒乎阴"或者"始也简"而"毕也必巨"的官场内斗，不是仍旧在我们周围不断地上演，仍然在循环往复地再现？我们自己不是也曾做过类似的事或正在羡慕着别人靠着这些手段而取得的"成就"？庄子在这里对"大知""小知"等的灵魂拷问，不仅仅是针对那些大大小小的辩士或者"大知""小知"一类，而是指向了所有的文人士子，所有的人。

一个有意思的现象是，自从郭象注《庄子》到如今，"大知闲闲，小知间间"一段的注释大多只限于疏通文字，至多只说"大知""小知"是一伙变态的人，却极少有人就此大做文章、做深入阐述。就连极善于消费《庄子》的郭象，对这一段花费的笔墨也少得可怜。难道是由于大多数研读《庄子》的学者都担心说多了会有种心虚的感觉，会触及自己灵魂的痛处？庄子的这几段文字，可以视为是直指文人灵魂的檄文，当我们把这一段文字作为一面镜子，在夜深人静时一一与自己细细比对时，是不是也会像鲁迅所说的那样，"榨出皮袍下藏着的小来"？因为庄子看到的、抨击的，不仅仅是数千年来文人士子的通病，也是人心的通病、人的通病。

第十二章

『游』于夹缝间

"乘天地之正，而御六气之辩，以游无穷者"（《庄子·逍遥游》）固然令人憧憬、向往，然而，庄子自己也清醒地意识到，这样的"游"只是"心游"而已。事实上，庄子从来也没有真正置身于他所生存的这个世界之外，他无时无刻不在关注着这个"方今之时，仅免刑焉。福轻乎羽，莫之知载；祸重乎地，莫之知避"（《庄子·人间世》）的黑暗乱世。在这样的现实社会，谁又能真的"游"于"无穷"？特别是，既然这个世界已经病入膏肓，为什么还要枉费心机地去拯救它？任何的努力不过只是加速了人生的毁灭、自我的摧残而已。因此，当庄子在对这个世界感受到深深的悲哀、极度的冷漠与旷世的孤独的时候，他绝不幻想凭着一己之力去拯救它。因为任何试图去拯救这个世界的人，都不得不在某种程度上与之和解、妥协，而庄子是不会和解、也不会妥协的。因为他看不到有任何可以与这个世界和解、妥协的理由。

庄子的感受是独特而又切身的。特别是当他比任何人都更加清晰地意识到，这个世界的罪恶，不仅仅在于其政治制度，还在于人心，在于人自身的问题，尤其是人类精英的堕落。在这样的情况下，庄子不得不用一种近似"毒舌"的口吻，对文人士子任何企图有所作为的挣扎发出了这样的警示："子独不见狸狌乎？卑身而伏，以候敖者；东西跳梁，不避高下；中于机辟，死于罔罟。"（《庄子·逍遥游》）意思是你们的所作所为不过是像野猫和黄鼠狼一样，最终逃脱不了相互残杀的恶性循环。

然而，假如人们无论如何也无法逃脱这样一个四处隐藏着"机辟"

与"罔罟"的乱世，人究竟应当怎样活着，怎样才能不伤性命地活下去？这成了一个极为现实而又迫切需要解决的问题。庄子开出的药方是"游世"。在庄子看来，人活着就应该像庖丁手中那把"以无厚入有间，恢恢乎其于游刃必有余地矣"（《庄子·养生主》）的厨刀一样，无论这个世界如何盘根错节，肯綮交错，只要能"缘督以为经"，人就可以在夹缝间寻出一条活路来，就可以找到让自己活下去的生存之道。这样的人生之路从表面上看的确很负面，也很灰暗，但是如果看不到庄子在其中寄寓的愤激，看不到他的无奈，不了解他对这个社会的彻底否定，就无法真正理解庄子为什么要提出"游"于社会夹缝间的处世方法。

一、"缘督以为经"

对这个时代的一切政治活动，庄子基本上保持了一种与其绝缘的态度。他对人们所追求的功名利禄等世俗之事完全没有兴趣，也不屑介入，但庄子又拒绝像传统的隐士那样走一条"天下无道则隐"的避世之路。庄子感受到的是一个"无所逃于天地之间"的乱世，就算躲进了山林，也躲不开羿之射击，也不可以避免掉进无处不在的"机辟"与"罔罟"。庄子看不到避世的可能，也不认为避世真的可行。更何况，庄子虽然十分关注文人士子的生活与命运，却很少把自己真的当作"士"的一分子来思考国家的命运与前途。他更喜欢以一个平民的身份，站在草根阶层的角度去体验生存的艰难，感受在这个世界所不得不应对的种种困境。所以他不认为躲避现实社会、隐居于山林乡野是普通人可选择的人生之路。的确，像支离疏这样的畸人即使躲进山林就能够好好地活下去吗？还有子舆、子桑、子桑户等诸多来自下层的人们，他们即使躲进山林就能够好好地活下去吗？

因此，庄子选择了"游世"。那么，什么是"游世"？又怎样去"游世"？

我们知道，"游"是庄子思想中的一个重要概念，理解了"游"才能更好地理解什么是"游世"。庄子"游"的思想主要包括了"游心"与"游世"两个方面。现代学者研究《庄子》，特别重视的是庄子的"游心"。不错，《逍遥游》中的"以游无穷者"，《齐物论》中的"而游乎尘垢之外"，《人间世》中的"且夫乘物以游心"，《德充符》中的"游心乎德之和""游于形骸之内"，《大宗师》中的"游乎天地之一气"，以及《应帝王》中的"游心于淡"等，这样的"游"都属于"游心"或者是"心游"。这样的"游"的确体现了庄子精神的无拘无束、超凡脱俗，这也是庄子"逍遥游"思想的核心。然而，如果我们过分强调庄子追求精神自由、超越世俗的这一面，误以为庄子要的就是生活在一个不食人间烟火、与世隔绝的世外桃源，或者误以为庄子是要把自己封闭在一个与现实社会一刀两断的精神世界，那还不算真正理解庄子，认识庄子。这也是为什么我们要特别关注庄子有关"游世"的思想。

"游世"，既不是入世，也不是避世。"游世"的灵魂，是扎根于现实，周旋于世俗世界，无论世俗的价值观如何，有什么样的价值取向，对这一切外在的观念统统不以为意，不固执己见，不偏狭拘泥，而以一种超脱虚空的心态，"安时而处顺"（《庄子·养生主》），"不谴是非，以与世俗处"（《庄子·天下》），却又不失本心，"唯至人乃能游于世而不僻，顺人而不失己"（《庄子·外物》）。在庄子看来，倘若"人能虚己以游世"，就不会再有性命之忧，也没人再能加害于你，"其孰能害之"（《庄子·山木》）。

不过，这样的"游世"，对普通人来说，理解、执行起来还是有相当的难度。庄子一定也充分估计到了这一层。在《养生主》中，他提出了一个更为具体也更为简便易行的与现实社会周旋的"游世"指南，这也就是人们都很熟悉的"为善无近名""为恶无近刑""缘督以为经"三句箴言。"为善无近名"说人是要做善事的，但做善事不要图名，也不要出名；"为恶无近刑"说即使人做坏事，也不要坏到会遭受刑罚处置的地步。且慢，难道庄子认为人是可以做坏事的吗？不少研究者注意到了这个问题，却不敢或者是不愿意相信庄子会对做坏事表示出某种程度的肯定。例如王叔岷就说"上句犹易明，下句最难解，似有引人为恶之嫌"，并出于为尊者讳的缘故，将"为善"解成"善养生"，而"为恶"解成"不善养生"。（王叔岷《庄子校诠》）这样一来，用传统道德观来评判，的确是说得通了。可这究竟是不是庄子的本意？

庄子的所谓"游世"，其实还包括着某种戏弄人生、玩世不恭的意思在内。社会，已经黑暗到令人窒息，而人类又堕落到了"莫使复阳"的地步，人的生命随时处于被杀戮的危险境地，在这样的情况下，所谓扬善惩恶的道德本身是否仍具有存在的合理性？而善恶的观念是否也与所谓的是非一样，原本就是人为地强加于人的观念？更何况，人活着，难道首先不应该"保身""全生""养亲""尽年"吗？既然现存的一切都是不合理的，那么，什么是"为恶"，谁来规范恶的定义，划定善恶的界限，做出量刑的决定，也就统统随之失去了存在的合理性。可见庄子的"为恶无近刑"是在彻底否定现存一切的合理性的基础上提出来的。这种极端的说法，既体现了庄子对于现存一切的极度愤激与绝望，同时也表达了他对人这一个体生命的高度关注。

对此，我们不妨看一下庄子在《人间世》中是如何为不得不出任卫灵公太子傅的颜阖出谋划策的。颜阖即将出任"其德天杀"的卫灵公太子傅。颜阖有没有选择呢？没有。他必须得去，不得不去。可问题在于，作为太子老师的颜阖，如果放任卫灵公太子，与之一起作恶的话，必然危害国家，自己良心上也会过不去；而坚持"有方"的正道，则必然危害自身，出于人自我保护的本能，当然也不情愿。那么，颜阖怎样做才能应对这样进退两难的困境？庄子借蘧伯玉之口说，首先你要谨慎。你在表面上可以顺从他，但在内心深处却要保持平和。即便如此，你仍然还会遭受祸患。庄子给颜阖支的又一招是：就算你顺从了，但一定不能与之同流合污；你保持内心的和善，但不要张扬在外，否则他会以为你是沽名钓誉。假如你"形就而入"了，那就是"为恶近刑"；假如你"心和而出"了，那就是"为善近名"。一旦"为善近名"或者"为恶近刑"，灾患就免不了了。庄子还给颜阖出了另外一个"高招"，那就是卫灵公太子想做什么，就让他做什么，他想怎么折腾，就让他怎么折腾，反正只需要把握住"虚己以游世"的心态，就能保全自己。这里，我们已经很难判断庄子这样说话的语气到底是什么了。他是很认真地这样说的，还是带着一种愤世嫉俗的嘲弄？他究竟是正话反说，才故意说得这么诡异荒谬，还是仅仅出于对颜阖性命的极度担忧，不得不说得如此危言耸听？有时候，庄子的确把自己的真正意图隐藏得很深，有很多的话外之音，耐人寻味。但不管怎么说，庄子是不以这个世界为意的，所以他也不在乎这个世界的人究竟怎么看他。

理解了"为善无近名，为恶无近刑"，就很容易理解什么是"缘督以为经"了。缘，就是沿着；经，常，指常理、常法。"督"指的是什么，历来有很多不同的解说，有说为"中"（郭象《庄子注》），也有说指自然（林云铭《庄子因》），还有说指的是人体的督脉（郭庆藩《庄子集释》）。其实，如果放在上下文中来看的话，"督"指的就是"为善无近名，为恶无近刑"的"善"与"名"、"恶"与"刑"

之间的那条"路径"，也就是"庖丁解牛"所说的牛体筋骨皮肉"彼节者有间"的"间"，具体到人类社会，指的就是社会的夹缝。

　　"缘督以为经"与"为善无近名，为恶无近刑"其实是互为说明、互为因果的。只有"缘督以为经"，才能"为善无近名，为恶无近刑"；做到"为善无近名，为恶无近刑"，自然也就掌握了"缘督以为经"。而"缘督以为经"的目的与结果又是什么呢？那就是"可以保身，可以全生，可以养亲，可以尽年"。"保身"与"全生"侧重于"为恶无近刑"，"无近刑"则身体不受残害，形体健全，可以保全性命，终其一生；"养亲"与"尽年"则是"为善无近名"的结果。奉养父母为万善之首，不为出名之奉养父母，才是真正的奉养父母，这是典型的"无近名"之善。当然，在个人与奉养父母之间，庄子更注重的还是个人的保全性命。只有个人"缘督以为经"，"可以保身，可以全生"，才不会以"名""刑"之故连累父母，也才"可以养亲，可以（使父母）尽年"。

　　庄子"缘督以为经"的"游世"之方，显示了庄子对这个世界的荒谬与危殆的极度绝望，以及他与之决裂的决绝，说明他对所谓的"善""恶"已经满不在乎，完全不以为然了。既然在这个世上，人已无路可走，又无可奈何，何妨以一种游戏、嘲讽、捉弄的态度来应对之？

二、"庖丁解牛"的意义

　　"缘督以为经"，为那些无法逃避现实，不得不在现实社会中周旋，只能在乱世中求生存的人，指出了一条"保身""全生""养亲""尽年"之路。但是，在具体操作上，如何才能"缘督以为经"？"缘督以为经" 的途径又是什么呢？显然，仅仅这么简单的五个字还不足以让人充分领悟其中的奥秘，也让人难以掌握 "缘督" 的操作尺度。于是，庄子把目光投向了任何凡夫俗子、村野民妇都不会感到陌生的 "解牛"，把 "缘督以为经" 转化成一场戏剧性的 "解牛" 表演给世人看。这就是人们耳熟能详的 "庖丁解牛"。《庄子·养生主》载：

> 庖丁为文惠君解牛，手之所触，肩之所倚，足之所履，膝之所踦，砉然向然，奏刀騞然，莫不中音。合于《桑林》之舞，乃中《经首》之会。
>
> 文惠君曰："嘻，善哉！技盖至此乎？"
>
> 庖丁释刀对曰："臣之所好者道也，进乎技矣。始臣之解牛之时，所见无非牛者。三年之后，未尝见全牛。方今之时，臣以神遇而不以目视，官知止而神欲行。依乎天理，批大郤（隙），导大窾，因其固然。技经肯綮之未尝，而况大軱乎！良庖岁更刀，割也；族庖月更刀，折也。今臣之刀十九年矣，所解数千牛矣，而刀刃若新发于硎。彼节者有间，而刀刃者无厚；以无厚入有间，恢恢乎其于游刃必有余地矣，是以十九年而刀刃若新发于硎。虽然，每至于族，吾见其难为，怵然为戒，视为止，行为迟，动刀甚微，謋然已解，如土委地。提刀而立，为之四顾，为之踌躇满志，善刀而藏之。"
>
> 文惠君曰："善哉！吾闻庖丁之言，得养生焉。"

"庖丁解牛" 这篇寓言的确充分显示了庄子汪洋恣肆、不拘一格的文学风格。庄子用极富动感、画面感、音乐感、韵律感的描述，把庖丁踌躇满志、神采飞扬的神态，出神入化的动作写得栩栩如生，魅力无穷。一场原本血腥的屠宰牛的场景，在庄子笔下竟被转化成了融合着多种艺术元素的精美绝伦的表演。然而，当人们陶醉于庄子文学魅力的时候，却往往忽略了庄子在这篇寓言中所真正要表达的深刻内容。

庄子的时代，人的生命随时随地处于被吞噬的黑暗中，人怎样才能保全自己？怎样才能"依乎天理，批大郤（隙），导大窾，因其固然。技经肯綮之未尝"？怎样才能"以无厚入有间，恢恢乎其于游刃必有余地矣，是以十九年而刀刃若新发于硎"？避免像"族庖""良庖"的刀那样由于"割""折"而早夭？

幽暗无光的牛体内部犹如黑暗阴森的社会，游于筋骨肯綮纵横交错的牛体，如同游走于处处暗藏着"机辟"与"罔罟"的现实世界，人们稍有不慎便会遭遇刑罚杀戮之灾。虽然盘根错节的骨节间的确存在着缝隙，但又有多少人可以像庖丁手中的那把厨刀一样，修炼到"神遇而不以目视，官知止而神欲行"那样出神入化、得心应手的地步？可见就算人只能有"游世"这一条出路，要想在夹缝间游刃有余也绝非易事。尽管庄子的确是以浓重的笔墨、声形并茂地渲染庖丁如何潇洒自如、出神入化地运刀解牛，在牛"謋然已解，如土委地"之后如何得意扬扬地"提刀""四顾""踌躇满志"，但最值得注意的一幕还是，即便庖丁的解牛之技已臻于化境，他用了十九年的厨刀依然如新，然而每当遇到筋骨盘结的难解之处，庖丁同样不能掉以轻心，丝毫不敢懈怠，他也会立刻怵然谨慎起来，动作放缓，专心凝神，小心翼翼地运刀，直到牛"謋然已解"。

"庖丁解牛"以展示庖丁令人惊叹的解牛技艺开篇，首先让人欣赏到的是庖丁令人拍案叫绝的解牛神技，但庄子的真实目的显然并不在于炫技，一方面庄子要通过"技"来说明彰显"道""进乎技"所能带来的奇迹，然而另一方面，更为重要的，也是庄子特别要强调的，是一旦面对错综复杂的现实社会，即便解牛之技高超如庖丁者，也不能不大为收敛，需要屏气静心，专注凝神，全神贯注地对待每一个"难为"之处。在某种意义上，庄子对庖丁"每至于族，吾见其难为，怵然为戒……"一段的描述，才是此篇寓言中最让人警醒，也最具有现实意义的部分。

游走于这个危机四伏的社会夹缝间，求生存是如此的艰难，就连技艺高超如庖丁者，都不敢有丝毫的掉以轻心，更何况像"族庖"那样大刀阔斧、硬碰硬主动出击，或者像"良庖"那样一块块努力切割的了。这里，庄子再次强调了在社会的夹缝间求生存，必须千方百计避开各种各样的社会矛盾，才能最大限度地保住自己的身家性命，也只有经过如此小心谨慎"怵然为戒，视为止，行为迟，动刀甚微"的过程，最终才能获得"提刀而立，为之四顾，为之踌躇满志"的成功。

"提刀而立，为之四顾"固然神气十足，大有藐视一切的架势在，也最为观赏者瞩目，但从行文的角度来看，这几句仍然是铺垫，真正要烘托的关键语还在于最后的一句："善刀而藏之。"所谓"善刀"就是"养刀"，"养刀"也就是"养生"。庄子要提醒我们的是，人一定要善待"刀"，才能保证"刀"在错综复杂的夹缝间游刃有余，如果不能好好地养刀、收藏刀，就不可能让"刀"在解数千头牛之后仍如新磨出的一样完好无损。

"庖丁解牛"是一篇很耐人深思的故事。庖丁所表现出的这一副神气活现的样子，是不是真的就是在夹缝间生存的人的写照？还是仍然只是庄子对"游世"所能达到的理想境界的一种想象？为什么我们会在庖丁的身影中，隐隐约约嗅出《人间世》中小心谨慎的"养虎者"的味道？据说，养虎人喂虎时，不敢给虎活物，唯恐虎扑杀时会引发其杀生的本能；养虎人也不敢给虎完整的死物，担心虎撕食时会激起其本性中的残暴。养虎人了解虎何时需要进食，何时已经吃饱，懂得顺着虎的自然本性行事。虎与人虽为异类，却喜欢上饲养它的人，就是因为养虎人顺其自然性情；而那些被虎杀死的人，一定是违背了虎的天性。（《庄子·人间世》）那么，会不会有一天庖丁也会由于自己的自负与得意而遭受灭顶之灾？

"庖丁解牛"这篇故事，初读的确给人一种神奇精彩，甚至炫目魔幻的感觉，但其中所流露出的沉重与艰难的氛围，却是要我们通过庄子对"族庖""良庖"命运的感慨才能感受到的。也许庖丁的确是为自己的高超技艺而自鸣得意的，但是他的洋洋自得并不意味着他就真的可以把命运掌握在自己手中。其实，他仍然需要认真对付那些"难为"之处，仍然需要"善刀而藏之"。所以说，庄子提出的"游世"何尝是一个轻松、可以让人真正游戏其中的话题！

三、"处乎材与不材之间"

在社会的夹缝间"游世"，是庄子找到的一条可以让普通人"保身""全生""养亲""尽年"的处世之路。以当代人的眼光来看，这种"游世"反映出的似乎是一种近乎不讲原则的混世哲学，太过负面，也太过消极。然而，我们之所以会这样思考问题，又何尝不是因为受自己所处时代以及环境的局限？我们必须看到，庄子对这个社会或者说是这个世界的感受远非世俗之人甚至当代人所能理解。当人生活在一个黑暗凶险到无可救药的世界，周围的一切都是荒谬的，没有存在的合理性，没有一个公认的价值，游世的行为本身恰恰体现了对这个社会的彻底否定与决绝，不是吗？

用这样一种充满了蔑视、玩世不恭、游戏人生的态度周旋于世，混迹于社会之中，貌似容易，实际上，却仍然免不了陷入种种的危机与困境。毕竟在这个世界上有多少人能练出像庖丁那样的神技？！据庖丁说，掌握"以无厚入有间"的第一要义便是"所好者道也，进乎技也"。反过来说，如果一个人掌握不了"道"，体悟不出"道"的要义，也就练不出求生之"技"，自然也就无法"恢恢然""游刃有余"。即便真的可以像庖丁那样"好道"，庖丁不是也仍旧花费了三年的时间才从"见全牛"进入到"未尝见全牛"的境界？还不知从"未尝见全牛"到"以神遇而不以目视"他又用了多少年！所以在现实生活中，庖丁"缘督以为经"的"养生"之道固然有可行性，确实能让人在社会的夹缝间游走自如，但要练到如同庖丁那样的程度，可就真不是一般人所能轻易做到的了。

那么，如何才能让普通人没有性命之虞地"游"于世，就成了庄子不得不直面、不得不应对的一个现实问题，也成了庄子随时随地都在思索、都在寻求答案的人生哲学的一个重要课题。

据《庄子·山木》记述，一天，庄子带着弟子行走于山中，途中见到一棵枝叶茂盛的大树，可伐木人站在树旁却不去砍伐它。庄子问这是为什么。伐木人回答，别看这棵树长得很是高大，但是材质却无所可用。于是，庄子告诫弟子说，这棵大树因为材质不好，才能活得这么久，长得这么高大。走出山林，庄子与弟子投宿于故人家。庄子的朋友十分高兴，叫童仆杀一只鹅款待。童仆请示说，家里的两只鹅，一只会叫，另一只不会叫，该杀哪只呢？主人说，杀不会叫的。第二天，离开了故人家，庄子的弟子对在"材"与"不材"之间如何选择感到十分困惑，便问庄子道：昨天我们在山中见到的大树因材质无用，得以尽享天年；而您朋友家的那只鹅却因不会叫而被杀掉，那只会叫的鹅却活了下来。对于"材"与"不材"，先生您会站在哪一边呢？庄子笑着回答说：我会选择处于"材"与"不材"之间。

处于"材"与"不材"之间，也就庄子能想出这么透着狡黠而又闪烁着智慧的回答。最初，他选择这棵材质无用的大树，打算用它作为现场教学的活生生的教材，阐发"无用之用"的理论。不巧的是，到了故人家，偏偏杀了一只"不材"的鹅招待他，结果自然引发了弟子的疑问。

《山木》中的这段记载应该是实录。很可能，庄子真的遇到过这样几乎让他陷于自相矛盾大坑的棘手问题。庄子一向喜欢以"不材之大木""无用之散木"自比，他也总是感叹那些有材之木早早就遭受斧斤砍斫而夭折的命运。在《人间世》中，他特别提到"楂梨橘柚果蓏之属，实熟则剥，剥则辱。大枝折，小枝泄（曳）。此以其能苦其生者也，故不终其天年而中道夭，自掊击于世俗者也。物莫不若是"。还有宋国荆氏之地"宜楸柏桑。其拱把而上者，求狙猴之杙者斩之；三围四围，求高名之丽者斩之；七围八围，贵人富商之家求樿傍者斩之。故未终其天年，而中道之夭于斧斤，此材之患也"。说的都是有材、有用的树木，恰恰因为其有材、有用，导致"大枝折，小枝泄（曳）""不终其天年而中道夭"，被"辱"被"斩"的命运。在庄子看来这些都是"材之患"。然而，那只鹅却又由于"不材"而惨遭杀戮之灾。这说明了什么？只能说明这个世界已经荒谬、残暴至极，有材、有用难逃一死，无材、无用同样难逃一死，还有什么能比这样的现实更为恐怖的吗？可见，庄子提出的处于"材"与"不材"之间，本质上就是"缘督以为经"、游于社会夹缝间的又一种表现！

"材"与"不材"都是上天赐予的。在生死关头，哑鹅难道不想鸣叫？可由于它本来就是只哑鹅，就只能先送了命。而人不同。人可以选择，可以在"材与不材之间"找到一条能使自己左右逢源的中间道路来。这样的选择，说容易也容易，说难又很难。难就难在如何把握"材与不材之间"的这个度。过于接近"材"或过于接近"不材"都不行，稍有不慎都会遭受意想不到的祸患。

想必庄子自己也意识到"周将处乎材与不材之间"的说法有故弄玄虚之嫌，特别是究竟当如何去"处"。看到弟子们面面相觑、一脸的迷惑，庄子进一步解释说，"材与不材之间"听起来好像很稳妥，其实未必，最终往往还是不能免于拘束与拖累。最好的办法是无论在什么情况下都顺从于自然的发展，根据时事的变化而变化；做起事来一定不要偏执，不要刻意卷入其中，要能顺从万物而又不为外物所役使。庄子还说，凡事有合就有离，有成功就有失败，刚直就会受到折损，尊贵就会遭遇非议，有作为就会亏损，有贤能就会为人暗算，无能就会受到欺侮。所以做任何事都要掌握好度，掌握好度的关键就是顺其自然，与时进退，随机应变，这样就能自然地处于"材与不材之间"了。

庄子列举了一系列发生在日常生活中随处可见却又相互对立的例子，来说明什么是"无誉无訾""与时俱化"，如何才能"以和为量，浮游乎万物之祖"，"物物而不物于物"。说到底，所谓"处乎材与不材之间"就是要人不执着于一端，理解世界上任何对立的两极都是相辅相成、互为存在的。人只要能一切顺应自然，不偏不倚，也就是处于"材与不材之间"了。由此可见，庄子"游世"的处世哲学，归根结底是他"游心"思想在现实社会中的体现。

四、"无用之用"

与"缘督以为经"，"游"于社会的夹缝间，以及"处乎材与不材之间"密切相关的另一个有关"游世"的话题，便是"有用"与"无用"。

世间万物的有用还是无用，都是相对的。对什么有用，对什么没用，对谁有用，对谁无用，完全取决于你站在什么角度，站在谁的立场来判断。天下万物，包括人，究竟是有用还是无用，首先要看是相对于他人或者使用者而言还是相对于万物包括人自身而言。同样的事物、同样的人，看问题的角度不同就会得出完全不同的结论来。在庄子看来，要想游刃有余地"游"于社会夹缝之间，还必须对"用"有独特的理解。

什么是有用？什么又是无用？这个话题，最早还是惠子提出来的。惠子说魏王给了他一粒大瓠种子，经过栽培，他收获了一个巨大的瓠。用这个大瓠来装水，因其不够坚固，承受不住水的重量。于是，就把大瓠剖开做成瓢，又由于体积过大，装什么都不合适，最后只好把这个大瓠砸碎了。（《庄子·逍遥游》）本来惠子是用大瓠来比喻庄子的学说"大而无用"，难逃被抛弃的命运，最终只能被人打碎。在惠子眼中，大瓠就是个大而无用的东西。那是因为世俗的功用观限制了他的想象，也限制了他的思维。惠子怎么也跳不出世俗功利的范畴，他看不到一个瓠除了做容器之外，还能有什么其他用处。可庄子却是从来都不按照常规套路出牌的。庄子认为错不在大瓠，错就错在惠子"拙于用大"，不会"用大"，也不善于"用大"。

怎样才算是懂得"用大"呢？庄子独出心裁地说："今子有五石之瓠，何不虑以为大樽而浮乎江湖，而忧其瓠落无所容？则夫子犹有蓬之心也夫！"能盛五石的大瓠，原本就不应该用来装水，也不是让人剖开做瓢的。这种有"大用"之物到了不会"用大"的人的手中，当然没用。倘若把它制成腰舟用来漂浮于江湖，在江湖中得以自在地悠游，还会忧虑大瓠的无所可容吗？

这，才是庄子对"用"的理解。这样的"用"在讲求实用、追逐功利的社会自然行不通，也不会被接受。但是对大瓠本身来说，却得以漂浮于江湖之中，逃脱被“掊之”的毁灭命运，这样的“用”就是一种“无用之用”。由此可知，庄子所说的“无用”是针对世俗的看法而言，而“无用之用”则是对大瓠自身而言，对能发现“无用之用”、可以心无旁骛乘“大樽”游于江湖的人而言。这才是庄子“无用之用”所蕴含的奥秘。可以说，庄子对“用”的理解是超越于世俗社会对物的本性或者说是物的本质的一种更深层次的理解。

庄子对“用”的看法，说明庄子并不一概否认物之用，恰恰相反，庄子也看重物之“用”，但他强调的是一种非功利、非世俗目的的“用”，是摆脱了传统思维定式的“用”。就像“不龟手”药方一样，在宋人手中，它只是被世代以漂洗丝絮为业的家族用作护肤品而已，可是到了“客”的手中，同样的药方却让“客”得以裂地封侯。“物”是相同的，只因用者不同，用的对象与场合不同，所得到的结果也就截然不同。可见庄子的“用”强调的是“所用之异”，重视的是如何去“用”，如何摆脱传统思维定式的束缚，以一种创新的思维去“用”。

庄子不但看到了物的“所用之异”，而且他也是站在一个更高的生命哲学的层次去阐发、定义“有用”与“无用”。《庄子·逍遥游》载：

> 惠子谓庄子曰：“吾有大树，人谓之樗。其大本拥肿而不中绳墨，其小枝卷曲而不中规矩，立之涂，匠者不顾。”

这棵巨大的樗树树干长得臃肿盘结不合绳墨，枝蔓卷曲不中规矩，虽然就生长在大路旁，对用者匠人来说，其树虽大，却“不材”无用，经过时甚至连看也不看它一眼。可对樗树来说，却因其“不材”无用，既不需要躲进深山老林，避开匠人的搜寻，也不需要刻意地保护自己，便逃脱了被斤斧戕伐的杀身之祸。这种对世俗的无用岂不正是对一己之大用？保全生命、避免灾祸，这才是庄子所说的"无用之用"的精髓。

这棵大樗树由于深谙"有用之用"的危害，为了保命，不惜"扭曲"自己，长得"大本拥肿""小枝卷曲"，奇丑无比。显然，庄子要说的是，一棵树仅仅长成这副模样还不够，还得不在意世俗社会对自己的看法与判断，才能免遭杀伐。这也是为什么庄子每每提及像樗树一样"无用"的畸人如支离疏、哀骀他、王骀、叔山无趾、申徒嘉、子舆、子来等，字里行间都流露出一种独特的深情。因为庄子清醒地意识到，在这个社会，唯其丑陋畸形如此，才能得以生存下去。

对这样一棵其貌不扬、无材可用的大樗树，尽管庄子认为它还可以有更理想的去处："无何有之乡，广莫之野"，从此，再没有斤斧之虞，没有"害者"，无所可用，自然也就没有了任何的困苦祸患，然而，庄子也清楚地知道，这只不过是一种可望而不可即的梦想而已。

五、栎社树的启示

理想的世界，是"不夭斤斧，物无害者"（《庄子·逍遥游》），然而在现实世界大多数人所经历的却是"以其能苦其生者也，故不终其天年而中道夭"（《庄子·人间世》）。只要你对世俗有用，有一定的使用价值，你就没有选择，就难逃被"剥"、被"辱"、被"折"、被"泄（曳）"的命运。倘若你不想"中道夭"，试图在社会的夹缝间生存下去，那就只能走"无用之用"之路。

《人间世》中出现的栎社树的"无用之用"，是一个颇具启示意义的象征。栎社树不像庄子《山木》中的那棵长于深山的大树，有着地理上的天然优势，它长在齐国曲辕的大道旁，更像惠子说的那棵"立之涂（途）"的大樗树。这棵巨大的栎社树的树冠之大，可以遮蔽几千头牛，树的主干有百尺之粗，高出山顶七八十尺才长出枝杈，能够用来造船的大枝杈就有十几根之多。可是，到处寻找木材的匠人带着弟子走过这棵大树时，竟然看也没看就脚步不停地继续赶路了。匠人的弟子很是不解："自从我跟随师傅学木工，从来没有见过这么高大完美的木材，可师傅您却不肯看上一眼就径直走了，这是为什么呢？"匠人回答："算了吧。不必再提这棵大树了。这只是一棵没用的'散木'。用这棵树的木材做舟船，船一下水就会沉没；用来做棺椁，入土之后很快棺椁便会腐烂；用来做器具，器具也很快就会毁坏；用来做门窗，不久门窗上便会流出黏黏的树脂；用来做柱子，马上会招来蛀毁柱子的虫子。正因为这是'不材'之树，无所可用，所以它才能保全性命，长得这么高大长寿。"

比起大樗树的"不中绳墨""不中规矩"，栎社树的"无用之用"显然更胜一筹。它不但没有丝毫用处，而且还因材质的恶劣会给人带来种种的威胁与危害，这样的树木，岂止是"不材"、无用，简直就是祸患！可在庄子看来，就是这样的树木才有着自我保护的大用，才不至于像"柤梨橘柚"等果木那样，不及天年便中道夭折，才能保全自己的性命。栎社树给人的启示是：要想在社会的夹缝间生存，就必须不让自己落入人们对特定人、特定器物的用途的期待，不让人们所期待的"有用"在自己身上有任何的显现。既然人们都期待木材可以做船、做棺椁、做门窗、做器物、做支柱，那就不要让自己有这样的用处，不让自己像人们所期待的那样"有用"。相反，对人们没有期待之"用"，或者说是超出人们所期待的"用"，就是真的"有用"也不会给自己带来伤害。栎社树，作为木材无所可用，但由于它长得高大无比，相貌如此地与众不同，无意间竟成了曲辕的一道风景，远近闻名，吸引了无数好奇者意欲一睹为快，以至于"观者如市"。这样的"有用"非但没有加速自己的毁灭，反而给自己添了一层保护色。可见庄子的"无用之用"并不一概排除为人所用甚至为社会所用，而是要人以各种可行的方式，包括"无用之用"，甚至借助于"有用"作为保护伞，最终实现对自己的"大用"。

尽管如此，栎社树仍曾多次面临惨遭毁灭的险境。匠人晚上睡着以后，栎社树托梦给他。栎社树问匠人："你拿什么跟我相比呢？你是要拿我跟那些有用的树木相比吗？像柤梨橘柚这样的果木，果实成熟就会遭人打落，被打落的果实还会被践踏摧残，大枝被折断，小枝被扭曲。这都是由于果木能够结出果实才招致了被摧残的一生。凡是有用的树木多因其有用而无法终其天年，不得不早夭。这样受摧残的命运都是由于它们显示出自己的有用而招惹来的。世间万物都是如此。我寻求无所可用已经很久了，曾经多次差点儿丧生，直到今天我才做到了无所可用，而这种无用对我来说却是大用。假如我在人们的眼中有用，我还能长得如此高大吗？你和我都是'物'，是同类，为什么你要把我跟那些有用的树木相比呢？你是一个快要死去的无用的'散人'，又怎么懂得无用的'散木'呢！"

栎社树的这番告白，实际上是庄子给在社会夹缝间挣扎的人们提出的又一条可行的游世途径。栎社树清楚地意识到，倘若彰显出自己有用，被摧残的命运就无法避免。所以每个人都要问问自己，假如你有用，你是否能活到今天？因为即便努力让自己无所可用，也仍存在着陷入"几死"的险境。不是吗？识货的匠人固然不会去砍斫貌似高大完美实则无用的栎社树，但是倘若遇到像匠人弟子那样不识货却又莽撞行事的人，不管三七二十一抡起板斧就砍，栎社树岂不早就遭遇了无妄之灾？难怪栎社树要千方百计利用一切的可能避免灾患，在无用中求得大用了。

栎社树有一个身份是特别值得注意的，那就是它还被视为社神。社神就是土地神，是神界主管一方的"地方官"，也就是俗称的"土地爷"。土地爷官儿虽不大，却能保一方平安，为老百姓所信奉，香火一直不断。栎社树有了社神这层身份，自然让人对它有了更多的敬畏，不至于像对待其他树木那样，想折就折，想砍就砍。所以"社神"的身份对栎社树来说是非常重要的。前来观赏栎社树的人如此之多，除了它长得异乎寻常之大以外，更有可能还是因为它的社神身份。

那么，栎社树的社神身份是与生俱来的还是后天所得呢？庄子在故事的最后有一个耐人寻味的交代：匠人梦醒之后把自己的梦告诉了弟子，弟子十分不解，认为栎社树既然意在求取无用，为什么还要做社神？匠人说，栎社树不过是寄身于社神罢了，因此它还招来那些不理解它的人的辱骂。假如栎社树不寄身于社神，岂不是早就遭到砍伐？况且栎社树自保的方式与众不同，如果以常理去衡量、去判断，岂不是相差太远了吗！

这就是说栎社树社神的身份，不但对人有用，对栎社树也有用。自身的不材、无用，再加上不同于传统意义上的有用，这就是"材与不材"之间、"无用与有用"之间的那条夹缝。"材与不材"是先天的，是大自然赋予万物的。然而，如何在"材与不材"之间找到一条可行之路，却要靠后天的悟性。栎社树虽然无用，但在没有得到社神身份之前，也曾多次几乎被砍伐，只有在求得社神的身份之后，栎社树才终于有了自己的保护伞，从此性命无忧。

栎社树的经历给人的启示是，无论有用还是无用，无论是无用之用还是有用之用都只是在乱世中求生存的一种手段，所谓处于"材与不材之间"的精髓就是不必拘泥于某一特定的形式，不必死守一端而放弃另一端，毕竟在那样一个混乱黑暗的社会，保全性命才是最重要的。

六、商丘之木的"防身术"

庄子"游"于社会夹缝间的处世方式，或者说他"游世"的一种生活态度，来自于庄子对这个世界现存一切的独特思考与洞悉。庄子年轻时，或许也曾有过那么一点儿的入世愿望，但他很快便抛弃了。处在一个"来世不可待，往世不可追"（《庄子·人间世》）的世界，作为一个社会的人，还能够做什么？

首先，庄子不能放弃这个世界，所以他需要人游于社会的夹缝间，在缝隙中寻求生存的空间，以"无用之用"以及各种各样的方式保全自己。庖丁解牛是如此，处于"材与不材之间"是如此，山中大木、樗树、栎社树也是如此。除此以外，庄子还说人一定不要"临人以德"，不要在人前以德行说教，显示自己的高尚；也不应该"画地而趋"，不要自己给自己设置界限，不敢越雷池一步。在人面前已经有太多的荆棘坎坷，道路如此崎岖不平，无论如何都不要妨碍自己走路，不要伤害自己。（《庄子·人间世》）

在这样的情况下，庄子意识到仅仅靠"无用之用"这一条路还不够，人还必须有特别的"防身术"来保护自己，哪怕这样的"防身术"是怪异的、难看的、丑陋的，甚至是有毒的。于是，在山中大木、樗树、栎社树之外，庄子又设计了另一种生存之道：那就是像商丘之木那样不但无用，还拥有独特的"防身术"。

所谓商丘之木是一棵什么样的大树呢？

据说，南伯子綦游于商丘，见路旁有一棵奇异的大树，树冠之大可以让上千乘车马在树下歇息。南伯子綦想，这么大的一棵树长在路旁，一定不同寻常。于是他仰头细看这棵大树的树枝，发现弯弯曲曲的枝杈没有一根可以用作栋梁；他又低头从根部观察大树的主干，树的木纹松散，主干虽粗大却做不了棺椁。最为诡异的是，如果舔一舔树叶，居然会口舌溃烂；闻一闻气味，人就像大醉一样昏倒，三天都醒不过来。（《庄子·人间世》）

果然，商丘之木有着不同于其他不材之木的独特的"防身术"，是一棵名副其实的"恶木"。但恰恰是因为它的"毒"、它的"恶"，任何试图施之以斤斧的匠人，都再也无法伤害它了。庄子写商丘之木以"毒"自保的用心是很令人深思的。一棵大树，如果仅仅是对世俗"无用"的话，还不一定就能保全自己，还有被不识货的匠人弟子误伐的可能，然而一旦自身具有了"毒素"，有了让人惧怕的特质，就再也没有人可以伤害它了。

庄子似乎从来不忌惮使用任何在世人眼中卑贱、粗俗、浅陋、污浊的事物来强调保命的意义，说明人当如何去保全自己。从商丘之木可以让人"口烂""狂醒"说起，庄子甚至想到了白额的牛、鼻孔朝天的猪以及患了痔疮的人，他们都因为自身的缺陷而得以保命。这种种常人心目中的不祥、无用或不材，恰恰成为使之得以侥幸生存下来的重要因素。庄子显然是刻意选择了这样粗俗、卑陋的字眼以表示他对这个世界的极度愤激与反叛。他已经完全不在意世俗的一切，他就是要彻底颠覆世俗的一切，把世俗眼中的一切不正常、残缺、丑陋之"不材""无用"统统用作保命养生的利器。庄子要人不再介意自己在他人心目中是个什么样子，"白颡"也好，"亢鼻"也好，"有痔病"也好，假如这是保命的唯一途径，就算贴上这一切标签又有何妨？现在我们再来回想一下那位脸紧贴着肚脐、两肩高过头顶、发髻朝天、五脏腧穴朝上、两髀与肋骨相并的畸人支离疏，就更加可以理解庄子是怎样把世间现存的种种残疾、缺陷、畸形统统集于其一身，以颠覆人们对"有用""有材"的世俗观念。

　　"无用之用"看起来流露出的是一种游戏人生的玩世态度，似乎失去了对现实世界的抗争，但这只是接触到了表层现象而已。庄子骨子里对这个世界的彻底否定以及决绝的反叛精神是需要细细品味才可以领悟得到的。

第十三章

大宗师的前世今生

庄子很喜欢用一组组群像去阐释他汪洋自恣以适己的思想。《逍遥游》中有群鸟、群虫与群树，《齐物论》中是人籁、地籁、天籁，《人间世》中推出的是形形色色的文人士子以及千姿百态的树，《德充符》中则展现了一个个恶骇天下的丑者、畸人，《大宗师》中有古之真人、视"死生为一体"的同道之友以及孔子、女偊、许由等师者，《应帝王》中说的是啮缺、肩吾、天根等人以及南海、北海、中央"三帝"。每一篇中出现的群像或独立诉说一段故事，或相互交叉，以不同的面目、从不同的角度阐发共同的主题。如《逍遥游》以鲲鹏、蜩、学鸠、斥鴳等的"有所待"渲染至人、神人、圣人的"无待"，《人间世》中那些"中道而夭"的有用之树象征着那几位出仕文人士子的命运，《德充符》以渲染畸人、丑者的人格魅力说明只有有德之人才可以"知其不可奈何而安之若命"。这一组组群像，无论以什么形式出现，彼此之间的关系都比较清晰，唯一例外的是《大宗师》。《大宗师》中也描述了好几组群像，可群像之间的关系却迷离恍惚。这一篇的篇名是"大宗师"，乍一看，似乎其中提到的人物个个都是大宗师，处处在说大宗师，可具体落实到这几组不同的群像身上，究竟谁是大宗师？大宗师是指"道"，指真人，还是女偊与许由？或者是那几位"相视而笑，莫逆于心"的"奇人"？而且，庄子极其高调地以对"真人真知"的赞颂开篇，却以悲伤凄惨的子来若歌若哭的哀声结束，这其中又寄寓了什么样的深意？

一、大宗师指什么

我们知道《大宗师》的篇名并非出自庄子，内篇中也从未出现过"大宗师"这三个字。所以"大宗师"究竟是什么意思，也是个见仁见智的话题。有记载的第一位解释"大宗师"的是崔譔。他说："遗形忘生，当大宗此法也。"（郭庆藩《庄子集释》）意思是说"大宗师"宗的就是忘却人的形骸，把死生看作一体，也就是"道"的境界。这样解释的话，"大宗师"指的应该是"道"。稍后，郭象也说，"大宗师"是天地万物以"无心"的心境来尊崇、师法的对象。"无心"就是"无我"，指的应该还是"道"。较早明确提出"大宗师"就是"道"的是宋人林希逸，他说："大宗师者，道也。"（《庄子口义》）此后，虽然仍有庄子学者对"大宗师"的解说存在异议，但"大宗师"指"道"的说法一直占据着庄学的主流。

那么，"大宗师"究竟是不是就是"道"呢？如果孤立地看《大宗师》中许由对意而子所说的"吾师乎！吾师乎！齑万物而不为义，泽及万世而不为仁，长于上古而不为老，覆载天地刻雕众形而不为巧"，似乎大宗师就是"道"。而且许由紧接着又发表了一番对"道"的赞美，认为就连受儒家仁义是非戕害甚深的意而子也有可能在"道"的熔炉中疗好所受的创伤。这样一来，许由所说的"吾师乎！吾师乎！"就被许多学者解成了"我的大道啊！我的大道啊！"

的确，庄子在《大宗师》中系统而全面地描述了"道"，但问题是，《庄子》中从来没有出现过以"道"为"师"的说法。更重要的是，许由所说的"师"意为"尊崇"，"吾师乎！吾师乎！"只是说他为什么尊崇道，并不是说道就是他的"师"。而且，就"大宗师"的字面意思来看，"宗"指的是"尊崇"，如《诗经·大雅·公刘》中的"食之饮之，君之宗之"。"师"就是师者、老师，如《德充符》中的"丘将以为师"，《天地》中的"尧之师曰许由"等。"大宗师"的直白解释就是最值得敬仰、尊崇的老师。

庄子在《大宗师》中描述"道"的特征时说，道"无为无形，可传而不可受，可得而不可见"，如果"道"是"无为无形"的，"道"自身怎么充当老师的角色呢？而且如果"道""可传""可得"的话，一定是需要通过"师"来传，人也要通过"师"来得，《德充符》中出现过几位教弟子修德得道的老师，他们实际上担负着的，正是传道解惑的重任。而《大宗师》紧承《德充符》而来，正好要说的就是什么样的人才担当得起传道的重任，才算得上是"大宗师"。

现在我们回过头来，把许由所说的"吾师乎！吾师乎！"还原到他说此话的背景中，看看他到底要说什么。许由原来不认为意而子有学道的可能，认为他已经被仁义是非施了墨刑、劓刑，是不可能理解"道"的，但他最终又为意而子的诚意所打动，表示自己虽然不知道意而子是否真的能游于"道"的境界，不过还是愿意为他解说什么是"道"，这才有了"吾师乎！吾师乎！"的感叹。根据上下文来看，许由的"吾师乎！吾师乎！"是说意而子以前尊崇的是仁义，而自己尊崇的是"道"。为了解释"道"，才有了"道"能调和万物而不为义，泽及万世而不为仁，存在于上古之先而不算老，覆天载地、创造了万物的不同形态却不显示其巧的一番议论。可见许由"吾师乎！吾师乎！"的意思不是说大宗师就是"道"或者我的老师是"道"，而是说我所尊崇的是"道"。

"大宗师"，顾名思义，指的是有所建树又能自立一派、受人尊崇的老师。那么，在《大宗师》中，什么样的人才称得上是"大宗师"呢？

与先秦诸子其他人相比，《庄子》中写到的老师不可谓不多。如《逍遥游》中尧在藐姑射之山所见的四子，《齐物论》中的南郭子綦、长梧子，《人间世》中的孔子，《德充符》中的王骀、伯昏无人，《大宗师》中的女偊、许由等，都称得上是老师。特别是王骀，庄子说他不但教学方法独特，而且十分受人追捧，前来就学的弟子足以与孔子"中分鲁"。可是他们之中究竟谁是大宗师，或者他们是否担当得起大宗师的重任，庄子都没有说。

二、真人、真知与古之人

既然"大宗师"三字始终不曾出现在《庄子》全书中，我们不妨暂且存疑，先来看看《大宗师》一篇到底说的是什么。

《大宗师》开篇并没有任何涉及"师"的议论，而是首先提出了与"师"相关的"知"的问题：

> 知天之所为，知人之所为者，至矣。知天之所为者，天而生也；知人之所为者，以其知之所知以养其知之所不知，终其天年而不中道夭者，是知之盛也。

大意是说了解自然的作为，也了解人的作为，是认知的极致。了解自然的作为，就是理解天地万物都是自然而生，不是人为的力量所能改变的；了解人的作为，是以人所掌握的知识，来滋养人所尚未掌握的知识，这样来尽享天年而不致中道夭折。人的认知能达到这个程度，可以说也就达到鼎盛了。

值得注意的是，庄子在这里非但没有否定"知"，反而说这两种"知天之所为，知人之所为"的"知"是"至矣"、是"知之盛也"。

这是此前庄子对"知"以及有"知"之人从未给予过的正面评价。我们知道，从《逍遥游》开始，到《齐物论》，再到《养生主》《人间世》，庄子一向不待见所谓"大知""小知"，更不把他们的"知"放在眼里，甚至说"吾生也有涯，而知也无涯。以有涯随无涯，殆已；已而为知者，殆而已矣"（《庄子·养生主》）。在《人间世》中庄子索性把"知"比作"凶器"："德荡乎名，知出乎争。名也者，相轧也；知也者，争之器也。二者凶器，非所以尽行也。"但是到了《大宗师》，画风突变，庄子居然说"知天之所为，知人之所为者，至矣"，还说"是知之盛也"，这是怎么回事呢？

显然，庄子对"知"并不一概否定。在庄子看来，"知天"与"知人"的"知"还是有价值、有意义的。尽管如此，这样的"知"仍然"有患"，也就是说仍然存在着弊端。原因在于这样的"知"是根据所凭借的对象而产生的，并由此来判断"知"是否正确。但是"知"所凭借的对象时时处于变化不定的状态之中，在不确定的状态中，又怎么去判断一个人所说的"天之所为"不是"人之所为"？怎么去判断"人之所为"不是"天之所为"？由此可知，这样"有患"的"知"以及有此"知"的人一定不会与庄子心目中的大宗师有关。

在指出有正面意义的"知"仍然"有患"之后，庄子终于点题了：

且有真人而后有真知。

"真人"与"真知"是庄子在内篇中第一次使用的概念。庄子分别在"人"与"知"前冠以"真"字，以示这样的"人"和"知"与前文所提及的"知"以及有"知"之人是有着根本区别的。至此，我们总算可以明白庄子在《大宗师》开篇大谈"知"的真正原因了，原来他是要为《大宗师》一篇的主题"真人"与"真知"做铺垫。

　　有意思的是，庄子说先有"真人"才有"真知"，就是说"真知"是"真人"与生俱来的，只有"真人"才有"真知"，其他所有的"知"都不属于"真知"。这也意味着《大宗师》开篇所说的有"知"之人，尽管其"知""至矣""盛也"，却既不是"真人"，也不具备"真知"，都被排除在了"真人"与"真知"的门槛之外。

　　那么，什么样的人才是"真人"？庄子同样提出了这个"何谓真人"的问题，然后他便用了一连串的"古之真人"如何如何，细致入微地从各个不同的角度、不同的侧面为"真人"画像。庄子的这段自问自答是很值得细细揣摩的。原本第一句分明问的是"何谓真人"，可回答却落在了"古之真人"上。同样是"真人"，难道还有古今之分？这里会隐藏着什么深意吗？这不由不让我们联想起庄子在《齐物论》中赞美过的"古之人"：古时候的人，其"知"已经到了极致。什么是极致的状态？就是没有物的概念，不知道世上存在万物的差别。后来，人们有了物的观念，却不知道物与物之间的界限。再后来，人们意识到物与物之间的分别，却对万物没有是非功用的判断。庄子所说的"古之人"指的是生活在没有是非、万物一齐的时代，与"道"同一，内心淳朴、没有机心的人，他们的"知"是"至矣，尽矣"的"知"，是与"道"融合为一的"知"，也就是《大宗师》中所说的"真知"，而《齐物论》中的"古之人"也就是《大宗师》中所说的"古之真人"。

　　在庄子生活的战国时期，绝大多数人沉溺于"与物相刃相靡，其行尽如驰，而莫之能止"（《庄子·齐物论》）的生活状态无力自拔，因而"终身役役而不见其成功，苶然疲役而不知其所归"（《庄子·齐物论》）的悲剧结局是命中注定的，但是在众人皆醉的环境中，是否仍有着"古之人"纯真淳朴的"真人"以及"真知"存在呢？回答是

肯定的。一定有。这也是为什么庄子在谈到真人时，有时标明是"古
之真人"，有时又直接用"真人"。也就是说，在庄子心目中，"古
之真人"与"今之真人"是一脉相承的。"今之真人"是"古之真人"
的延续，"古之真人"是"今之真人"的先驱与楷模。毫无疑问，无
论是古之真人还是今之真人，他们都是那些真正领悟了"道"，心灵
未曾被是非、成心等扭曲、污染的人。

三、真人就是大宗师吗

真人，应该说是庄子最为欣赏的一个极为特殊的群体，他们与圣
人、神人、至人在精神上是相通的，都属于真正领悟了"道"、与"道"
融为一体的楷模，但是圣人、神人、至人逍遥地游于"无何有之乡"
的理想境界，遥不可及。而真人与他们最大的不同，就在于真人是真
真实实地生活于现实世界之中，是每天必须与柴米油盐打交道的真实
的人，他们自然也就得到了庄子的格外青睐。

相对于惜墨如金地谈论圣人、神人与至人，庄子一说起真人来，
却是洋洋洒洒，滔滔不绝，不吝笔墨，用一种极为高调的方式把真人
推介出来。我们可以看到，在《大宗师》中，庄子几乎是一口一个真
人，从古说到今，不但追溯、查阅了真人祖宗八代的档案，还花了好
几大段文字描述真人的超凡脱俗、真人的不同凡响、真人的人格魅力，
真是极尽热捧之能事。

现在我们不妨来欣赏一下庄子是怎么把真人隆重地推到台前的：

何谓真人？古之真人，不逆寡，不雄成，不谟士。若然者，
过而弗悔，当而不自得也。若然者，登高不栗，入水不濡，入火不热，

是知之能登假于道者也若此。

　　庄子说，古时候的真人，不拒绝少数，不以成功示人，不费心竭力去招揽天下士子。这样的人，有过错时不懊悔，有成就时不自傲。他们登高不觉得恐惧，入水不会打湿身体，居于大火之中也不会觉得热。只有"知"能升华到与"道"为一境界的人才能如此啊。庄子给真人做的这一番总结性的描述，貌似东一榔头、西一棒子，好像思路并不那么清晰，概括得也不够简明扼要，可这就是庄子的写作风格，恣肆汪洋，天南海北，但其中隐含的基本思想却始终如一，都是在说真人已经超越了一切世俗社会的限制与束缚，其"知"与"道"自然地融合在一起，真人所具有的"登假于道"的"知"便是"有真人而后有真知"的"真知"。而且由于真人的真实纯粹，他们不会为外界的任何东西所改变，不会去计较是非得失，不会费尽心思地去追名逐利，他们的内心永远是平静的、淳朴的。这就是真人。

　　当然，上述描述还仅仅是对真人做出的一番粗线条的勾勒，更精致的细节描摹，还要看庄子是怎么比较真人与众人的：

　　　　古之真人，其寝不梦，其觉无忧，其食不甘，其息深深。真人之息以踵，众人之息以喉。屈服者，其嗌言若哇。其耆欲深者，其天机浅。

　　就是这样简简单单的几笔，是不是已经很能见出真人与众人之间的天壤之别？真人睡觉时不会做梦，醒来时没有任何烦忧，他们饮食不求甘美，呼吸极为深沉。真人呼吸运气之深，可以深至脚跟，而众人却只可以用喉咙呼吸。在争辩中被人屈服的人，底气不足，话常常堵在喉咙里吭吭哧哧说不出来。而奢求欲望太多的人，往往由于眼皮子太浅，不会有得道的机缘。

真人不仅与"众人""屈服者"以及"其耆欲深者"对比鲜明，更与《齐物论》中所描述的"大知""小知"的人生形成了强烈的反差。庄子在这里提出的是两种截然不同的人生态度。真人对世俗社会的一切都不感兴趣，没有任何的机心，也没有任何世俗人所拥有的欲望，他们清心寡欲，因而活得从容闲适，轻松淡定；而众人却为世俗社会中种种观念、习俗、传统所束缚，或者活得战战兢兢，整天憋屈压抑着自己，或者深陷欲海，热衷于纸醉金迷，丧失了人的灵气。在这里，庄子将生活于现实世界的真人与众人放在一起相互比照，一定不是随意为之的，其用心应该与庄子一贯的对众人的悲悯之心有关。庄子是要借此让我们感受到众人与真人之间的差距其实也并非那么遥远，他要告诫我们，不必执迷于外物，凡事要想得开！

对于古人来说，生与死，始终是一个让人十分困惑又颇感恐惧的话题，真人同样也不能不面对这个人生最无解的过程。庄子要推出真人作为人们的楷模，就不能回避这个人生至关重要的问题。在对待生死的问题上，真人又有着怎样的表现呢？《庄子·大宗师》载：

> 古之真人，不知说生，不知恶死；其出不䜣，其入不距。翛然而往，翛然而来而已矣。不忘其所始，不求其所终；受而喜之，忘而复之，是之谓不以心损道，不以人助天。是之谓真人。

果然，庄子说真人不知道为生而喜悦，也不知道对死表示厌恶。他们出生不欣喜，死去不抗拒。无拘无束、自由自在地到来，也无拘无束、自由自在地离去，仅此而已。他们没有忘记自己从何而来，也不追求最终的归宿。他们欣然接受一切，忘掉生死而回归自然。他们不会用个人的心智去损害"道"，也不会用人为的努力去助力自然。这就是真人。真人完全是以一种轻松豁达的心态来看待生死的。真人面对生死，就像每天都要经历的"出"与"入"、"往"与"来"、"始"与"终"那样稀松平常。对于真人，活着，不值得特别欣喜得意庆贺；将死，也不会一天到晚忧心忡忡，千方百计地抗拒。在真人那里，生也好，死也罢，一切都可以听之任之，无动于衷。有了这样的"真知"，自然就不会"以心损道"，就可以与道为一了。

　　真人对待生死是如此的豁达淡然，在接人待物上也是别具一格：

　　　　若然者，其心志，其容寂，其颡頯；凄然似秋，煖然似春，
　　喜怒通四时，与物有宜而莫知其极。

　　庄子说像真人这样的人，用心专一，没有杂念。他们的容貌安闲宁静，神态端正质朴。冷静时让人感觉像是秋天，温和时让人感觉如同春天；真人的喜怒哀乐就如四季的变化一样自然，他们与自然万物相处适宜，没有人能知道真人的极限究竟在哪里。真人是自然的人。他们也有常人的喜怒哀乐，但真人的喜怒哀乐与常人的最大不同，在于常人的喜怒哀乐往往是为一己之得失，为是非之争而喜、而怒、而哀、而乐，而真人的喜怒哀乐却是顺应自然，与自然相通，与道相通，是道的自然显现，所以真人才能"与物有宜而莫知其极"。

　　总之，真人就是这样独特的得道之人。有关真人，庄子一口气说了这么多，可是说了半天，还是没有告诉我们真人究竟是不是大宗师！这才是我们最为关心也最急于找到答案的问题。别急！其实，庄子在对真人所作的第一段描述中，就已经透露出真人就是大宗师的重要线

索。还记得吗？庄子在描述真人时说过真人"不谟士"。所谓"不谟士"不就是说真人不去招揽天下学子，而天下学子却会被真人的"真知"所吸引而归入门下？！①在这一点上，真人是不是与《德充符》中的王骀与伯昏无人很有几分相似？

庄子还说，作为大宗师的真人，必须要能为人师表，而且只以身教，不用言教。这不就是王骀的"立不教，坐不议"的"不言之教"！庄子这样说道：

> 古之真人，其状义而不朋，若不足而不承；与乎其觚而不坚也，张乎其虚而不华也；邴邴乎其似喜乎，崔乎其不得已乎！滀乎进我色也，与乎止我德也；厉乎其似世乎！謷乎其未可制也；连乎其似好闭也，悗乎忘其言也。

这段话说得有些深奥。可既然是大宗师，总得说得深奥些才能显出大宗师的身份吧！真人是怎样为人表率的呢？他公允矜持，不结朋党，自己如有不足，也不承受别人的恩赐；他独立不群却不固执，胸襟开阔但不浮华；他神情开朗像是很高兴，一举一动又像是不得已而为之；真人内心充实，容颜可亲，德行宽厚让人乐于归依；襟怀博大犹如世界般广阔，高远超迈不受任何限制；深沉静默像是沉醉于自我封闭，无心处世的样子又像是忘了自己要说什么。这里最能透露玄机的，则是"与乎止我德也"，意思是以自己的品德吸引人前来归依。如果我们按照庄子对真人的描述按图索骥的话，不光《德充符》中的王骀、

---

① 郭象《庄子注》："纵心直前而群士自合，非谋谟以致之者也。"成玄英《庄子疏》："虚夷忘淡，士众自归，非关运心谋谟招致故也。"

伯昏无人属于真人之列，担当得起大宗师的重任，《大宗师》中提到的女偊、许由，也是现实世界中堪称大宗师的真人。

四、大宗师的今生

正由于大宗师是真实地生活于现实世界的真人，庄子特别指出他们的生活环境不是像藐姑射之山那样虚无缥缈的幻境，而是实实在在的现实世界。他们与常人一样，不能超越或者脱离现实世界而存在，他们仍然需要利用一切可以与现实社会周旋而又不违背本性的种种权宜之计。因此，庄子先要真人成为人间的榜样，榜样的力量是无穷的。唯其如此，真人才能以其"德之至"吸引众人，只有吸引了众人前来归依，真人的"真知"才能逐渐为人所认识、所接受。

为了达到这个目的，庄子认为真人是可以利用现存的社会观念作为"旧瓶"来装"新酒"的，所以真人选择了用以维系社会稳定的"刑罚""礼仪""知识""道德"这四种基本范畴，并在这四项的基础上加以发挥，同时又保持着自己的独立性。

> （真人）以刑为体，以礼为翼，以知为时，以德为循。以刑为体者，绰乎其杀也；以礼为翼者，所以行于世也；以知为时者，不得已于事也；以德为循者，言其与有足者至于丘也，而人真以为勤行者也。

什么意思呢？真人以刑罚当作主体，以礼仪当作羽翼，以智慧判定时机，以道德作为遵循的准则。为什么要这样？以刑罚为主体，就能游于羿之彀中而不被射中；遵循社会现存的礼仪，就能行于世而不为人所诟病；以自己的智慧顺从于时代的变化，就能知其不可奈何而安之若命，游于世界；以道德作为自己的行事准则，就能与有脚的人一起登上山丘。而在他人眼中，真人不过是勤于行走的人罢了。注意一下，庄子这里所说的刑、礼、知、德等概念，用的全是世俗意义上的。任何人，包括真人，如果要想避开羿之箭，就不得不"以刑为体，以礼为翼，以知为时，以德为循"，唯其如此，才能保身、全生、养亲、尽年，也才能真正担当起以德化人的重任。

真人，也就是大宗师，如果只凭着庄子勾画出的肖像来看，他们的确是众人之师，活得十分豁达潇洒，一副不食人间烟火的样子。可是无论真人表现得如何与众不同，如何不同凡响，他们毕竟得生活于现实世界之中，而世俗社会的一切礼仪规范、行为准则都是板上钉钉、实实在在的存在，无时无刻不以一种无形的力量制约着这个社会所有的人，就连真人也不能幸免。也就是说，不管你的政治理想、人生追求是什么，是道也好，仁义也好，兼爱也好，还是什么别的，倘若你背离了现存的刑、礼、知、德的约束，就算你侥幸没有倒在羿之箭下，也必定是寸步难行。庄子的哲学的确充满了富于思辨的形而上，似乎是天马行空，无拘无束，但当庄子回望现实的时候，他不但要众人游于社会的夹缝之间，就连他精心打造的真人也不得不对现实表现出一定的妥协，或者说是不得不采用一种更为灵活的策略。这就是大宗师的今生，或者说是"今之真人"。

当然了，庄子总是有一番说辞来证明这样做与"道"的学说的一致性以及在现实中的可行性，更何况，做思辨性的阐述一向是庄子的特长。

故其好之也一，其弗好之也一。其一也一，其不一也一。其一与天为徒，其不一与人为徒。天与人不相胜也，是之谓真人。

庄子的切入点仍然是他所最为重视的"道通为一"的学说，这使得他看待这个问题的角度也十分独特。庄子的看法是，对于世间的万事万物，自然也包括刑、礼、知、德等，人们喜好也好，不喜好也罢，万物终归齐一。你认为万物齐一，自然万物齐一，你不认为万物齐一，仍然是万物齐一。能够认识到万物齐一，那你一定与天、与自然同类；如果认为万物并不齐一，那你一定与人同类。能认识到人与天、与自然之间的关系并非是对立的，也不是相互超越的，并且能把这样的"真知"传递给众人，这就是"真人"。

这里庄子提出的所谓"天与人不相胜也"，实际上就是"万物一齐""道通为一"思想的又一种诠释。天是什么？天就是自然，包括世间万物，所以天与人的关系，也就是自然万物与人的关系。看到这里，我们不能不佩服庄子的先知先觉！早在两千多年前，庄子就已经看到了自然与人之间的关系不应该是相互对立、相互克制的，而应该是相互包容、和谐共存的。也就是说庄子是从人与万物和谐相处的基本点出发，来确认"真人"对这个社会的一切，包括刑、礼、知、德等，都可以本着"其一也一"的认知，顺从它，而不做任何的违抗。由此出发，作为大宗师的真人也就能容得下天下各种各样的人，担负起与所有"有足者"一起"至于丘"的使命。

古之时，人人都是真人，物、我、天、人之间没有分别，那时的人本身就生活在一个理想的世界，自然也不需要有大宗师来引导、陪伴他们。然而，如今时代变了，人心不古，"今之真人"生活在一个众人皆醉的世界，再也回不到"古之真人"的时代了。如果有人渴望得到解脱，企盼找到一条出路，就需要有人去指引，去陪伴，而大宗师正是这样的领路人。于是我们看到，担当起领路职责的大宗师不是来自于理想世界的虚构人物，而是现实社会中的真人，《德充符》中能与孔子"中分鲁"却被砍去了一只脚的兀者王骀、申徒嘉与郑子产的老师伯昏无人，还有《大宗师》中向深受仁义是非毒害却仍有心向道的意而子传道的许由等便是真人的代表。

五、大宗师的使命

任何人，哪怕你是曾受过刑罚被砍去脚的犯人，或者是相貌极其丑陋、备受歧视的下层百姓，哪怕你曾经误入歧途热衷于仁义是非，只要有心修德得道，大宗师对你都会一视同仁。在大宗师面前，人与人之间没有区别，谁也不比谁高一头，谁也不比谁矮三分。《养生主》中那位身为六卿之首的右师，曾经也是遭受过刖刑的罪犯，但他却淡定地把自己的遭际归结于上天注定自己只会有一只脚，对自己的命运毫无怨愤。庄子这样介绍右师，实际上就是要告诉所有遭受过刑罚的人，只要跟随大宗师，潜心学道修德，人人都可以养生尽年！

庄子心目中的大宗师，担负着重塑人们灵魂的神圣使命，于是在《德充符》中庄子推出了一系列的兀者、畸人、丑人，他们或者已经成为可以授徒传道的大宗师，或者是正在追随大宗师修德学道的莘莘学子。

庄子打造的第一位名副其实的大宗师就是已经与我们多次见面的兀者王骀。这位能与孔子平分秋色的大宗师，也是孔子时代的真人，居然曾蹲过大狱，受过刑罚，可就是这么一个人，却拥有巨大的人格魅力。鲁国有一半的学子追随孔子，而另一半都汇聚在了王骀门下。他教学生的方法极为神奇，而学子却可以"虚而往，实而归"。孔子说，像王骀这样的老师，就是圣人啊，连他自己也愿意拜王骀为师，更何况那些远远不及孔子的人呢？孔子还表示，别说是鲁国，他还要引领天下所有愿意学道的人跟随王骀。看，这就是大宗师挡也挡不住的魅力！

《庄子》中第一位出现的兀者右师为高官，第二位出现的兀者为众学子的师长，奇怪吗？不！庄子的目的就是要鼓励人们追随大宗师，忘却形骸，从此不必再为自己的遭际而愤愤不平。除了这些受过刑罚的人，大宗师还特别关注那些生来丑陋、残疾的畸人群体。在世俗社会中，他们恐怕是遭受歧视最多的又一个群体了。在他们面前，大宗师的一个重要使命就是要让这些天生的丑人忘记自己形体的缺陷，堂堂正正地做回自己。

支离疏是一个身体已经极度变形的残疾人，但他却能比大多数人活得更快活、更得意，归根结底，就在于他压根儿忘了自己是个残疾严重的畸形人，完全不在乎自己形体的缺陷。还有那位"以恶骇天下"的哀骀它，不仅丑，还穷，又无权无势，这样的人，就是活在当下，恐怕也生存不易，更别说像娶老婆这样的美事了。可在庄子的世界，哀骀它非但没有受到一丁点儿的歧视，反倒成了卫国人人追捧的香饽饽。十几个还没有出嫁的姑娘为他的魅力所吸引，宁肯做其妾也不愿嫁与他人为妻。更为夸张的是，哀骀它气场之强大，连男人都被吸引得围着他团团转。后来，这个有点像天方夜谭的故事传到了鲁国，哀骀它竟受到了鲁哀公的召见。一见面，鲁哀公就被哀骀它的独特人格强烈吸引住了，相交越久，鲁哀公就越能发现哀骀它的魅力，以至后来发展到要把相国这样的重任也一并托付给他。从庄子的描述中，我们可以看到，哀骀它之所以能从一个以丑闻名的人一跃成为卫、鲁两国的超级"明星"，大宗师的作用，功不可没。

庄子对受过刑罚的人、畸人的描述，很有些"矫枉过正"的意思在，或许是因为庄子相信只有"矫枉过正"才是扭转人们偏见的最为有效的手段，也可能是因为庄子要借此来唤起社会底层人们特别是残障人士的自尊。在庄子的时代，尽管"矫枉"得就是再"过"也未必真的能"正"，但庄子对残疾人士的赞颂彻底打破了古往今来的传统审美观念，还是足以振聋发聩的。庄子以及他所打造的大宗师堪称是中国历史上最早为残疾人、畸人疾呼的维权者。

六、真人的困境与绝望

身为大宗师的真人，不屑于追逐世俗的功名利禄，可以鄙视"舔痔得车"的荣华富贵，却终究抵挡不了人要吃饭穿衣这一最基本的生存需求，连被后世奉为"南华真人"的庄子都曾不得不放下尊严、拎着口袋去监河侯家借粮，更何况那些从不曾有过漆园吏俸禄、始终在现实世界苦苦挣扎的更多的真人？真人在失去生活来源之后陷入的极度困境以及遭受的病痛折磨，是庄子不得不正视的一个冷酷无情的现实。

我们不能不说，"今之真人"王骀、伯昏无人、女偊、许由是大宗师中的佼佼者，他们是这个群体中的"珍稀动物"。在"天下熙熙，皆为利来；天下攘攘，皆为利往"的时代，能够像郑子产那样在闲暇之余追随大宗师修德学道的人，毕竟屈指可数。真实的情况是，大宗师那里经常是门前冷落车马稀的，日子并不那么好过。对于他们，庄子总不能视而不见！他固然垂青王骀、伯昏无人、女偊、许由等真人，但最终注意力却不能不放到生活陷入困境、饱受病痛折磨的如子祀、子舆、子犁、子来、子桑户、孟子反、子琴张等真人身上。

喜欢庄子的人，欣赏的大都是他写鲲鹏展翅时所显示的博大高远

的磅礴气势，还有他对无拘无束、悠闲自在、逍遥游式人生理想的向
往，然而，人们往往忽略了庄子的另一面，这就是他在《人间世》等
篇章中表现出的对黑暗丑恶现实的极度愤激、彻底的否定，在《大宗师》
等篇章中对真人悲凉凄苦生活的困境以及他们的困惑所流露出的刻骨
铭心的痛。

　　子舆病了，身体的病变使他的形体如同支离疏、哀骀他那样，弯
腰驼背，脊骨向上，面颊贴着肚脐，双肩高过头顶，发髻朝天。子来
去探望他，虽然子舆一见子来，便高兴地说："造物者真伟大，竟然
能将我的身躯变成了这么卷曲的样子。"但当他趔趄着脚步走到井边
望见自己的身影，还是情不自禁地叹道："哎呀，造物主怎么又将我
的身躯变成了这个样子？"真人都是真实的人，是人就无法摆脱病痛
的折磨。"今之真人"是不可能像"古之真人"那样"入水不濡，入
火不热"，百毒不侵的。从"伟哉"到"嗟乎"，再加上这个"又"字，
不难看出子舆内心细微的变化，而子祀一句"你对你的样子感到厌恶吗"
的问话更坐实了子舆内心深处对"死生存亡之一体"的困惑。这说明
子舆们虽然有着"死生存亡之一体"的坚强信念，一旦病痛实实在在
地发生在自己身上，亲身感受到贫病给自己带来的痛苦，他们的心中
并非波澜不惊。

　　子舆内心的微妙变化，以及子祀对子舆的探望，都显示出现实世
界中的"今之真人"与藐姑射之山的"古之真人"的不同。同时也说明，
人，即便是与"古之真人"一脉相传的"今之真人"，也很难彻底摆
脱现实对人的影响，人间烟火从他们面前飘过时也会在他们心上留下
痕迹。真人真的没有人情吗？真人是不是就不需要人情？子祀的探望，
其实也正是现实生活中人情在真人世界中折射出的一道侧影。还有那
一句"女（汝）恶之乎"，既流露出子祀对道友心态变化、对"死生

存亡之一体"信念产生动摇的隐忧，也饱含着在艰难的时刻道友之间的相互勉励与关心。

真人也是人，大宗师内心也有动摇、绝望的时刻。这不仅是子舆片刻的动摇与绝望，实际上也是庄子本人片刻的动摇与绝望。不然的话，《大宗师》不应该在这样一种悲怆凄凉的气氛中结束。

子舆与子桑是同道之友。连绵不停的雨下了十来天，子舆知道子桑家粮食所剩无几，病饿交加，于是裹了些饭食前去探望。还没走到子桑家门口，就听到子桑弹着琴如歌似哭的声音："爹啊！娘啊！天啊！人啊！"子桑的声音断断续续，微弱无力。子舆见到子桑后问他："你这是在唱歌吗？你怎么会唱得像这个样子？"子桑说："我是在思索为什么我现在身处绝境？是谁让我落到了今天的地步？可是我想不出所以然来啊。难道是父母生下我就是要让我这样贫困吗？天无偏私，覆盖万物；地无偏私，承载世上所有的一切。难道我生活于天地间，就是让我遭受连肚子都吃不饱的贫困吗？我是怎么也想不明白啊。可我眼下正处于这样的绝境之中，这就是命运的安排吧。"

子桑在快要饿死的时候，仍然将自己的贫困归结于命运，甚至没有对"道"产生丝毫的疑虑。在他生命的最后一刻，子桑仍不失一位真人的风范。可是，在子桑呼天抢地的悲叹中，我们不但清清楚楚地听到了他对现实的责难怨怼，而且还真真切切地感受到他对曾坚守的信念即将崩溃的悲哀。子桑难道不知道人应该"知其不可奈何而安之若命"吗？可是"安之若命"的前提是能"活着"，对一个饱受饥饿、病痛折磨的真人，连活着的机会都没有了，他又如何去"安之若命"？

当庄子把目光投向子桑这样的真人时，我们特别注意到，庄子竟然没有要子舆用"不知说（悦）生，不知恶死；其出不䜣，其入不距。翛然而往，翛然而来而已矣"这样的话来为子桑打气，而且也不再用那么斩钉截铁的口气发出"亡！予何恶！浸假而化予之左臂以为鸡，予因以求时夜；浸假而化予之右臂以为弹，予因以求鸮炙；浸假而化予之尻以为轮，以神为马，予因以乘之，岂更驾哉"的誓言，此刻的子桑既不像当年的子舆那样洒脱坚定，也没有了子祀等人"以无为首，以生为脊，以死为尻"那样的超然豁达。

《大宗师》的结局究竟传达出的是怎样的信息？难道庄子对自己倾心建造起来的"藐姑射之山"的逍遥游境界最终竟产生了怀疑？人在藐姑射之山是可以"不食五谷，吸风饮露"的，然而，在子桑家，一切美好的幻想都无法化解饥肠辘辘的窘迫。可见藐姑射之山虽好，"无何有之乡"虽令人向往，但画饼充不了饥。对一步步走进现实的庄子来说，摆在面前的一个迫切需要解决的问题是，他将如何去调解理想与现实之间的尖锐冲突？在命运无从掌握的现实世界，无论是混迹于社会夹缝间，还是用"无用之用"的护身符保护自己，或者不分是非地虚与周旋，"处乎材与不材之间"地见机行事，真人似乎都已经走进了一条没有退路的死胡同，从此再也无法摆脱自身的困境。在子桑的悲歌中，我们已经多多少少可以感受到庄子对自己的主张产生了一种走投无路的绝望与无奈，于是才会有"相呴以湿，相濡以沫，不如相忘于江湖"的归路？

一篇《大宗师》犹如一部真人的传记，庄子不仅以浓墨重彩为"古之真人"与"今之真人"画出一幅幅精彩传神的写真像，而且一层层地展现了他们的人格特征、精神意趣以及超凡脱俗的人生经历。然而，庄子也不能不看到，真人以及他们所独有的真知在现实世界中已日趋式微，庄子对真人和真知的礼赞与讴歌，实际上更像是一曲挽歌、一首悲歌。现实生活中真人所流露出的困惑、所陷入的人生困境，预示着"今之真人"已经越来越无路可走了。《大宗师》中所涉及的子舆、子桑等三组真人，庄子都在极力渲染他们"以生为附赘县（悬）疣，以死为决疣溃痈"的独特生死观，说明庄子对人活在这个世界的最后一点幻想也破灭了。真人之死，大宗师之绝望，标志着逍遥游这一极具吸引力的理想境界仅仅存于文人士子的心灵之中。

庄子借真人子桑所唱的悲歌，将这一切都归结为命，这是庄子在无路可走的情况下，不得不用命运来给人的最后一点儿安慰。盗跖在走投无路时，可以选择造反当盗匪，但庄子不可以，真人也不可以。庄子以及他倾注心血最多的真人最终只能听命于"命"的安排。从庄子最初对真人以及大宗师的打造、推崇到最后为真人安排这样凄怆悲哀的结局，说明庄子的心境也在一曲真人挽歌的回荡声中，一步步由高亢走向低沉，庄子的视线也越来越从令人神往的逍遥游逐渐退回到无可奈何的现实世界。那么，现在的庄子究竟是否还有路可走？如果有的话，他会走向何处？他还会有什么办法来与这个世界继续周旋？

第十四章

藐姑射之山的坍塌

闻一多曾说"庄子是诗人，还不仅是泛泛的诗人"，的确，庄子以诗人独特的热情与迷幻的想象构筑起了他诗一般的王国藐姑射之山，也创造出了生活在这个理想王国中的主人公至人、神人、圣人。庄子渴望冲破现实捆绑在人身上的重重束缚，不食五谷，吸风饮露，遨游于太极之上，探索于六极之下，"若夫乘天地之正，而御六气之辩，以游无穷"，这是多么异想天开。难怪闻一多要用诗一般的语言形容庄子的诗人气质："他那婴儿哭着要捉月亮似的天真，那神秘的怅惘，圣睿的憧憬，无边际的企慕，无涯岸的艳羡，便使他成为最真实的诗人。"（《古典新义·庄子》）

然而，庄子更是哲人。即便在他以极高的热情讴歌美好的胜景时，他的思维方式始终是属于哲人的。"若夫"一词便说明，人不可能乘天地之正，御六气之辩；活在当下，没有人可以"无待"，也没有人可能"无己""无功""无名"。庄子清楚地知道，他所构建起来的理想王国与生活在这个王国中的人，自打一开始就像是水中月、镜中花一样，伸手一触，便立刻支离破碎。

庄子的藐姑射之山，是他在对现实绝望，却又寻不到出路的情况下，在缅怀上古历史的想象中建造起来的。然而，那毕竟属于一个谁也回不去的过去。于是我们看到庄子以诗人的热情建起了藐姑射之山，却又以他哲人的冷静将其一点一点地击碎，直至其轰然坍塌。《庄子》内篇实际上记述的就是庄子从倾心营造藐姑射之山开始，又眼见它一步步坍塌的全部的心路历程。这个过程，是一个悲剧诗人从迷幻到清醒的心灵发展史，凝聚了一位孤独的哲人对社会、人生、生命、自然的全部思索，也记录了一位伟大的文学家、哲学家从理想走向现实的嬗变。

一、藐姑射之山的象征意义

藐姑射之山在《庄子》中仅仅出现过两次，都见于《逍遥游》。第一次是肩吾跟连叔聊天时特意提起的：

> 肩吾问于连叔曰："吾闻言于接舆，大而无当，往而不返。吾惊怖其言，犹河汉而无极也；大有径庭，不近人情焉。"连叔曰："其言谓何哉？"曰："藐姑射之山，有神人居焉，肌肤若冰雪，淖约若处子。不食五谷，吸风饮露。乘云气，御飞龙，而游乎四海之外。其神凝，使物不疵疠而年谷熟。吾以是狂而不信也。"

庄子说话很喜欢兜圈子，明明要说的就是天底下有这个神奇的藐姑射之山，是超凡脱俗的神人居住的地方，却偏偏先让肩吾说他听了接舆有关藐姑射之山与神人的传言，听得自己目瞪口呆，只觉得接舆说的都是些"大而无当"的一派狂言，好像是要纠正传言一样。庄子这样的大肆渲染，当然不是随意为之，目的就是要借接舆之口为藐姑射之山以及神人造势，告诉人们，你们别不信啊，我说的可都是真的。庄子第二次提到藐姑射之山，是说尧去那里见四子之后，便"窅然丧其天下焉"，全然变了一个人。显然，藐姑射之山，是庄子心中一个神圣的理想之地。那么，这个藐姑射之山究竟是怎么来的？藐姑射之山的象征意义又何在呢？

藐姑射之山，还真不是庄子的原创。庄子大概生怕我们也像肩吾一样"以是狂而不信"吧，所以才特意要他的藐姑射之山有所本，有出处。据《山海经》说，姑射之山位于大海之中，山上住着一位神圣的人。天下太平时，神圣之人就像尧舜一样；假如遇到战乱，不得不发兵征战，他又如同商汤周武了。（成玄英《庄子疏》）庄子套用了这个传说，恐怕就是要让人相信藐姑射之山是一个真实的存在。但庄子毕竟是庄子，他又对这个传说进行了加工改造，把姑射之山从遥远的大海搬到了现在山西境内的"汾水之阳"，也就是尧为帝时建立国都的地方。这一下，姑射之山可就离人近多了。当然，庄子还不至于原封不动地照搬《山海经》，他又特意在山前加了个"藐"字。"藐"就是远，这个改名的用意很值得玩味。海上的姑射之山不免虚无缥缈，遥不可及，而迁到"汾水之阳"，岂不可以妥妥地坐实这就是人间的尧都，让人们感到藐姑射之山近在咫尺。而一个"藐"字却又告诉我们，姑射之山并非举足可至。

藐姑射之山最独特的地方还在于居住在那里的人，特别是那位极具魅力的神人：他肌肤如冰雪，轻盈纯洁如处子，不吃五谷杂粮，完全不受世俗社会的局限，还可以让万物当然也包括人不再遭受疾病劳顿的折磨，能够丰衣足食。虽然他为人类做了这么多，却从不把这些功劳当回事，不屑于为这样的琐事而费心劳神！不管天下发生了什么，无论是人为的祸患还是自然灾难，都不可能给神人造成任何的伤害。"之人也，物莫之伤，大浸稽天而不溺，大旱金石流、土山焦而不热"，这样的人，"其尘垢秕糠，将犹陶铸尧舜者也，孰肯以物为事"。

除了神人以外，尧去见的四子也居住在藐姑射之山。这四个人究竟姓谁名谁，庄子没有说，也不重要。重要的是，尧见过四人之后，就把自己的天下也忘掉了。尧在《逍遥游》中第一次出现的时候，以为不要"功名"就够了，于是一心要把天下让给许由。而上过"汾水之阳"藐姑射之山的尧，一下子便悟出了天下之事乃至功名的"无所用之"，从此心中不再怀有"天下"，不再有"名"，也不再有"功"，终于把自己曾热衷追求的天下不再当作一回事了。

现在，我们不难看出藐姑射之山究竟有着怎样重要的象征意义了吧？藐姑射之山其实就是庄子的理想世界，是庄子"圣人无名，神人无功，至人无己"的"无待"的逍遥游境界的象征，也是庄子幻想出来的一个自给自足的"至德之世"，一个"一以己为马，一以己为牛"（《庄子·应帝王》），"不夭斤斧，物无害者，无所可用"（《庄子·逍遥游》）的理想圣地。在庄子所憧憬的社会，人人淳朴专一，人与自然和谐相处，既没有物我之分，也没有君子小人之别，是一个"其德甚真"、不需要"经式义度"的乌托邦式的理想王国。（《庄子·应帝王》）

这，就是藐姑射之山的象征意义。

那么，藐姑射之山是不是就是庄子对理想的终极追求？这是一个很有意思也引人深思的话题。庄子的《逍遥游》是以气势磅礴、场面宏大的鲲鹏展翅开篇的，对鹏的描述，也写得精彩纷呈，动人心魄，但庄子是不是真的要借此表现出一种对自由逍遥的向往？为什么庄子仅仅说了这几句之后，便出人意料地落到了否定意味十足的"有待"上？这个圈子绕得是不是有点太大了？实际上，庄子的真实目的是要用对鹏的断然否定反衬出藐姑射之山以及神人的非同一般！试想，这么惊世骇俗的鲲鹏都还是"有待"的，那么藐姑射之山以及居住在那里的圣人、神人、至人又该有着怎样巨大的魅力？

藐姑射之山的象征意义虽然足以说明庄子对他的理想国曾经有过怎样美好的期待与向往，然而，庄子思想的最大价值其实并不在于创造了这样一个看似自由、平等、美好的理想社会，让人沉醉于幻想。

固然，逍遥游境界是令人向往的，但他的真正用意更在于借助这样一个不可能实现的理想王国作为对现实彻底否定的平台，让人们看到这样一个理想王国是如何在冷酷黑暗的现实面前一点点地坍塌，一点点地崩溃。

欣赏庄子的人多半注重的是庄子对于心灵自由的逍遥游境界的追求与渴望，误认为"水击三千里，抟扶摇而上者九万里"的鹏就是庄子逍遥自由思想的象征。其实，如果我们随着庄子的心路历程，一路伴随他走下去，就会发现，庄子在《逍遥游》中搭建起了一个高高的理想平台之后，他的心境就一步步地下沉，一步步地落到了冰冷黑暗的现实土壤上，他越是平视现实，心境就越发沉重压抑。自《齐物论》开始，很明显，庄子的愤激更多于热情，抨击更多于向往，孤傲更多于憧憬。到了《人间世》，庄子的视线完全由理性思辨转向了现实世界，转向了人生注定的悲剧命运，他的心路也发生了急剧的变化，从对现实的激烈的讥讽抨击转为倾诉对世界、对人生的无边的绝望，由孤傲绝尘的清高转为冷漠认命的游世、混世，从对现实不堪忍受的决绝到因看透一切而不择手段地周旋自保，有时甚至不得不以卑微的苟活来寻求内心片刻的安宁。庄子心路的转变，预示着庄子的藐姑射之山早晚会在现实社会以及无解人生的双重压力之下彻底坍塌，也预示着庄子的灵魂最终无法摆脱悲剧结局的纠缠，而内篇最后一章《应帝王》中中央之帝浑沌之死就证实了藐姑射之山最终的必然坍塌与不可避免的毁灭。

二、神人的变化

也许有人要问，你凭什么说庄子的理想圣地藐姑射之山最终在庄子心中坍塌了？这么说有什么根据吗？是的，只要我们看看庄子曾那么倾心的神人、至人、圣人这三类理想人物的变化，看看他们悲剧性的命运与结局，就足够了。

还记得《逍遥游》中的神人是多么的不同凡俗吧？他十全十美，吸风饮露，简直就是庄子想象中的超人。然而，当神人在《人间世》中再次现身的时候，他丝毫没有了昔日耀眼夺目、炫人的风采，精神面貌也全然不同了。甚至这一次他的出场连个正面的亮相都没有，只是通过南伯子綦之口，以比喻的方式进入画面的：南伯子綦正在庄子老家商丘附近闲逛，看到一棵参天大树很是惊奇，仔细审视一番之后发现这棵大树不但"不材"，还浑身充满毒素，于是南伯子綦突然联想到了神人，感慨地说，原来神人就像这棵大树一样"不材"啊！

读到这里，人们一定想要知道这棵被喻为神人的大树，是棵什么样的树了。画风竟然是这样的：大树的树枝弯弯曲曲，树干疙疙瘩瘩，奇丑无比。假如去舔一下树叶的话，人的口舌立刻会溃烂；就是闻一闻气味，也能让人大醉一场。就是这么一个又丑又臭又有毒的形象，怎么竟会用来比喻那位"肌肤若冰雪，淖约若处子"的神人呢？这个商丘之木与藐姑射之山的神人之间相距何止是天上地下？可是，南伯子綦实实在在地就是拿商丘之木来比喻神人的，或者说是拿神人比喻商丘之木的。

不信的话，我们还可以接着往下看。

可以说南伯子綦"嗟乎神人，以此不材"的感叹是从正面阐发了何谓"不材"之用，告诫人们要想活命，就要做到"不材"。紧接着庄子又从反面继续加以论证，说宋国的荆氏之地适于生长楸、柏、桑三种树木，可是这些树木都无法终其天年，它们在生长中便遭到斧斤砍伐而夭折。这一正一反的两个例子都是用来说明做有用之材是人生的最大祸患。

庄子说"不材""无用"时的心情是非常沉重的，他以此来警示那些幻想有用成材以建功立业的文人士子，你们处处炫耀显露自己的才华和能力，结果必定是事与愿违，甚至会丢掉卿卿性命。说到这里，庄子再一次把神人推到了人们的面前："故解之以牛之白颡者与豚之亢鼻者，与人有痔病者，不可以适河。此皆巫祝以知之矣，所以为不祥也，此乃神人之所以为大祥也。"祭河之时需要把选中的牛、猪、人等祭品投入河中供河神享用，但白色额头的牛、鼻孔朝天的猪还有患痔疮的人都被认为不祥，所以不会被选来祭河。对主持祭祀的巫祝来说，用有缺陷的牛、猪、人做祭品是不祥的，但在神人看来，它们因未被选中做祭品而得以保全性命，这是大祥。这一次的神人，其色调仍然是灰暗的，不但仍然丝毫没有显露出"乘云气，御飞龙"的神采与风光，而且所关注的对象也愈发卑微，愈发低下了。

问题是，神人究竟怎么会变成了这副模样？庄子到底想要说什么？为什么他要把曾经不食人间烟火的神人贬到人世间，不但自身形象失去了往昔的风采，他所关注的对象也变得那么卑微？此刻的神人，虽然内心仍然有着"孰弊弊焉以天下为事""孰肯以物为事"的清高与孤傲，但很明显的是，他的关注点已经从逍遥的"游心"转到了如何确保生命得以"终其天年"，不至于"中道之夭于斧斤"上。"游心"固然美好，让人愉悦，但是如果性命不保，人又去哪里"游心"呢？庄子虽然一向对生死看得很透，有时甚至表露出"生不如死"的偏激，但庄子始终对生命是极为珍惜的，倘若人对这个世界无可奈何的话，保命就成了唯一的选项。

藐姑射之山的神人与《人间世》中的神人所呈现出的两种截然不同的风貌，神人的精神意趣所发生的天壤之别的变化，庄子一定是寓有深意的。在庄子心目中，神人是文人士子的象征，也是社会重臣的象征。对神人来说，最重要的是建功却又不以功为功，这才是真正的"神人无功"。在藐姑射之山，神人之"功"是"使物不疵疠而年谷熟"，而在人间，神人同样有"结驷千乘，隐将芘（庇）其所赖"之"功"。担负着相似的使命，为什么现实世界中的文人士子会变成了这样一副样子？他们究竟遇到了什么样的人生难题、陷入了什么样的生存困境才导致他们的精神面貌发生了如此重大的改变？

现在我们就来看看庄子是怎么说的。

三、跌下神坛的神人

以"商丘之木"为代表的现实世界中的"神人"与藐姑射之山的神人相比，其面貌、心态所发生的变化是显而易见的，这与文人士子在现实社会中遇到的一系列的生存难题、性命攸关的处境密切相关。我们知道庄子在《人间世》中展示了一幅文人士子的出仕长卷。这其中，有意气风发、积极入世、一心一意要拯救卫国百姓于水火之中，最终却不得不打消念头的颜回；有尚未出使就已经为政坛的险恶吓得心惊肉跳、"朝受命而夕饮冰"，却又深知"无所逃与天地之间"的使者叶公子高；有不得不做残暴的卫灵公的太子傅而无时无刻不处于或"危吾国"或"危吾身"两难境地的颜阖；有呼唤着"已乎已乎，临人以德！殆乎殆乎，画地而趋！迷阳迷阳，无伤吾行！吾行却曲，无伤吾足"的楚狂人接舆；还有直接与神人相关的具有象征意义的"不材""无用""不祥"的栎社树、商丘之木。这一系列的故事、一系列的形象都从不同的侧面说明那个时代传统文人士子通过入世建功立业的道路已经被堵得死死的，是彻底地行不通了。文人士子无论采取哪一种入世的方式，都只有死路一条。

　　庄子把极具代表意义的颜回放在《人间世》的篇首，用意是十分明显的。颜回所看到的卫国实际上代表了庄子对整个世界的真实感受：卫君"其年壮，其行独。轻用其国，而不见其过；轻用民死，死者以国量乎泽若蕉，民其无如矣"，到处一片黑暗，死亡充斥着世界的每一个角落，人的命运完全控制在君主手中，没有人可以凭借一己之力去改变这个冷酷的现实。在这样的大背景下，文人士子如果不想同流合污，仍然幻想着像颜回那样抱着一腔救国救民的热血出仕，非但不可能"疗"国之"疾"，自己反而会惨遭刑戮，只能是重蹈昔日关龙逢、比干被残杀的覆辙。显然，在这样的社会，入世没有任何意义，只能是一种无谓的自我牺牲。这样的思想基调在颜回"请行"之后的几段论述中又不断地被重复，不断地被加强，让人随处可以感受到这种弥漫于整个世界的令人窒息的死亡的威胁。在这样黑暗冷酷的现实环境中，"乘云气，御飞龙，而游乎四海之外""彷徨乎无为其侧，逍遥乎寝卧其下"都成了一种奢望，甚至连想都不必再想，就像狂人接舆所说的那样"来世不可待，往事不可追也"，过去的已经过去，未来的我们无法期待，那我们能做什么呢？我们只能注重于"方今之时"。这就是神人变化的最根本的时代背景与社会原因。

　　像颜回那样积极入世是行不通了，即使是已经在"体制内"的人，日子同样也很不好过。使者叶公子高代表的是已经进入仕途的文人士子。在今人看来，有机会担任出使的使臣该是够荣耀的吧？可是叶公子高一听说自己受命出使，就吓得浑身哆嗦了。因为他深谙官场的潜规则，事不成功，必有刑罚之祸；倘若侥幸成功，又会因用尽心智而身体阴阳失调。生活在这个社会，"事其君"是人无法逃避的大法则，也就是"大戒"之一。去还是不去，成了一个问题。对这项出使的使命，尽管叶公子高明知是"始于阳"而"卒乎阴"，"泰至则多奇巧"，却又是命中注定、不可抗拒的，他没有选择，只能听天由命。

　　还有被任命为太子傅的颜阖也算得上是"体制内"的人，其社会地位不可谓不高。然而，颜阖要面对的却是比楚王、齐王甚至卫君更为残暴乖戾的卫灵公太子。颜阖能推却做太子傅的任命吗？显然不能。但怎样才能既做太子傅又能保全自己？庄子为我们描绘出这样一幅极为恐怖却又带着几分黑色幽默的画面：颜阖必须时时刻刻心存警惕，小心谨慎。所谓"形莫若就，心莫若和"，表面上顺从卫灵公太子，表现得好像很亲近，又不能陷得太深；内心保持和善，外表却丝毫不能显露出来。即便如此，庄子说他也仍然"有患"。那怎么办呢？庄子说颜阖唯一可做的，就是顺从。卫灵公太子的行为像婴儿，就让他像婴儿；如果他做事没有界限，为所欲为，就让他没有界限，为所欲为。只有用这种方式与卫灵公太子相处，才能确保自己在任何情况下都不会遭受祸患。这简直是比在没有任何安全措施的情况下悬空走钢丝还要难，稍有不慎，就会跌个粉身碎骨，分分钟都有可能丧生。这样的出仕，难道真的是文人士子所渴望、所追求的？

　　从颜回、叶公子高到颜阖，文人士子的生存环境已经恶劣到了什么地步！颜回曾怀着"乱国就之"的初心，积极入世，到叶公子高、颜阖时，就只剩下战战兢兢、惊恐万状地在"体制内"挣扎，世界荒谬至此，哪里还有一丝一毫"齐家治国平天下"的影子在？处身于这样的社会与时代，庄子的个人选择是"处乎材与不材之间"，是游世，甚至混世，是在夹缝间求生存。然而，对于那些仍然不甘心退却、仍在政治权力之中苦苦挣扎的人，庄子并没有弃之不顾，而是接连举了三个令人触目惊心的实例，给他们以当头棒喝，敲响了这个弥漫着死亡气息的世界的丧钟。

　　第一个例子就是后来演变为成语的"螳臂当车"。螳螂是有志向，有"舍我其谁"的勇气，有牺牲精神的，它幻想以自己的一臂之力为这个世界带来改变，这不能不说是一种悲剧意味浓烈的壮举。然而，有用吗？凭着一己"不胜任"之力是不是真的就能挽救这个世界？当然不能！既然不能，又为什么要不自量力、无谓地被这个世界碾得粉碎，白白葬送了自己的性命？

　　第二个例子是"养虎"。虎的本性是杀生，因此，饲虎人不敢给虎喂活物或者完整的动物，生怕虎会因撕咬而激起嗜杀的本性。而与暴君相伴，不正与养虎一般？人必须顺从于虎，令其"媚养己者"，才能避免因"逆"而被杀害。那些汲汲入世的文人士子，难道心甘情愿地像养虎者那样，一辈子诚惶诚恐、如临深渊、如履薄冰地伴虎？

　　第三个例子是"爱马者"。庄子说爱马的人往往是凭着自己的偏好去宠爱马，他们用精美的筐去盛马粪，用珍贵的容器盛马尿，却由于拍打马身上的蚊虻的时机不对，反而让马受了惊吓，闹得"缺衔毁首碎胸"。爱马者的本意是爱马，结果事与愿违，适得其反，"意有所至而爱有所亡，可不慎邪"，这是文人士子出仕从政的又一种悲剧！

　　庄子举的这三个例子，显然是针对颜回、叶公子高、颜阖等人所陷入的困境有感而发。这个世界已经荒谬至此，倘若人还是一意孤行，执意入仕从政、施展自己的才能，最后的结局无外乎这三种：或者像螳臂当车一样徒然送命，或因某个小小的疏忽而被本性残暴的虎所杀，或者马屁拍到马蹄上，反受其害。总之，在这个社会，有材、有用的人就像可以结果的"文木"和"柤梨橘柚"，像"可食"的桂树、"可用"的漆树一样，等待自己的必定是被"剥"、被"辱"、被"伐"、被"割"的毁灭。

　　基于对现实如此深入骨髓的观察，庄子已经很难再继续神采飞扬地陶醉于那个逍遥游的世界，也很难再继续编织那个虚无缥缈的藐姑射之山的美梦，他发现在这个"福轻乎羽，莫之知载；祸重乎地，莫之知避"的世界，唯一可以自保的，就是像栎社树那样"无所可用"，甚至求做社神以自保，或者像商丘之木那样既不材、无用，还能生出毒素来保护自己。在这样的大环境下，谁还可以要求神人继续使命感十足、潇洒地进入这个世界、参与这个世界的一切呢？

神人象征着社会重臣，也象征着那些渴望走上仕途、以一己之抱负才华救世救民于苦难的广大文人士子，然而，现实社会并没有给他们这样的机会。"天意从来高难问"，政治权力无从把握，个人的命运更是像惊涛骇浪中的一叶扁舟，随时随地都会落入灭顶的深渊，除了"不材""无用"，他们还能做什么？倘若他们在宋国卫国也像在藐姑射之山一样心存"无功"之念，恐怕等不到功德完满的那一天，自己就已经被君主赐死，或惨遭同僚的明枪暗箭！

当然，文人士子又是一个极为特殊的人群。如果整个社会是一个由不同人群构成的食物链，文人士子可以说是位居一人之下，却又在千万人之上。他们有机会"舔痔得车"，也有机会贪腐弄权，制造冤假错案。他们既是现存社会制度政策的维护者、执行者，又是既得利益的获取者。在这样的食物链的侵蚀下，又有多少文人士子可以保持人格的独立、自由的精神、出淤泥而不染的清高？

这样不堪的现实世界决定了撑起藐姑射之山的神人在走下藐姑射之山后再也不可能以超凡脱俗的姿态继续无拘无束地游于尘世之外，他们不可避免地陷入了"绝迹易，无行地难"（《庄子·人间世》）的困境，无论如何挣扎，充其量也只能像颜回、叶公子高、颜阖甚至狂人接舆那样，彻底放弃自己曾经有过的远大理想，甘于平庸，把心思全部放到如何与这个世界逶迤周旋上。神人的变化意味着此刻的神人已不再是藐姑射之山的神人，藐姑射之山开始远离庄子而去，这也标志着庄子理想圣地藐姑射之山第一块基石的坍塌。

四、从"无己"到"游世"的至人

相对于神人和圣人，庄子在《逍遥游》中并没有给予至人更多的笔墨，除了对神人、至人、圣人"若夫乘天地之正"的一段总体描述以外，只说了"至人无己"这么一句。所以在庄子的理想王国中，至人究竟是个什么模样，暂且还是一个谜。好在庄子并没有让我们等很久，在洋洋洒洒的《齐物论》过了一大半的时候，庄子终于让至人与我们见面了。

《齐物论》中，啮缺与王倪刚刚讨论过"知"的不确定性与主观性。庄子认为"物之所同是"并不存在，涉及价值观的"利害"同样没有一个共同的标准。对"知"以及"利害"的争辩，必然是公说公有理，婆说婆有理，完全取决于辩论者所处的位置以及看问题的角度，继续争辩下去，只会陷入思维的死穴。于是，庄子推出了"无己"的至人，认为假如一个人可以进入"无己"的境界，自然也就"不知利害"。

> 啮缺曰："子不知利害，则至人固不知利害乎？"王倪曰："至人神矣！大泽焚而不能热，河汉冱而不能寒，疾雷破山飘风振海而不能惊。若然者，乘云气，骑日月，而游乎四海之外。死生无变于己，而况利害之端乎！"

这段对至人的描述，是不是很有些眼熟？没错，庄子在描述藐姑射之山的神人的时候，也曾用过类似的词语。这种极度夸张的语言的确不免让人有"大有径庭，不近人情""狂而不信"的感觉，但庄子的机智就在于他十分善于用这样一种令人难以置信的表述，来凸显神人、至人的精神境界已经远远超越于现实的局限，似乎这个世上再没有什么东西可以让他们心动。从人格精神上看，至人与神人、圣人之间确实没有很大的不同，一些庄子研究者甚至认为至人与神人、圣人是三位一体的。[①]然而细究起来，至人与神人、圣人虽然都具有逍遥游的自由人格，都可以"游于无穷"，也都"无待"，但是他们所代表的人群却是不同的。对神人，庄子强调的是"无功"。而在现实生活中，能够建功立业的，当然是能入仕途的文人士子，像叶公子高、颜阖这样的人。而对圣人，庄子强调的是"无名"，圣人指的是肩负治理天下重任的君主，像上过藐姑射之山的尧，还有卜梁倚等。那什么样的人属于至人呢？至人指的是那些没有"名"，也没有"功"却得了道的普通人，像南郭子綦、颜成子游、王骀等。

　　庄子理想中的至人应该也是生活在藐姑射之山的，他们的日子过得就像《马蹄》中所描述的"至德之世"那样，平日织布穿衣，种地吃饭，自给自足，做事目不斜视，没有心机，与自然和睦相处；或者像《山木》中所说的"建德之国"那样，民风纯朴敦厚，少私寡欲，人们只知道劳作却不私藏，给予他人而不求回报，不明白"义"的用途，也不懂得"礼"为何物，他们随心所欲，任意而为，活着的时候自得而乐，死去的时候安然下葬。总之，理想世界的至人的生活是简单纯粹的，没有智谋与心机，没有忧愁与烦恼，没有人去追求什么功名利禄、荣华富贵，人人都饱食终日，无所用心，游乐四方，就像随意漂泊的小船一样，自在地逍遥于虚空的境界。（《庄子·列御寇》）

---

① 郭象《庄子注》、成玄英《庄子疏》都认为至人、神人、圣人是三位一体的。

　　理想中至人的生活的确令人欣羡，然而，人不可能靠幻想度日，也不可能整天闭着眼睛沉醉于冥想之中，再美好的理想也无法替代每天的现实生活。即使像庄子这样可以沉浸于抽象的哲理思辨的智者，也不可能回避柴米油盐酱醋茶这样的日常琐事，不能超越生老病死的人生体验。事实上，几乎自庄子创造出藐姑射之山这样的理想世界那天起，他就在不断地调整着自己的视线，调整着自己的心路。藐姑射之山高高在上，人只可以仰视、遥望，却无法走入其中；现实世界却低于幽谷，生活在这里就像被两边的峭壁囚禁于其中一样。我们说庄子的"逍遥游"理想是他心路发展历程的起点，而不是终点，甚至也不是他为之努力的目标，就是因为自打庄子从藐姑射之山这个起点一出发，一路上他所思考的、关注的就离他自己所打造的理想境地渐行渐远，不但神人来了一个大变身，至人同样也失去了往昔在藐姑射之山、"至德之世""建德之国"时的光彩。

　　来到"人间世"的至人，不再"神矣"，也不再有"乘云气，骑日月"的洒脱超然，面对眼前的种种险境、困境，他们收敛起了自己卓然不群的行事方式，代之以明哲保身的"先存诸己而后存诸人"（《庄子·人间世》）的人生态度，有时甚至不得不摆出一副对什么都无所谓、都满不在乎的样子混迹于社会之中。庄子对现实的态度是既不合作，也不和解。一个人，当你完全不把自己看作这个世界的一分子，当你彻底否定了这个世界存在的合理性却又必须生存于这个社会之中的时候，你的任何生存策略都不应当被理解为是反常的、反社会的。"知其不可奈何而安之若命，德之至也"（《庄子·人间世》），以这样的思维方式求生存，安时处顺也好，在夹缝间左右逢源也好，游戏人生甚至混世也好，都成了一种应对、反抗这个社会的策略，一种叛逆的人生态度。

我们在《人间世》中见到的支离疏就是这样的一位至人。

支离疏，光看他的名字就已经可以知道这是一位怎样相貌怪异丑陋的畸人了。他形体怪异，如同栎社树、商丘之木在匠人眼中是无用的"散木"一样，支离疏在世人看来就是无用的"散人"。可庄子却不这么看。在庄子眼中，那一个个兀者，一个个畸人，都是真正理解了"道"的达人。再看看这位支离疏，他身体残疾成这样，却不但可以"挫针治繲，足以糊口"，还能用为人筛糠所得的大米供十人吃饭。这分明是位对自己、对他人都有用的人。可见世俗社会中所谓的"无用""不材"的概念本身也是悖论，本身就是被扭曲、被歪解的概念，难怪庄子要用"无用之用"来标新立异，来颠覆人们固有的偏见，说明这是一种怎样独特的"用"与"材"。

至人都是普通人，是社会中的草民，自然不会像儒家大弟子颜回那样，整天操心些忧国忧民的大事，普通人最关心的无非是有饭吃，有衣穿，有地方住，能活下去。这也就有了支离疏的"上征武士，则支离攘臂而游于其间；上有大役，则支离以有常疾不受功；上与病者粟，则受三钟与十束薪"（《庄子·人间世》）。达官贵人以及讲究气节的文人士子，自然是不齿于也不屑于去争这么一点儿蝇头小利的，更不会由于获得了这么一点儿微薄的小便宜就沾沾自喜。而对于连基本温饱都难以维持的草民来说，能免除服兵役、劳役之苦，还能得到一点儿微薄的救济，凭什么他们就不可以理直气壮地去领取？难道像支离疏这样的人命中注定就只配像韭菜那样，一茬又一茬地永远任人割取？事实上，草民的辛酸只有像庄子那样曾沦落到社会最底层的人才能有切身的体验与理解。没有经历过饥饿的折磨、没有经历过借粮而不得的辛酸，就不足以语"人生之多艰"！更何况，至人本身早已超越于世俗的道德判断之外，作为至人，谁又会真的在意世俗之人的评判！

五、至人的悲歌

从高高的藐姑射之山堕入人间底层的至人，虽然仍然可以"无己"，安于"得者，时也，失者，顺也；安时而处顺，哀乐不能入也"（《庄子·大宗师》），保持着"死生无变于己"（《庄子·齐物论》）的坦然与豁达，但是生活于尘世间，随时随地都在经受着真实人生中种种生老病死、贫困饥饿的磨难与挑战，就是至人，在面对困境的时候，也很难始终如一地保持着内心的平静无波澜。

这时的庄子，其内心应该是极其复杂矛盾的。我们看到，生活在人间的至人一方面继续那么潇洒清高、惊世骇俗，另一方面，他们又饱尝疾病和饥饿的摧残折磨，甚至很难再像支离疏那样大摇大摆地游于世间了。

相对于老子所向往的"邻国相望，鸡犬之声相闻，民至老死不相往来"（《老子》第八十章）的情景，走下藐姑射之山的至人似乎过得更富有生活气息。《大宗师》中的子祀、子舆、子犁、子来四人都是至人，他们曾一起热烈地讨论，说谁可以以"无"当作自己的头颅，以"生"当作自己的脊梁，以"死"作为尾骨，懂得生死存亡浑然一体的道理，谁就可以是我们的朋友。于是四人"相视而笑，莫逆于心"，成了至交好友。还有子桑户、孟子反、子琴张三位，一谈起"道"来，立刻兴致勃勃，高谈阔论，说到兴起处，三人不禁相视而笑，成了"莫逆于心"的好友。这样的场景生动轻松，魅力十足，令人神往，能活得这么明白，这么洒脱，除了至人，还能有谁？

至人看得透一切，然而，他们也能抵挡得了病痛来袭吗？接着，庄子为我们展示了有关至人的另一番图景。子舆病得身体严重变形，弯腰驼背，阴阳二气错乱。尽管他在没见到自己的样子时还能给自己加油打气，可一旦照见了自己的倒影，还是忍不住发出了伤感的叹息！庄子应该是刻意要让人注意到子舆从"伟哉"到"嗟乎"的内心变化的。相比于坦然面对生死，经受身体由于疾病所造成的苦痛似乎是更大的挑战，要不然，人们为什么会有"痛不欲生""生不如死"的人生体验！

子舆变成这个样子，他一定有痛、有苦，无论怎样想，也并不能减轻他所经受的病体的折磨。难道子舆真的希望自己变成这样吗？回答应该是否定的。但这就是庄子所亲眼见到的人生现实，是走下藐姑射之山的至人所不得不面对的。不但子舆得经受这一切，另一位至人子来也同样因病而"喘喘然将死"。他的妻子儿女围绕着子来哭泣，这时子犁前来看望，呵斥他的家人说：去吧！走开吧！不要惊动了正在经历生死之"化"的人。然后子犁又倚着门对子来说："造物者真伟大啊！它要把你变'化'成什么呢？它要把你送到何处？要把你变成老鼠的肝脏吗？要把你变成虫子的臂膀吗？"

这样的场景给人心灵的震撼是极为复杂的。庄子心中的至人确实不受传统观念的羁绊，超脱于尘世之外，对生死、利害、人世的一切都满不在乎，但是庄子感受更深的还是人生的无常，普通人生存的艰难，所以他刻意选择了卑微低贱、微不足道的意象来隐喻至人的真实生活处境。从"大泽焚而不能热，河汉冱而不能寒，疾雷破山飘风振海而不能惊"（《庄子·齐物论》）的至人到现实生活中像"鸡"、像"弹"、像"车"、像"鼠肝"、像"虫臂"一样的至人，庄子究竟想告诉我们什么？

我们已经反复说过，庄子的时代，福比羽毛还轻，祸比大地还重。人被残害是必然的，不被残害是偶然的。满眼都是被杀死的人，戴着枷锁的人一个接一个，被砍去脚的人数也数不清，甚至连行刑砍头都还要排队等待。就是这样一个个体生命毫无价值、黑暗色调涂满社会每一个角落的世界，却没有人可以抗拒，没有地方可以逃避，任何人试图抗拒的话，只会像螳臂当车一样被碾得粉身碎骨。所以对至人来说，唯一可行的就是游于社会夹缝间，听命于现实。所以庄子强调说人得认命。他特别举了铁匠铸剑的例子，说铁匠铸剑时，如果做剑的金属跳出来，要求把自己铸成镆铘宝剑，铁匠一定认为这是一块不祥的金属。而人，一旦有了人形，就高叫着"把我造成人，把我造成人"，造物者也一定会认为这是一个不祥之人。在庄子看来，这就是抗命。字面上，庄子说人得像服从父母那样，顺从于自己的命运，什么都无所谓，但字里行间传递出的信息、流露出的心境却是对命运的无可奈何，对世界的极度悲观，其中弥漫着的是深深的哀情。

于是，我们看到庄子在推出了一个个"不知说（悦）生，不知恶死""知死生存亡之一体"的卓尔不群、潇洒神奇的至人之后，最后却以子桑对苍天的怨愤哀诉作结，这里所寄寓的深意是极为发人深省的。现实中的子桑，连饭都吃不上了，贫困饥饿交加，他一边呼天抢地地叫着父母，一边泣不成声、断断续续地歌唱。从他那急促微弱的声调中，不难让人感受到他内心深处的怨怼。庄子以往提到普通人，即便是处于社会下层的支离疏，论述的重点也是放在张扬他们如何养生，如何安贫乐道上，从来没有像描述子桑那样，写得如此凄凄惨惨、悲悲戚戚。这个关注点的转变，说明庄子已经清醒地意识到理想世界的藐姑射之山再也存在不下去了。人，首先得活着，活不下去的时候，再美好的理想也无济于事。

曾经是"无己"的至人，除了发出"命也夫"的慨叹，对父母天地的质疑，以及怨天尤人的悲叹，其命运终结在了一片悲歌声中，以至于最后庄子索性把他们统统抛入了江河湖海，要他们"相忘于江湖"。

从此，那些曾经在藐姑射之山与神人、圣人共同撑起一片天地、光彩照人的至人，随着藐姑射之山的坍塌，其形象变得越来越黯然无光，他们再也回不到理想的世界了。

六、浑沌之死

神人、至人所代表的文人士子、平民百姓在现实生活中遭遇的艰难困苦象征着庄子完全放弃了曾经绚烂夺目的藐姑射之山，而回归冰冷黑暗丑恶的社会现实。他内心曾有过的愤激，有过的对人生的认真态度，越来越为无可奈何、安之若命甚至游戏人生的态度所取代。至此，我们可以清楚地看到庄子早先提出的"无待"的"逍遥游"境界，只是他全部哲学思考的出发点，却并非是他的终极目标。那么，庄子对人类命运以及现存社会的终结又有过怎样的考量呢？

尽管庄子很少对政治问题展开论述，或者说他对这样的问题并不感兴趣，这一点，从《应帝王》中无名人回应天根有关治理天下之事表现出的厌恶可见一斑："赶快走开，你这个鄙陋之人，为什么问一个这么让人扫兴的问题？"但这并不等于庄子对如何治天下没有自己的设想。这个无名人，其实就是庄子心中那个理想国的理想君主。圣人象征着君主。在藐姑射之山，圣人的最大特点就是"圣人无名"，难怪庄子给予这个人的名字是"无名人"。

尽管遭到无名人的呵斥，天根仍不放弃，一定要问出个子丑寅卯来，无名人只好回答他说："你游心于恬淡的境界，清静无为，顺应自然的变化，不掺杂任何个人的私心，这样，天下就会大治了。"这样的治世方式，其实就是庄子在《逍遥游》中构建起来的藐姑射之山所预设的，也是《应帝王》中庄子借老子之口所界定的"明王之治"。

明王治理天下，功盖天下却好像与自己无关，化育天下万物，可是百姓却感觉不到自己依赖于任何人，有功德却不彰显，而让万物各得其所。明王自己则立于变化莫测的境地，与"道"同游。可见这也是一个"无己""无功""无名"的社会。[①]帝王知道如何"应为帝王"，臣民也知道如何"应对帝王"。[②]

　　与《逍遥游》中的藐姑射之山相呼应，庄子说，在这样的社会，帝王君主放弃了名声，放弃了谋略，放弃了一切人为的事情，也放弃了智巧，所以能体会到无穷无尽的"道"，游心于"道"的境界。他们顺乎"道"的变化，并不祈求从"道"中获得什么。他们的心境是空明的，"顺物自然而无容私焉"，放弃一切所谓的"有为"而治，不以"经式义度"去治理天下。而至人用心就像镜子一样，任万物来去不迎不送，顺应自然不留不藏，所以能超然物外而不为物所伤。总之，庄子希望帝王君主能彻底放弃自有虞氏以来所建立的主张法度的时代，回到伏羲氏"其卧徐徐，其觉于于"无为而治的时代。

　　然而，这一切不过是庄子的希望或者是幻想而已。庄子的无为而治，庄子的藐姑射之山，在现实的冲击下荡然无存。文人士子走下了神坛，平民百姓陷入了极大的生活困境，圣人再怎样寻求"不从事于务，不就利，不违害，不喜求，不缘道，无谓有谓，有谓无谓，而游乎尘垢之外"（《庄子·齐物论》），也不可能改变现实社会中帝王君主的任何行径。在这样的情况下，庄子只能以一个寓意极深的"浑沌之死"的故事宣告了藐姑射之山的彻底坍塌，象征他的理想世界的终结。

---

① 陈景元《南华真经章句音义》："'似不自己'，忘我也；'而民弗恃'，忘功也；'有莫举名'，忘名也；'游于无有'，兼忘也。明王之治如是而已。"

② "应帝王"含有两个意思，对帝王而言是"应为帝王"，对臣民而言则是"应对帝王"。

　　　南海之帝为倏，北海之帝为忽，中央之帝为浑沌。倏与忽时
相与遇于浑沌之地，浑沌待之甚善。倏与忽谋报浑沌之德，曰："人
皆有七窍以视听食息，此独无有，尝试凿之。"日凿一窍，七日
而浑沌死。（《庄子·应帝王》）

　　南海之帝是倏，北海之帝叫忽，中央之帝叫浑沌。倏与忽常常在
中央之帝浑沌那里相遇。浑沌对他们非常友善。为了报答浑沌的恩德，
倏与忽商量着说，人人都有七窍，可以用来看、听、吃东西、呼吸，
偏偏浑沌一窍也没有。于是他们决定要帮浑沌凿出七窍来，让浑沌也
有七窍的功能。倏与忽每天为浑沌凿一窍，凿到第七天，浑沌死了。

　　浑沌的神话见于《山海经·西次三经》，原本只有"浑沌无面目"
这么一句。庄子把这一句神话演绎成了一段精彩的寓言，其中的象征
意味是颇为耐人寻味的。我们先来看看这三位主人公的名字："倏"
与"忽"都是疾速、短促的意思，人类历史的发展不就是飞速地从远
古走到了日新月异的今天吗？然而，时代的急剧变迁对人类整体而言、
对人类居住的环境而言究竟意味着什么？其中预示着一个怎样的未
来？似乎庄子早早就预见我们今天会遇到的种种危机了。"浑沌"指
的是天地未形成之前的懵懂、模糊不清的状态，含有淳朴自然的意思。
浑沌象征着人类的自然本性、世界的本初，倏与忽则象征着追求物质
享受的人类，就是这么三位集体出演了一场惊心动魄、发人深省的悲剧。

　　按照庄子的理想，作为帝王的倏也好，忽也好，浑沌也好，本来
只需要"顺物自然而无容私"，便可实现天下大治。不幸的是，倏与
忽完全不理解顺应自然、无为而治的好处，他们只是按照自己的想法，
一厢情愿地为浑沌凿七窍。最为可悲的还是，他们这样做完全是出于
一片善意、一片好心，希望浑沌从此也可以有眼可看，有耳可听，有

鼻可嗅、可呼吸，有嘴能吃东西、与人交流。然而，美好的愿望却不一定能带来美好的结果。倏与忽两人吭吭哧哧忙了七天，最终事与愿违，反而将浑沌置于死地。浑沌原本并不需要七窍，没有七窍的浑沌才是他的自然本性。倏与忽因凿七窍而导致浑沌之死的悲剧，在庄子看来是荒诞不经、有违人性的；然而在倏与忽看来，却是那么自然、顺理成章。这说明了什么？庄子把人类之所以会堕落到今天这个地步，归因于人为制定的种种"经式义度"以及所谓的仁义道德，认为是这些人为的东西把人类推进了死亡的深渊，推入了不可扭转的危机。这里，我们要特别提请大家注意庄子所用的"凿"这个触目惊心的动词。在人的肉体上"凿"出七窍这个行为本身就是暴力的、血腥的，不管你的动机如何，用"凿"的方式来成就人的美好愿望，你不觉得这本身就十分残暴、十分荒谬？

庄子用"浑沌之死"为整个内篇作结是意味深长的。《庄子》的内篇从"北冥有鱼，其名为鲲""化而为鸟"后飞往南冥开篇，最后以南海、北海二帝为中央之帝浑沌凿七窍，"七日而浑沌死"而告终结。整个内篇实际上是一部"史"，一部庄子的心路发展史。从《逍遥游》到《应帝王》，庄子为我们展示了文人士子从追求精神的自由、人格的独立开始，到不得不在夹缝间求生存，最终死在南海之帝与北海之帝之手的人类命运悲剧。浑沌之死，象征着人类已经走到了自己的反面。人类曾经有过的天真淳朴、与自然的和谐都已经成为过去，庄子起初设想的逍遥游的理想盛世已经一去不复返，美好的藐姑射之山完全坍塌了。人类走进了一个人格异化、人性迷失的现实世界。

后记

  由中华书局 2019 年 10 月出版的《庄子的世界》一书一经推出，便深受读者欢迎，首印很快销售一空。2020 年 4 月，《庄子的世界》被中国图书评论学会评为 2019 年度"中国好书"。随后两年间，出版社又加印了几次。广大读者的喜爱，专业人士的认可，对我们来说，的确是始料未及的，当然更是巨大的鼓舞与鞭策。

  研读《庄子》几十年来，我们一直认为，《庄子》不仅仅属于专家学者，《庄子》更是大家的。每一位读者都可以从《庄子》那里唤起自己对宇宙、对生命、对人生的感悟与启迪。有一百个人读《庄子》，《庄子》就有一百种面貌。在写作《庄子的世界》一书时，尽管我们力图使用浅显易懂的语言，尽量让文字流畅明快，让读者可以轻松地走进庄子的世界，但限于体例以及论证的需要，我们有时还不得不引经据典。遗憾的是，这样的写法有可能加深了普通读者对《庄子》理解的难度。于是我们便重新撰写了这本真正为大众解读《庄子》的书，希望能够让普通读者跟随我们一起去重新认识《庄子》，领略《庄子》的魅力。

在《逍遥人间：走进庄子的世界》中，我们不仅专题介绍了庄子这个人、《庄子》这部书、庄子思想的根，还对庄子"道"的学说、庄子的理想世界、庄子对现实世界的认识、庄子提出的修德的途径、庄子的人生哲学、庄子对文人士子命运的思索，以及最终庄子理想的破灭等，进行了多层次、多角度的深入浅出的解说。就在我们刚刚列出写作提纲，准备开始写作时，恰逢中州古籍出版社的卢欣欣老师正在为河南省重点出版工程"中华文脉"展开选题策划、组稿出版等工作。从卢老师那里，我们发现我们的想法与这套丛书的出版规划、编写原则以及编撰体例等等都不谋而合，而且河南又是庄子的老家，如果能把这部书稿交由中州古籍出版社出版，那是再合适不过的了。于是，在卢老师的鼎力支持下，我们的《逍遥人间：走进庄子的世界》一书荣幸地列入了"中华文脉"的出版规划。

经过一年来的努力，书稿总算是完成了，又到了等待读者检验、与读者分享的时刻。我们衷心希望这部小书的出版能够为广大《庄子》爱好者提供一个全面认识庄子以及《庄子》、走进庄子世界的新途径。当然，我们也特别希望广大读者能够像喜爱《庄子的世界》一样，喜欢上这本《逍遥人间：走进庄子的世界》。

《逍遥人间：走进庄子的世界》这部书与中华书局出版的《庄子的世界》可以视为姊妹篇。《庄子的世界》力图扫清蒙在庄子及《庄子》上的厚厚尘埃，而《逍遥人间：走进庄子的世界》，则重在与所有的《庄子》爱好者一起重新理解庄子、认识庄子、分享庄子，打开一扇窥探庄子以及《庄子》的新窗口，让大家可以更轻松地走进庄子的内心世界。

在这部书稿即将问世之际，我们要再次对中州古籍出版社副总编卢欣欣老师在此书写作出版过程中给予的大力支持与鼓励表示衷心的感谢，同时，我们也特别感谢此书责任编辑梁瑞霞老师为书稿的问世所花费的心血。

王景琳、徐匋　2022 年 2 月 8 日于渥太华